PREVENIR LAS DIFICULTADES DE APRENDIZAJE EN ESCRITURA

Manual del alumnado I

(Coords.)
CARMEN ÁLVAREZ-MORENO
MARÍA ARRIMADA
RAQUEL FIDALGO

PREVENIR LAS DIFICULTADES DE APRENDIZAJE EN ESCRITURA

Manual del alumnado I

EDICIONES PIRÁMIDE

Primera edición: octubre, 2025

Diseño de cubierta: Anaí Miguel

Valentín Beato, 21. 28037 Madrid
Teléfono: 91 393 89 89
www.edicionespiramide.es

PAPEL DE FIBRA
CERTIFICADA

ISBN: 978-84-368-5122-9
Depósito legal: M. 17.909-2025
Impreso en España - Printed in Spain

ÍNDICE

PRÓLOGO[1]

Mira a tu alrededor: un mensaje de WhatsApp, un correo electrónico, tu contrato laboral, tu novela favorita... vives rodeado de textos escritos que te permiten relacionarte con tu entorno. Así empieza el primer capítulo de este libro, como leerás más adelante. Y no le falta razón, puesto que la escritura es una constante en nuestra vida. Tanto es así, que la Unión Europea la señala como una de las competencias clave que todos los ciudadanos necesitan para su desarrollo personal, su participación activa en la sociedad y el desempeño laboral (Consejo Europeo, 2018). Por extensión, ya que tu hijo/a está en proceso de convertirse en un adulto que sepa desenvolverse en sociedad, es innegable que la correcta adquisición de la escritura constituye un pilar fundamental de su aprendizaje. En el ámbito académico, un buen dominio de las habilidades escritoras se relaciona con el éxito escolar, mientras que las carencias en esta competencia pueden provocar consecuencias negativas en la trayectoria del alumno/a (Guevara y Rugerio, 2019; Jurkovic, 2010). Por ello, resulta de vital importancia fomentar una adecuada adquisición de la escritura, ya desde las primeras edades, que son determinantes en ese proceso de aprendizaje. Es clave el detectar cuanto antes aquello que al pequeño aprendiz se le da mejor y aquello que le resulta más difícil, y actuar ante ello. ¿Cómo? Ofreciéndole diferentes apoyos, utilizando nuevas estrategias de enseñanza, dándole un mayor andamiaje y ayuda en las áreas con mayor dificultad... y esta ayuda, no es solo una labor a nivel educativo de la escuela, sino que también puede derivarse del propio ámbito familiar. No en vano, a nivel empírico se ha demostrado que con una formación sistemática y una instrucción explícita guiada (como es el caso de la proporcionada en el presente volumen), el ámbito familiar se ha probado altamente eficaz para estimular y favorecer el aprendizaje escritor de los niños/as (Arrimada et al., 2022; Camacho y Alves, 2017; Robledo y García, 2012; Robledo y García, 2013). Como ves, aquí es donde entráis en juego tú mismo/a, como guía y apoyo de tu hijo/a en su proceso de aprendizaje escritor, y el volumen que tienes entre las manos. Ya sabes, una buena guía, y un buen material, son los principales ingredientes de la receta del éxito. Lo dicho hasta ahora, podría llevarte a pensar que este no es más que otro «libro de ejercicios» para que tu hijo/a practique escritura... sin embargo, nada

[1] Esta publicación forma parte del proyecto Referencia: TED2021-132647B-I00, financiado por MCIN/AEI/10.13039/501100011033 y por la Unión Europea «NextGenerationEU»/PRTR.

más lejos de la realidad... Este libro constituye, en sí mismo, un programa completo de instrucción, sólidamente fundamentado a nivel científico, dirigido a favorecer el aprendizaje de la escritura en los primeros cursos de Educación Primaria. Su carácter novedoso se sustenta en tres pilares fundamentales.

En primer lugar, ofrece contenidos teóricos y materiales instruccionales que permiten trabajar los tres procesos clave de la escritura: la caligrafía, la ortografía y la composición textual. Frente a una enseñanza tradicionalmente centrada exclusivamente en los procesos de transcripción (caligrafía y ortografía) en los primeros cursos escolares (Cutler y Graham, 2008; Dockrell et al., 2015), este volumen, en coherencia con la evidencia científica más actual (Arrimada et al., 2019, 2022; Klein et al., 2022, 2023), incluye el trabajo explícito de las habilidades de composición textual, aplicando estas a la escritura de textos narrativos. Sin embargo, como cabría esperar, no basta con enseñar los procesos de escritura, sino que se hace necesario evaluarlos. ¿Cómo si no esperas saber cómo progresa tu pequeño/a? En esto, también nos gustaría echarte una mano. En los últimos cuatro capítulos de este libro encontrarás un sistema para corregir la caligrafía, la ortografía y las habilidades de composición textual de tu hijo/a mediante tareas sencillas y entretenidas. En línea con la literatura científica, este sistema de evaluación se ha elaborado combinando medidas tradicionales basadas en el currículo (Deno, 1985; Piercy y Dockrell, 2023) que permiten evaluar la ortografía, con escalas holísticas que permiten evaluar la caligrafía y la composición textual con base en múltiples dimensiones del texto (Riquelme et al., 2023).

En segundo lugar, este volumen se fundamenta en el necesario vínculo entre la práctica educativa y el conocimiento científico, ampliamente defendido en la literatura (Biesta, 2007; Hordern, 2019). En esta línea, todas las prácticas y estrategias de enseñanza contenidas en este libro y utilizadas para diseñar las actividades que realizará tu pequeño/a se fundamentan en un sólido conocimiento científico. Esto quiere decir que numerosos estudios han demostrado, en múltiples ocasiones, la eficacia de estas prácticas en el trabajo de la caligrafía (Hoy et al., 2011; Santangelo y Graham, 2016), la ortografía (Mushinski y Stormont-Spurgin, 1995; Wanzek et al., 2006; Williams et al., 2017) y las habilidades de composición textual (Graham y Harris, 2018; Koster et al., 2015). Es posible que desconozcas muchas de las prácticas que te proponemos en este volumen. Tranquilo/a, no las hemos incluido para complicarte la vida, te las explicaremos con todo detalle a lo largo de las páginas siguientes. La razón para fundamentar la enseñanza en prácticas basadas en la evidencia empírica es sencilla: solo de esta manera tienes una garantía de que estás enseñando a escribir a tu hijo/a tal y como la literatura científica indica que debes hacerlo.

Por último, todo el contenido práctico de este volumen se presenta de una forma gamificada, orientada a incrementar la motivación de tu pequeño/a hacia las tareas de escritura. ¿Recuerdas los cuadernillos de Rubio que completabas en tu infancia? Todo el rato se repetía lo mismo... y es que escribir es una tarea compleja que, en ocasiones, puede resultar repetitiva y tediosa. Por eso, la presentación de los ejercicios de escritura de una forma lúdica y divertida, a través de una trama desafiante que capte la atención del aprendiz y actúe como hilo conductor, se convierte en una de las máximas de este volumen. Ya sabes, la gamificación ha entrado de lleno en la enseñanza de la lectoescritura y sus beneficios son más que destacables (Acevedo et al., 2025; Neira y Carrión, 2022). A ello se le une el valor de proporcionar un refuerzo inmediato a la ejecución del aprendiz (Graham, 1999), práctica que también se utiliza en este libro. Teniendo esto en cuenta... ¿por qué no viajar al Antiguo Egipto y ayudar al dios Anubis a encontrar las tres gemas de su cofre? ¿Qué me dices de acompañar al rey vikingo Gunnar en su viaje por el mar Infinito? ¿Y si tu hijo/a reconstruye una máquina de escribir extraterrestre? Si crees que tu pequeño/a puede sentirse motivado ante estas historias, has hecho bien eligiendo este libro.

Ya conoces los tres pilares fundamentales en los que se sustenta este volumen. A continuación, te presentamos brevemente su estructura. ¡Recuerda! Tu hijo no tiene por qué completar todas las actividades, puede trabajar únicamente aquellas partes que más le interese reforzar. Este volumen se estructura en cinco partes.

La primera parte, «Aprende a escribir jugando», tiene un carácter introductorio y está destinada a ti, como guía y apoyo del pequeño aprendiz. Consta de cuatro capítulos en los que conocerás un poco más sobre los procesos involucrados en la escritura (capítulo 1), las prácticas de enseñanza efectivas para trabajar dichos procesos (capítulo 2) y la importancia y los beneficios de la gamificación en el proceso de aprendizaje (capítulo 3). Además, al final de algunos de estos tres primeros capítulos, encontrarás ejercicios prácticos que te permitirán comprobar si has entendido el contenido de estos. ¡No solo va a escribir tu pequeño/a, a ti también te toca demostrar lo aprendido! Por último, el capítulo 4, incluye una breve presentación de la dinámica gamificada que da coherencia al resto de partes del libro (capítulo 4). Al final de este, se presenta la trama del libro, léela junto a tu hijo/a, ahí comienza vuestro viaje escritor.

La segunda parte, «Caligrafía», se centra, como su propio nombre indica, en las habilidades vinculadas a la caligrafía, siendo estas el conocimiento alfabético (nombre de las letras y posición en el abecedario), la precisión caligráfica (trazo preciso y regular de las letras) y la fluidez (escritura rápida y fluida). En esta parte, tu pequeño/a acompañará al dios Anubis en su viaje por el Antiguo Egipto, ayudándole a recuperar las tres gemas que abren su cofre. Esta parte se estructura en cuatro capítulos, cada uno de los cuales consta de una parte introductoria de naturaleza teórica, dirigida a ti, y una segunda parte gamificada, de carácter práctico, dirigida a tu pequeño. En el capítulo 5 entenderás la importancia de escribir de un modo ágil y preciso, mientras que tu hijo conocerá a Anubis y se enfrentará al reto de abrir el cofre encontrando las tres gemas. El capítulo 6 aborda el trabajo del conocimiento alfabético. En la parte introductoria, dirigida a ti, te presentamos el concepto de «conocimiento alfabético», su importancia y las prácticas instruccionales que se emplearán para trabajarlo. A continuación, tu pequeño/a encontrará numerosas actividades para entrenar su conocimiento alfabético y encontrar, con ello, la primera gema del cofre de Anubis. Los capítulos 7 y 8 se estructuran de forma idéntica al capítulo 6, abordando respectivamente el trabajo de la precisión (capítulo 7) y la fluidez (capítulo 8). A lo largo de las diferentes actividades recogidas en los capítulos 6, 7 y 8 se recogen diferentes códigos QR que dan acceso a diversos recursos instruccionales audiovisuales. Es importante ir visualizando dichos recursos progresivamente en cada uno de los momentos indicados en el capítulo, con el fin de lograr un correcto aprendizaje.

La tercera parte del volumen se centra en el trabajo de la «Ortografía», abordando cinco reglas propias del sistema ortográfico español y contenidas en el currículo escolar de los primeros cursos de Educación Primaria. En esta parte, tu hijo/a acompañará al rey vikingo Gunnar en su viaje por el mar Infinito, enfrentando cinco grandes retos (uno por cada regla ortográfica a trabajar) y llegando finalmente a su hogar en el Norte. Esta tercera parte se estructura en seis capítulos. Como en el caso de la caligrafía, cada uno de ellos consta de una parte introductoria de naturaleza teórica, dirigida a ti, y una segunda parte gamificada, de carácter práctico, dirigida a tu pequeño/a. En el primer capítulo (capítulo 9) comprenderás la importancia de una buena ortografía, mientras que tu hijo conocerá al rey vikingo Gunnar y sabrá de sus andanzas por el mar Infinito. En el segundo capítulo (capítulo 10) se trabajará la regla ortográfica para representar el fonema /rr/, que comúnmente conocemos como «r fuerte». En la parte introductoria, te presentamos las prácticas instruccionales empleadas para trabajar esta regla. A continuación, tu pequeño/a encontrará múltiples ejercicios para comprender la regla de la «r» y superar, con ello, el primer peligro del viaje de Gunnar, el canto de las sirenas. Los siguientes capítulos se estructuran del mismo modo, abordando respectivamente: el patrón ortográfico para representar el fonema /k/, como en «camino» o «queso» (capítulo 11); el patrón ortográfico para el fonema /z/, como en «zapato» o «ceniza» (capítulo 12); el patrón seguido ortográficamente para representar el fonema /j/, como en «jarra» o «geranio» (capítulo 13); y el uso de las letras «g», «gu» o «gü» para representar el fonema /g/ como en «gusano», «guepardo» o «cigüeña» (capítulo 14). Nuevamente, en todos los capítulos se recogen recursos audiovisuales clave en la instrucción, señalados a lo largo de los capítulos con códigos QR para su visualización por parte del niño/a.

La cuarta parte del volumen se centra en el trabajo de las habilidades de «Composición textual», abordando de forma específica la escritura del texto narrativo, el cuento. En esta parte, tu hijo/a ayudará a la extraterrestre Solara a reconstruir su máquina de escribir que le recuerda los elementos que debe contener un cuento. Esta cuarta parte se estructura en cinco capítulos, todos ellos con una parte introductoria de naturaleza teórica, dirigida a ti, y una segunda parte gamificada, de carácter práctico, dirigida a tu hijo/a. El trabajo de la composición textual comienza con una breve presentación de la estrategia a utilizar, la instrucción estratégica y autorregulada, además del planteamiento de la historia que guiará los pasos de tu hijo/a (capítulo 15). En el segundo capítulo, profundizarás en la introducción de un cuento ejemplar y sus elementos, mientras que tu pequeño/a recuperará los tres interruptores de la máquina de Solara, aprendiendo con ello a escribir la introducción de un cuento (capítulo 16). Los dos capítulos siguientes se estructuran del mismo modo, abordando respectivamente el desarrollo de los cuentos (capítulo 17) y la conclusión (capítulo 18). Cada parte del texto narrativo se vincula a un trocito de la máquina de Solara pendiente de reconstruir, como son los interruptores que la encienden (la introducción), el dispositivo de control (el desarrollo) y la cúpula creadora (la conclusión). El vínculo entre el nombre de las partes de la máquina y el de las partes del cuento se convierte en una regla nemotécnica que ayudará al pequeño aprendiz a recordarlos con facilidad. Para finalizar, el capítulo 19 aborda la escritura de un cuento completo utilizando la estrategia anterior. A ti, el inicio de este capítulo te recordará todas las partes del cuento. A tu hijo/a se le pedirá escribir un cuento utilizando todos los aprendizajes previos y recordando la máquina de escribir de Solara. De igual forma que en los apartados anteriores, en cada capítulo se incluyen numerosos recursos instruccionales en formato digital accesibles a través de códigos QR.

Por último, como te hemos anticipado al inicio de este capítulo, toda buena enseñanza debe acompañarse de una buena evaluación. Por ello, la última parte del volumen, «Comprueba tu progreso», describe en detalle un sistema para monitorizar o hacer un seguimiento del aprendizaje y la mejora de tu hijo/a. ¡Ojo! Una vez más, esta parte del libro te ofrece material práctico para ti, eres tú quien se encargará de controlar el progreso de tu pequeño/a. Esta última parte se estructura en cuatro capítulos. El primero de ellos describe en detalle el sistema de monitorización, así como las tareas de escritura que puedes proponerle a tu hijo/a y que deberás evaluar posteriormente (capítulo 20). Dichas tareas se presentan a través de un *breakout,* una trama diseñada en formato digital en la que el niño deberá ir superando una serie de retos y obteniendo con ello las correspondientes recompensas. En los tres capítulos posteriores, se explica cómo puedes corregir los textos escritos por tu pequeño en términos de caligrafía (capítulo 21), ortografía (capítulo 22) y calidad textual (capítulo 23). Al final de cada uno de estos capítulos, encontrarás numerosos ejemplos de textos escritos por niños pequeños para que puedas practicar la evaluación. ¿Te atreves a intentarlo?

¡Un último detalle! Una novedad de este volumen, como hemos dicho anteriormente, son los numerosos recursos digitales accesibles a través de códigos QR a los que se ha hecho referencia a lo largo de los diferentes apartados. Dichos recursos, además de contar con un diseño empíricamente validado para la mejora de la escritura, convierten el aprendizaje de la escritura en una experiencia motivadora. Por ello, cuando tu pequeño/a vaya a trabajar con este libro, asegúrate de que tiene cerca algún dispositivo que le permita escanear dichos códigos. Y no estaría de más que tú no anduvieses muy lejos. Al fin y al cabo, eres tú, y no un teléfono móvil, quien va a ayudarle en su aprendizaje. ¡Tu hijo/a cuenta contigo! ¿Estás listo para echarle una mano? ¡Adelante, pasa la página!

REFERENCIAS BIBLIOGRÁFICAS

Acevedo, D. C., Reyes, M. V. y Simanca, Y. E. (2025). Gamificación en el proceso de lecto-escritura en estudiantes de primaria: una revisión sistemática. *Ciencia y Educación, 6*(5), 241-250. https://doi.org/10.5281/zenodo.15576495

Arrimada, M., Torrance, M. y Fidalgo, R. (2019). Effects of teaching planning strategies to first-grade writers. *British Journal of Educational Psychology, 89*(4), 670-688. https://doi.org/10.1111/bjep.12251

Arrimada, M., Torrance, M. y Fidalgo, R. (2022). Response to intervention in first-grade writing instruction: A large-scale feasibility study. *Reading and Writing, 35*(4), 943-969. https://doi.org/10.1007/s11145-021-10211-z

Biesta, G. (2007). Bridging the gap between educational research and educational practice: The need for critical distance. *Educational Research and Evaluation, 13*(3), 295-301. https://doi.org/10.1080/13803610701640227

Camacho, A. y Alves, R. A. (2017). Fostering parental involvement in writing: Development and testing of the program cultivating writing. *Reading and Writing, 30*(2), 253-277. https://doi.org/10.1007/s11145-016-9672-6

Consejo Europeo (2018). Recomendación del Consejo, de 22 de mayo de 2018, relativa a las competencias clave para el aprendizaje permanente (2018/C189/01). *Diario Oficial de la Unión Europea,* núm. 469, de 9 de diciembre de 2022.

Cutler, L. y Graham, S. (2008). Primary grade writing instruction: A national survey. *Journal of Educational Psychology, 100*(4), 907-919. https://doi.org/10.1037/a0012656

Deno, S. L. (1985). Curriculum-based measurement: The emerging alternative. *Exceptional Children, 52*(3), 219-232. https://doi.org/10.1177/001440298505200303

Dockrell, J. E., Marshall, C. R. y Wyse, D. (2015). Teachers' reported practices for teaching writing in England. *Reading and Writing, 29,* 409-434. https://doi.org/10.1007/s11145-015-9605-9

Graham, S. (1999). Handwriting and spelling instruction for students with learning disabilities: A review. *Learning Disability Quarterly, 22*(2), 78-98. https://doi.org/10.2307/1511268

Graham, S. y Harris, K. (2018). Evidence-Based Writing Practices: a Meta-Analysis of existing meta-analysis. En R. Fidalgo, K. Harris y M. Braaksma (eds.), *Design principles for teaching effective writing: Theoretical and empirical grounded principles* (pp. 13-37). Brill Editions.

Guevara, Y. y Rugerio, J. P. (2019). Fracaso escolar y alfabetización inicial. *Revista Electrónica de Psicología Iztacala, 22*(2), 2141-2168.

Hordern, J. (2019). Knowledge, evidence, and the configuration of educational practice. *Education Sciences, 9*(2), 70-81. https://doi.org/10.3390/educsci9020070

Hoy, M. M., Egan, M. Y. y Feder, K. P. (2011). A systematic review of interventions to improve handwriting. *Canadian Journal of Occupational Therapy, 78*(1), 13-25. https://doi.org/10.2182/cjot.2011.78.1.3

Jurkovic, V. (2010). Language learner strategies and linguistic competence as factors affecting specific achievement test scores in English for specific purposes. *TESOL Journal, 1*(4), 449-469. https://doi.org/10.5054/tj.2010.234765

Klein, P., Bildfell, A., Dombroski, J. D., Giese, C., Sha, K. W. Y. y Thompson, S. C. (2022). Self-regulation in early writing strategy instruction. *Reading and Writing Quarterly, 38*(2), 101-125. https://doi.org/10.1080/10573569.2021.1919577

Klein, P. D., Casola, M., Dombroski, J. D., Giese, C., Sha, K. W. Y. y Thompson, S. C. (2023). Response to intervention in virtual classrooms with beginning writers. *Reading and Writing Quarterly, 39*(5), 413-435. https://doi.org/10.1080/10573569.2022.2131662

Koster, M., Tribushinina, E., De Jong, P. F., y Van den Bergh, H. (2015). Teaching children to write: A meta-analysis of writing intervention research. *Journal of Writing Research, 7*(2), 249-274. https://doi.org/10.17239/jowr-2015.07.02.2

Mushinski, B. y Stormont-Spurgin, M. (1995). Spelling interventions for students with disabilities: A review. *The Journal of Special Education, 28*(4), 488-513. https://doi.org/10.1177/002246699502800407

Neira, M. y Carrión, E. (2022). Gamificación: estrategia metodológica para el desarrollo de destreza de lectoescritura. *Revista Sinapsis, 1*(21), 1-14.

Piercy, W., y Dockrell, J. E. (2023). Assessing children's writing products using curriculum-based measures of writing (CBM-W). *Educational and Child Psychology, 40*(1), 44-60. https://doi.org/10.53841/bpsecp.2023.40.1.44

Riquelme, G., Pérez, C. y Aedo, V. (2023). Uso de rúbricas para la evaluación de textos académicos: un desafío en la enseñanza de enfermería. *Horizonte de Enfermería, 34*(3), 732-742. https://doi.org/10.7764/Horiz_Enferm.34.3.732-742

Robledo, P. y García, J. (2012). Parental intervention for improving the writing and achievement of children. En M. Torrance, D. Alamargot, M. Castelló, F. Ganier, O. Kruse, A. Mangen, L. Tolchinsky y L. van Waes (eds.), *Learning to write effectively Current Trends in European Research* (pp. 165-168). Emeral Group Publishing Limited.

Robledo, P. y García, J. (2013). The involvement and satisfaction with education of the families of students with and without specific learning disabilities. *Revista de Psicodidáctica, 18*(1), 137-155. https://doi.org/10.1387/RevPsicodidact.4639_

Santangelo, T. y Graham, S. (2016). A comprehensive meta-analysis of handwriting instruction. *Educational Psychology Review, 28*(2), 225-265. https://doi.org/10.1007/s10648-015-9335-1

Wanzek, J., Vaughn, S., Wexler, J., Swanson, E. A., Edmonds, M. y Kim, A.-H. (2006). A synthesis of spelling and reading interventions and their effects on the spelling outcomes of students with LD. *Journal of Learning Disabilities, 39*(6), 528-543. https://doi.org/10.1177/00222194060390060501

Williams, K. J., Walker, M. A., Vaughn, S. y Wanzek, J. (2017). A synthesis of reading and spelling interventions and their effects on spelling outcomes for students with learning disabilities. *Journal of Learning Disabilities, 50*(3), 286-297. https://doi.org/10.1177/0022219415619753

Carmen Álvarez-Moreno,
María Arrimada
y Raquel Fidalgo

1. ¿QUÉ SE ESCONDE DETRÁS DE LA ESCRITURA?

María Arrimada, Carmen Álvarez-Moreno y Raquel Fidalgo

Mira a tu alrededor: un mensaje de WhatsApp, un correo electrónico, tu contrato laboral, tu novela favorita... vives rodeado de textos escritos que te permiten relacionarte con tu entorno. A través de la escritura, nuestras representaciones del mundo perduran en el tiempo. Continuamente nos enfrentamos a situaciones que demandan la escritura, desde las tareas del colegio o del trabajo, hasta la comunicación del día a día con las personas que nos rodean. Sin embargo, ¿alguna vez te has parado a pensar qué ocurre en tu cerebro cuando escribes?

¿QUÉ SUCEDE EN NUESTRO CEREBRO CUANDO ESCRIBIMOS?

Imagina por un momento, que quieres comunicar una idea de forma escrita. Primero debes elegir las palabras para transmitirla. A continuación, debes recordar qué letras forman esas palabras para no escribir, por ejemplo, «vaso» con «b». Estás activando procesos ortográficos. Además, necesitas ejecutar los movimientos necesarios para trazar las letras sobre el papel poniendo en juego procesos caligráficos. Pero ¿qué ocurriría si en vez de una sola idea quisieras transmitir varias? Necesitas planificarlas, organizarlas de acuerdo con una estructura, transcribirlas dándoles coherencia y cohesión, y revisar si tu texto final se parece a lo que habías planeado. Todos estos procesos de ortografía, caligrafía, planificación, transcripción y revisión se activan en tu cerebro cuando escribes un texto (Berninger y Amtmann, 2003; Berninger y Winn, 2006; Hayes y Flower, 1980).

Ahora piensa en la escritura de tu hijo o hija, el verdadero destinatario de este libro. Como cabría esperar, estos procesos aún no están completamente desarrollados, puesto que se van adquiriendo a lo largo de la enseñanza de la escritura. Hasta hace algunos años, se consideraba que las habilidades más básicas de caligrafía y ortografía eran las primeras en adquirirse (Berninger, 2000), demandando un alto esfuerzo cognitivo en los primeros cursos de Primaria (Fayol, 1999). Pero ¿qué ocurre con los procesos más complejos relacionados con la composición textual? Siguiendo la teoría anterior, no deberían empezar a desarrollarse hasta mediados de la etapa de Educación Primaria, cuando los niños y niñas ya muestran cierto dominio de la caligrafía y la ortografía. Sin embargo, investigaciones recientes han observado que los textos escritos por niños y niñas de los primeros cursos de Primaria incluyen algo más que letras bien trazadas y palabras ortográficamente correctas (Kim et al., 2014; Kirby et al., 2021). Algunos niños/as demuestran cierta comprensión de diferentes tipos de texto, ajustan las ideas de sus escritos a una estructura muy general (por ejemplo, no empiezan un cuento por «y vivieron felices»), tratan de seguir un cierto hilo conductor y, a veces, incluso utilizan recursos que dan cohesión a sus ideas. Ello sugiere que es efectivo enseñar estos procesos complejos desde edades muy tempranas (Arrimada et al., 2019, 2022). Así pues, ¿qué se sabe realmente sobre cómo evolucionan los procesos involucrados en la escritura durante la etapa de Primaria?

¿CÓMO CAMBIA NUESTRA ESCRITURA EN LA EDUCACIÓN PRIMARIA?

Por un lado, la *caligrafía* comienza por garabatos iniciales que se convertirán en letras completas entre los 3 y los 4 años. No obstante, aunque estas producciones se reconocen como letras, aún es frecuente cometer errores en su trazo (por ejemplo, escribir la letra del revés o alargar demasiado los trazos). Al final de la etapa Preescolar, los niños y niñas son capaces de trazar todas las letras del alfabeto de forma precisa y regular. Sin embargo, habrá que esperar hasta aproximadamente los 10 años, para que su trazo sea fluido y automático (Bosga-Stork et al., 2016; Dinehart, 2015; Germano y Capellini, 2023; Gosse et al., 2021).

Por su parte, la *ortografía* se desarrolla en tres fases: una fase logográfica, en la que se producen garabatos o letras aleatorias que no corresponden a las letras que forman una palabra (por ejemplo, «huj» por «casa»); una fase fonética, en la cual se escriben algunas de las letras que componen la palabra pero no todas (por ejemplo, «caa» por «casa»); y una fase ortográfica, en la que se escriben las palabras correctamente porque se ha adquirido su patrón ortográfico (Ehri, 1997; Frith, 1980). La ortografía continuará perfeccionándose hasta el final de la etapa de Educación Primaria (Jiménez et al., 2008; Gosse et al., 2021) e incluso en los primeros años de la Educación Secundaria.

Por último, como cabría esperar, las habilidades más complejas de *composición textual* se incrementan a medida que avanza la etapa de Educación Primaria, con un aumento especialmente significativo en los últimos cursos (Alves y Limpo, 2015; Limpo et al., 2014). Esto se traduce en composiciones con un objetivo y una estructura cada vez más claros, un mayor número de ideas conectadas entre sí y un lenguaje más adecuado a los lectores. No obstante, estas habilidades continúan desarrollándose más allá de esta etapa. La evolución de los procesos de composición textual se traduce en un cambio significativo en la escritura de los niños y niñas. En las primeras edades, utilizan una estrategia basada en «contar el conocimiento», es decir, se limitan a plasmar ideas sobre el papel, sin organizarlas en torno a la estructura del texto, ni establecer relaciones entre ellas. Los textos escritos con esta estrategia suelen ser cortos, incoherentes, poco estructurados y de baja calidad. A medida que crecen, este método deja paso a una estrategia basada en «transformar el conocimiento», que implica ajustar constantemente el contenido y la forma del texto a las intenciones del escritor y al contexto comunicativo (Bereiter y Scardamalia, 1987; Scardamalia y Bereiter, 1992).

Ahora ya conoces un poco más lo que se esconde detrás del proceso de adquisición de la escritura, y seguramente entiendes mejor lo desafiante que puede resultar su aprendizaje. No te preocupes por alguna letra mal trazada, alguna palabra mal escrita, alguna incoherencia en el texto... es parte natural del desarrollo. No obstante, con tu apoyo, el niño o la niña lo logrará a su propio ritmo.

ACTIVIDADES

A continuación, te presentamos una serie de producciones escritas propias del desarrollo de la escritura durante la infancia. Para cada producción, rodea el proceso de escritura con el que se relaciona y, dentro de él, la etapa correspondiente.

1. ESCRIBIR «CHUTETE» EN VEZ DE «CHUPETE»		
CALIGRAFÍA	ORTOGRAFÍA	COMPOSICIÓN
Garabatos Letras completas Trazo preciso y regular Trazo fluido y automático	Etapa logográfica Etapa fonética Etapa ortográfica	Contar el conocimiento Transformar el conocimiento
2. ESCRIBIR LA SIGUIENTE LETRA		
CALIGRAFÍA	ORTOGRAFÍA	COMPOSICIÓN
Garabatos Letras completas Trazo preciso y regular Trazo fluido y automático	Etapa logográfica Etapa fonética Etapa ortográfica	Contar el conocimiento Transformar el conocimiento
3. ESCRIBIR RÁPIDO		
CALIGRAFÍA	ORTOGRAFÍA	COMPOSICIÓN
Garabatos Letras completas Trazo preciso y regular Trazo fluido y automático	Etapa logográfica Etapa fonética Etapa ortográfica	Contar el conocimiento Transformar el conocimiento

4. ESCRIBIR EL SIGUIENTE CUENTO: «AYER COMÍ MACARRONES. LA BRUJA CAPTURÓ A LA PRINCESA. LA NIÑA SE FUE A DORMIR Y FIN»		
CALIGRAFÍA	ORTOGRAFÍA	COMPOSICIÓN
Garabatos Letras completas Trazo preciso y regular Trazo fluido y automático	Etapa logográfica Etapa fonética Etapa ortográfica	Contar el conocimiento Transformar el conocimiento
5. ESCRIBIR «ETMP» EN LUGAR DE «LUNA»		
CALIGRAFÍA	ORTOGRAFÍA	COMPOSICIÓN
Garabatos Letras completas Trazo preciso y regular Trazo fluido y automático	Etapa logográfica Etapa fonética Etapa ortográfica	Contar el conocimiento Transformar el conocimiento
6. ESCRIBIR LA LETRA «F» DEL MODO SIGUIENTE		
	f	
CALIGRAFÍA	ORTOGRAFÍA	COMPOSICIÓN
Garabatos Letras completas Trazo preciso y regular Trazo fluido y automático	Etapa logográfica Etapa fonética Etapa ortográfica	Contar el conocimiento Transformar el conocimiento
7. ESCRIBIR EL SIGUIENTE CUENTO: «UNA MAÑANA DE PRIMAVERA, UN PEQUEÑO DUENDE PASEABA POR UN BOSQUE ENCANTADO. DE PRONTO, ENCONTRÓ UNA FLOR QUE BUSCABA UN AMIGO. EMPEZARON A HABLAR Y DESDE ENTONCES, YA NO SE SEPARARON JAMÁS»		
CALIGRAFÍA	ORTOGRAFÍA	COMPOSICIÓN
Garabatos Letras completas Trazo preciso y regular Trazo fluido y automático	Etapa logográfica Etapa fonética Etapa ortográfica	Contar el conocimiento Transformar el conocimiento
8. ESCRIBIR «BURRO» CORRECTAMENTE		
CALIGRAFÍA	ORTOGRAFÍA	COMPOSICIÓN
Garabatos Letras completas Trazo preciso y regular Trazo fluido y automático	Etapa logográfica Etapa fonética Etapa ortográfica	Contar el conocimiento Transformar el conocimiento

SOLUCIONES

1. Ortografía. Etapa fonética.
2. Caligrafía. Garabatos.
3. Caligrafía. Trazo fluido y automático.
4. Composición. Contar el conocimiento.
5. Ortografía. Etapa logográfica.
6. Caligrafía. Letras completas.
7. Composición. Transformar el conocimiento.
8. Ortografía. Etapa ortográfica.

REFERENCIAS BIBLIOGRÁFICAS

Alves, R. A. y Limpo, T. (2015). Progress in written language bursts, pauses, transcription, and written composition across schooling. *Scientific Studies of Reading, 19*(5), 374-391. https://doi.org/10.1080/10888438.2015.1059838

Arrimada, M., Torrance, M. y Fidalgo, R. (2019). Effects of teaching planning strategies to first-grade writers. *British Journal of Educational Psychology, 89*(4), 670-688. https://doi.org/10.1111/bjep.12251

Arrimada, M., Torrance, M. y Fidalgo, R. (2022). Response to intervention in first-grade writing instruction: A large-scale feasibility study. *Reading and Writing, 35*(4), 943-969. https://doi.org/10.1007/s11145-021-10211-z

Bereiter, C. y Scardamalia, M. (1987). *The psychology of written composition*. Lawrence Erlbaum Associates.

Berninger, V. (2000). Development of language by hand and its connections with language by ear, mouth and eye. *Language Disorders, 20*(4), 65-84. https://doi.org/10.1097/00011363-200020040-00007

Berninger, V. W. y Amtmann, D. (2003). Preventing written expression disabilities through early and continuing assessment and intervention for handwriting and/or spelling problems. En *Handbook of learning disabilities* (pp. 345-363). The Guilford Press.

Berninger, V. W. y Winn, W. (2006). Implications of advancements in brain research and technology for writing development, writing instruction, and educational evolution. En C. A. MacArthur, S. Graham y J. Fitzgerald (eds.), *Handbook of writing research* (pp. 96-114). The Guildford Press.

Bosga-Stork, I., Bosga, J., Ellis, J. y Meulenbroek, R. (2016). Developing interactions between language and motor skills in the first three years of formal handwriting education. *British Journal of Education, Society & Behavioural Science, 12*(1), 1-13. https://doi.org/10.9734/bjesbs/2016/20703

Dinehart, L. H. (2015). Handwriting in early childhood education: Current research and future implications. *Journal of Early Childhood Literacy, 15*(1), 97-118. https://doi.org/10.1177/1468798414522825

Ehri, L. C. (1997). Learning to read and learning to spell are one and the same, almost. En C. Perfetti, L. Rieben y M. Fayol (eds.), *Learning to spell: Research, theory, and practice* (pp. 237-269). Erlbaum.

Fayol, M. (1999). From on-line management problems to strategies in written composition. En M. Torrance y G. Jeffery (eds.), *The cognitive demands of writing: processing capacity and working memory effects in text production* (pp. 15-23). Amsterdam University Press.

Frith, U. (1980). Unexpected spelling problems. En U. Frith (ed.), *Cognitive processes in spelling* (pp. 495-515). Academic Press.

Germano, G. D. y Capellini, S. A. (2023). Handwriting fluency, latency, and kinematic in Portuguese writing system: Pilot study with school children from 3rd to 5th grade. *Frontiers in Psychology, 13,* 1-15. https://doi.org/10.3389/fpsyg.2022.1063021

Gosse, C., Parmentier, M. y Van Reybroeck, M. (2021). How do spelling, handwriting speed, and handwriting quality develop during primary school? Cross-classified growth curve analysis of children's writing development. *Frontiers in Psychology, 12,* 1-19. https://doi.org/10.3389/fpsyg.2021.685681

Hayes, J. R. y Flower, L. (1980). Identifying the organization of writing processes. En L. Gregg y E. Steinberg (eds.), *Cognitive processes in writing: An interdisciplinary approach* (pp. 3.30). Lawrence Erlbaum Associates.

Kim, Y. S., Otaiba, S., Folsom, J. S., Greulich, L. y Puranik, C. (2014). Evaluating the dimensionality of first-grade written composition. *Journal of Speech, Language, and Hearing Research, 57*(1), 199-211. https://doi.org/10.1044/1092-4388(2013/12-0152)

Kirby, M. S., Spencer, T. D. y Chen, Y. J. I. (2021). Oral narrative instruction improves kindergarten writing. *Reading and Writing Quarterly, 37*(6), 574-591. https://doi.org/10.1080/10573569.2021.1879696

Limpo, T., Alves, R. A. y Fidalgo, R. (2014). Children's high-level writing skills: Development of planning and revising and their contribution to writing quality. *British Journal of Educational Psychology, 84*(2), 177-193. https://doi.org/10.1111/bjep.12020

Scardamalia, M. y Bereiter, C. (1992). Dos modelos explicativos de los procesos de composición escrita. *Infancia y Aprendizaje, 15*(58), 43-64. https://doi.org/10.1080/02103702.1992.10822332

2. EL RETO DE ENSEÑAR A ESCRIBIR

María Arrimada y Rut Sánchez-Rivero

Ahora que has leído el primer capítulo, ya sabes lo que se esconde detrás de la escritura: una buena caligrafía, una ortografía correcta y, por supuesto, buenas habilidades de composición textual. Aunque cada proceso es independiente, todos ellos trabajan juntos para lograr el mismo fin (Berninger, 2000; Jiménez y Hernández-Cabrera, 2019). Con todo esto, seguro que te haces una idea del reto que supone para un niño pequeño aprender a escribir y, con ello, de lo mucho que necesita una guía que le acompañe en las primeras etapas del viaje. Pero... ¿cómo se enseña a escribir? Aquí no vale todo, lo bien hecho bien parece. Por eso, durante años, la investigación educativa ha puesto a prueba numerosas técnicas y métodos de enseñanza de la escritura, comparándolos entre sí y esforzándose por identificar los más efectivos. Esto es lo que se conoce como metaanálisis (Graham y Harris, 2018; Graham y Santangelo, 2014; Koster et al., 2015; Santangelo y Graham, 2016). Vamos a conocer algunas de estas prácticas.

¿CÓMO TRABAJAR LA CALIGRAFÍA Y LA ORTOGRAFÍA?

Comencemos por el principio: la caligrafía y la ortografía constituyen las habilidades más simples de escritura. Para dominarlas, la persona necesita aprender el nombre de las letras y su posición en el abecedario, trazar letras legibles, escribir de manera ágil y fluida y conocer el patrón ortográfico de las palabras, es decir, las letras que las representan, el orden en que deben colocarse y las normas que guían la escritura de palabras irregulares (Graham, 1999; Graham y Harris, 2002). Enseñar estas habilidades, y enseñarlas bien, tiene un impacto positivo sobre la escritura infantil, que, en términos estadísticos, se cuantifica con un valor medio de su efectividad de 0,55 (Graham y Harris, 2018; Graham y Santangelo, 2014; Santangelo y Graham, 2016).

De acuerdo con la investigación, la forma más efectiva de trabajar las habilidades caligráficas y ortográficas es a través del **modelado,** es decir, proporcionando ejemplos de los aprendizajes a adquirir (Rodríguez y Cantero, 2020): a un niño pequeño le resultará sencillo trazar una letra o escribir una palabra si previamente ha observado cómo lo hace un adulto y ha tenido la oportunidad de fijarse en la dirección del trazo (caligrafía) o en las letras que componen la palabra (ortografía). Los modelos humanos resultan especialmente efectivos, más aún si cometen errores propios de la escritura infantil que posteriormente corrigen (Hoy et al., 2011; Mushinski y Stormont-Spurgin, 1995).

Y ya puestos a ofrecer ejemplos... ¿por qué no utilizar **listas de palabras** para memorizar? Memorizar las palabras de una lista permite al niño o la niña centrarse por completo en cómo se escriben (Alderman y Green, 2011). Como es obvio, para que esta práctica sea efectiva, las palabras de estas listas deben ser análogas (Wanzek et al., 2006), es decir, deben compartir un mismo patrón ortográfico (por ejemplo, palabras que empiezan con h, que se escriben con rr...).

La **autorregulación,** por su parte, es también una buena forma de trabajar la caligrafía y la ortografía (Graham, 1999; Santangelo y Graham, 2016). Con esta técnica se pide al niño o la niña que verbalice su proceso de escritura (por ejemplo, «para trazar la "p" debo hacer una línea vertical» o «la primera letra de la palabra huevo es la "h") o que lleve cierto control sobre el esfuerzo que le supone aprender a escribir una palabra y la atención que está prestando a la tarea. Además, si el niño autoevalúa su escritura, juzgando si es correcta o puede mejorarse, la autorregulación es aún más efectiva (Lee, 2016).

Por último, y relacionado con la anterior, encontramos el **estudio sistemático de estrategias.** ¿A que un proceso siempre se entiende mejor cuando se explica paso a paso? Primero debo hacer esto, después esto otro... Las secuencias nos facilitan nuestro día a día. Aplicando esto a la enseñanza de la ortografía, el estudio sistemático de estrategias consiste en ejecutar una serie de acciones encadenadas, llamadas estrategias, que permiten memorizar cómo se escribe una palabra. Por ejemplo, pronunciar la palabra en voz alta, escribirla, nombrar sus letras mientras se escribe, cerrar los ojos y visualizar la palabra escrita (Graham, 1999). El estudio sistemático de estrategias es una de las prácticas más efectivas para trabajar la ortografía, ya que no solo disminuye el número de errores ortográficos, sino que sus efectos se mantienen con el paso del tiempo (Wanzek et al., 2006; Williams et al., 2017).

Con la maleta ya cargada de buenas prácticas, llegamos al final de la primera etapa de este viaje. Aunque... espero que hayas dejado algo de espacio libre, recuerda que escribir va mucho más allá de la caligrafía y la ortografía. Es hora de enseñar a generar ideas, organizarlas, darles una estructura y crear un texto coherente. Vamos a ver cómo hacerlo.

¿CÓMO TRABAJAR LA COMPOSICIÓN TEXTUAL?

Ya sabes que escribir un texto implica atender, al mismo tiempo, a numerosos elementos: la caligrafía, la ortografía, la estructura, la coherencia... Si te resulta difícil a ti, imagina el «doble desafío» que supone para un niño o una niña que aún está aprendiendo a escribir (Rijlaarsdam y Couzijn, 2000; Rijlaarsdam et al., 2011). Una buena manera de reducir esta carga podría ser dotar al niño de estrategias, de pequeñas pistas que le vayan guiando en el proceso de composición textual. Esta práctica, conocida como **instrucción estratégica y autorregulada,** ha demostrado ser la más efectiva para la mejora de las habilidades de composición (Graham y Harris, 2018; efectividad entre 0,70 y 1,26) y se estructura, por lo general, en tres pasos: primero, enseñar una estrategia que ayude a recordar los pasos a seguir para escribir un texto; segundo, modelar el uso de dicha estrategia, de modo que el niño o la niña observe cómo la utiliza un escritor experto; y tercero, poner en práctica la estrategia dejando que el niño o la niña escriba su propio texto.

Sin embargo, de poco sirve conocer los pasos a seguir para escribir un texto si se carece de vocabulario para generar el contenido de este. Por eso, la investigación sugiere la elevada eficacia de **enseñar vocabulario,** ya sean expresiones típicas de un género textual o bien palabras relacionadas con el tema sobre el que se escribe (efectividad de 0,78). No obstante, aprender vocabulario, aunque ayuda a generar ideas y/o contenido para el texto, no es suficiente por sí mismo. Por eso, la investigación señala dos prácticas efectivas que, junto con la anterior, resultan útiles para generar contenido. Por un lado, **favorecer la creatividad** mediante actividades que estimulen la imaginación (eficacia entre el 0,70 y 0,76). Por otro, llevar a cabo **actividades de búsqueda y organización de contenidos** previamente a la escritura de textos (efectividad moderada entre 0,48 y 0,54). Ahora sí, contamos ya con numerosos recursos para generar ideas, pero estas han de estar necesariamente conectadas entre sí para dar cohesión al texto. Por ello, es importante aplicar la práctica conocida como **combinación de oraciones** (efectividad entre 0,50 y 0,56), gracias a la cual se enseña a utilizar conectores y otros recursos para transformar oraciones simples en compuestas, o, simplemente, para indicar la progresión del texto. Por tanto, tenemos vocabulario que permite generar ideas y recursos que permiten unir dichas ideas. Estas ideas, no obstante, no se insertan de forma aleatoria en el texto, sino ajustadas a una estructura. De ahí que la **instrucción en la estructura de diferentes tipologías textuales** o, dicho de otro modo, enseñar a reconocer y producir las diferentes partes de un texto, sea también una forma efectiva de trabajar las habilidades de composición (efectividad entre 0,41 y 0,59).

Por otro lado, la **observación y emulación de modelos de texto ejemplares** tiene también cierta efectividad, si bien moderada, sobre la mejora de las habilidades de composición textual (efectividad en torno a 0,40). Esta práctica cobra sentido si asumimos que ver un texto escrito correctamente e imitar sus características puede ayudar a que la propia escritura sea también correcta.

Todas las prácticas anteriores pueden ayudar a que el niño o la niña escriba un buen texto. Pero, ¿qué hacer cuando el texto ya está terminado? Incluso los mejores escritores necesitan revisar sus textos, echar un segundo vistazo, cambiar el rumbo si se dan cuenta de que algo no está del todo bien. Los pequeños también pueden hacerlo, basta con enseñarles a **autoevaluar** sus escritos a partir de criterios específicos como rúbricas o listas de verificación que les permitan comprobar si su texto se ajusta al plan inicial (efectividad entre 0,43 y 0,51).

Ahora sí, parece que has llegado al final del viaje. Ya conoces las prácticas más efectivas para enseñar a escribir, pero esto no es más que el comienzo, más adelante en nuestro libro las reconocerás a todas ellas en los diferentes ejercicios y tareas que planteamos para la enseñanza de la escritura.

ACTIVIDADES

Actividad 1

A continuación, te presentamos una serie de ejercicios de escritura que podrían plantearse a un niño de Educación Primaria o bien de posibles actuaciones de un profesor. Al lado de cada ejercicio/actuación, trata de identificar la práctica que se está utilizando.

- Memoriza estas palabras para acordarte de cuándo debes escribir una sola R o dos R para producir el sonido de la R fuerte: perro, Roque, tarro, carromato, rosa, respeto.

  Práctica: ....

- Mientras escribe la letra «j» el niño o la niña se va diciendo a sí mismo: «para escribir la j primero debo hacer una línea muy pequeñita hacia arriba. Luego una línea larga hacia abajo. Después, un bucle abajo del todo y una línea curva que sube hacia arriba y corta la línea recta que tracé antes hacia abajo».

  Práctica: ....

- Lee bien este cuento sobre un gato que llegó tarde a su fiesta de cumpleaños. Fíjate en sus características, está muy bien escrito. Luego intenta escribir un cuento tan bien escrito como el del gato, con las mismas características.

  Práctica: ....

- Mira bien la palabra que aparece escrita en la pizarra y léela en voz alta. Luego cópiala en tu cuaderno y di el nombre de cada una de sus letras. Después cierra los ojos y visualiza la palabra en tu mente. Abre los ojos y escríbela de nuevo en una hoja en blanco.

  Práctica: ....

- En mi texto puedo escribir: «La abeja estaba cansada. La abeja había volado durante mucho rato», pero queda mucho mejor si escribo «La abeja estaba cansada PORQUE había volado durante mucho rato».

  Práctica: ....

- Si tengo que escribir un texto sobre la primavera, primero tengo que aprender nuevas palabras relacionadas con la primavera como por ejemplo «florecer», «golondrina» o «soleado».

  Práctica: ....

SOLUCIONES

Actividad 1

- ➪ Práctica: listas de palabras.
- ➪ Práctica: autorregulación.
- ➪ Práctica: observación y emulación de modelos de texto ejemplares.
- ➪ Práctica: estudio sistemático de estrategias.
- ➪ Práctica: combinación de oraciones.
- ➪ Práctica: enseñar vocabulario.

REFERENCIAS BIBLIOGRÁFICAS

Alderman, G. L. y Green, S. K. (2011). Fostering lifelong spellers through meaningful experiences. *The Reading Teacher, 64*(8), 599-605. https://doi.org/10.1598/rt.64.8.5

Berninger, V. (2000). Development of language by hand and its connections with language by ear, mouth and eye. *Language Disorders, 20*(4), 65-84. https://doi.org/10.1097/00011363-200020040-00007

Graham, S. (1999). Handwriting and spelling instruction for students with learning disabilities: A review. *Spring, 22*(2), 78-98. https://doi.org/10.2307/1511268

Graham, S. y Harris, K. R. (2002). Prevention and intervention for struggling writers. En M. Shinn, H. Walker y G. Stoner (eds.), *Interventions for academic and behavior problems II: Preventive and remedial approaches* (pp. 589-610). National Association of School Psychologists.

Graham, S. y Harris, K. R. (2018). Evidence-based writing practices: A meta-analysis of existing meta-analysis. En R. Fidalgo, K. R. Harris y M. Braaksma (eds.), *Design principles for teaching effective writing: Theoretical and empirical grounded principles* (pp. 13-37). Brill Editions.

Graham, S. y Santangelo, T. (2014). Does spelling instruction make students better spellers, readers and writers? A meta-analytic review. *Reading and Writing, 27*(9), 1703-1743. https://doi.org/10.1007/s11145-014-9517-0

Hoy, M. M., Egan, M. Y. y Feder, K. P. (2011). A systematic review of interventions to improve handwriting. *Canadian Journal of Occupational Therapy, 78*(1), 13-25. https://doi.org/10.2182/cjot.2011.78.1.3

Jiménez, J. E. y Hernández-Cabrera, J. A. (2019). Transcription skills and written composition in Spanish beginning writers: Pen and keyboard modes. *Reading and Writing, 32*(7), 1847-1879. https://doi.org/10.1007/s11145-018-9928-4

Koster, M., Tribushinina, E., De Jong, P. F. y Van den Bergh, H. (2015). Teaching children to write: A meta-analysis of writing intervention research. *Journal of Writing Research, 7*(2), 249-274. https://doi.org/10.17239/jowr-2015.07.02.2

Lee, O. (2016). Effects of self-asessment and goal-setting intervention on handwriting for children with autism. *Information, 19*(4), 1051-1056. https://doi.org/10.14257/astl.2015.115.05

Mushinski, B. y Stormont-Spurgin, M. (1995). Spelling interventions for students with disabilities: A review. *The Journal of Special Education, 28*(4), 488-513. https://doi.org/10.1177/002246699502800407

Rijlaarsdam, G. y Couzijn, M. (2000). Writing and learning to write: A double challenge. En R. Simons, J. van der Linden y T. Duffy (eds.), *New learning* (pp. 157-189). Springer Netherlands.

Rijlaarsdam, G., Van den Bergh, H., Couzijn, M., Janssen, T., Braaksma, M., Tillema, M., ... y Raedts, M. (2011). Writing. En S. Graham, A. Bus, S. Major y L. Swanson (eds.), *Handbook of educational psychology: Application of educational psychology to learning and teaching* (pp. 189-228). American Psychlogical Society.

Rodríguez, R. y Cantero, M. (2020). Albert Bandura: impacto en la educación de la teoría cognitiva social del aprendizaje. *Padres y Maestros, 384,* 72-76. https://doi.org/ 10.14422/pym.i384.y2020.011

Santangelo, T. y Graham, S. (2016). A comprehensive meta-analysis of handwriting instruction. *Educational Psychology Review, 28*(2), 225-265. https://doi.org/10.1007/s10648-015-9335-1

Wanzek, J., Vaughn, S., Wexler, J., Swanson, E. A., Edmonds, M. y Kim, A. H. (2006). A synthesis of spelling and reading interventions and their effects on the spelling outcomes of students with LD. *Journal of Learning Disabilities, 39*(6), 528-543. https://doi.org/10.1177/00222194060390060501

Williams, K. J., Walker, M. A., Vaughn, S. y Wanzek, J. (2017). A synthesis of reading and spelling interventions and their effects on spelling outcomes for students with learning disabilities. *Journal of Learning Disabilities, 50*(3), 286-297. https://doi.org/10.1177/0022219415619753

3. EL VALOR DE APRENDER JUGANDO

Pablo Garmen y Celestino Rodríguez

Observa a un niño jugando: construyendo torres de bloques, imaginando aventuras con sus juguetes o corriendo en el parque. ¿Te has detenido a pensar en el aprendizaje que ocurre en esos momentos? El juego no es simplemente un pasatiempo infantil, es el lenguaje natural a través del cual los niños comprenden y transforman su mundo. Desde un simple juego libre como el pilla-pilla hasta complejos juegos de reglas como los videojuegos o los juegos de mesa, la actividad lúdica constituye el centro de la vida infantil. Sin embargo, ¿qué sucede cuando integramos deliberadamente el juego en los procesos educativos?, ¿qué estrategias podemos utilizar para incorporar elementos lúdicos y aprovechar el potencial del juego como catalizador de un aprendizaje significativo y transformador?

EL JUEGO COMO MOTOR DEL APRENDIZAJE SIGNIFICATIVO

El juego desempeña un papel esencial en el desarrollo y el aprendizaje, pero a menudo se pasa por alto su valor educativo al considerarlo simplemente una forma de entretenimiento. Sin embargo, las teorías cognitivas del aprendizaje sugieren que las actividades lúdicas fomentan un aprendizaje más profundo, ya que el alumnado muestra mayor interés y motivación cuando se involucra en tareas que considera interesantes (Shernoff, 2013). Esta participación activa resulta esencial para el aprendizaje y la motivación, y se ha demostrado que los juegos fomentan este compromiso a nivel cognitivo, afectivo y sociocultural, en contraste con otros métodos tradicionales de enseñanza (Plass et al., 2015). En este sentido, investigadores como Ritzhaupt et al. (2011) y Van Eck (2015), han evidenciado que un juego adecuadamente seleccionado no solo puede mejorar la atención, la memoria y el esfuerzo, sino que también puede entretener a través de ejercicios gamificados y simulaciones. De igual modo, diversos estudios han demostrado que elementos como el juego colaborativo, la competición y la utilización de roles involucran a los estudiantes a nivel cognitivo y emocional (De Freitas, 2018; Subhash y Cudney, 2018). Así, los juegos no solo estimulan tanto física como mentalmente, sino que también ayudan a adquirir habilidades prácticas y desempeñan un papel educativo significativo.

El potencial del juego en el ámbito educativo se manifiesta de múltiples formas: enriquece el aprendizaje activo a través del desarrollo del pensamiento crítico (Johnsen et al., 2018), potencia el aprendizaje experiencial al aplicar conceptos teóricos en contextos prácticos (Murad, 2017), y aumenta significativamente la participación y motivación de los estudiantes (Fernandes et al., 2016). Además, proporciona un entorno seguro para practicar habilidades y tomar decisiones sin consecuencias reales (Brown, 2018).

Cuando se utiliza el juego con fines educativos, se suele realizar una distinción entre el uso ocasional de juegos y una propuesta más compleja que transforma la metodología educativa para mejorar un programa de estudios específico. De esta manera, podemos diferenciar dos enfoques principales para utilizar los juegos y sus elementos en los procesos de enseñanza-aprendizaje: la gamificación y el aprendizaje basado en juegos (ABJ). La gamificación incorpora elementos lúdicos como puntos, insignias y tablas de clasificación para motivar e involucrar a los estudiantes (Plass et al., 2015). Por su parte, el ABJ utiliza juegos completos diseñados específicamente para crear experiencias educativas inmersivas que permiten explorar, experimentar y aprender activamente (Rumeser y Emsley, 2019). Estos pueden manifestarse como simulaciones, *breakout, serious games,* juegos de rol o adaptaciones de juegos de mesa al contexto educativo, todos con el objetivo común de motivar, proporcionar retroalimentación inmediata y fomentar la participación activa.

LA GAMIFICACIÓN COMO ESTRATEGIA EDUCATIVA

La gamificación como estrategia educativa es mucho más que una moda pasajera o una simple técnica para hacer las clases más entretenidas. Se trata de un enfoque pedagógico riguroso y fundamentado que transforma el proceso de enseñanza-aprendizaje mediante la incorporación sistemática de elementos y principios propios del diseño de juegos. Como señalan Deterding et al. (2011), constituye un campo de investigación y práctica con bases teóricas sólidas que se nutre de la psicología, la neurociencia y las ciencias de la educación.

Esta metodología requiere un análisis profundo del contexto educativo, las necesidades del alumnado y los objetivos de aprendizaje para diseñar experiencias significativas que vayan más allá de la simple «puntificación» o adición de recompensas extrínsecas. El verdadero potencial de la gamificación reside en su capacidad para crear sistemas coherentes donde cada elemento contribuye a generar compromiso, autonomía y desarrollo de competencias específicas (Werbach y Hunter, 2015).

La gamificación ofrece numerosos beneficios educativos que han sido respaldados por diversas investigaciones: aumenta la motivación y el compromiso, mejora el aprendizaje experiencial (Murad, 2017); fomenta un entorno seguro para la práctica (Brown, 2018); desarrolla habilidades sociales (Barr, 2017) y potencia el pensamiento crítico (Johnsen et al., 2018).

En el panorama educativo actual, la gamificación representa una respuesta estructurada a los desafíos de motivación y participación que enfrentan muchos entornos formativos, ofreciendo un marco metodológico que, cuando se implementa con rigor y planificación adecuados, permite rediseñar la experiencia educativa desde sus fundamentos.

EVIDENCIAS EN LA APLICACIÓN DE LA GAMIFICACIÓN

Diversos estudios han demostrado la efectividad de la gamificación en diferentes contextos educativos. Por ejemplo, Wai Lam et al. (2018) analizaron la efectividad de la gamificación en la mejora de la escritura argumentativa de estudiantes de Secundaria en Hong Kong, implementando un sistema de puntos, *rankings* y juegos de roles, obteniendo mejoras significativas en las habilidades de escritura.

De manera similar, Ly (2021) demostró cómo el uso de insignias digitales *(badges)* como recompensas extrínsecas aumentó el compromiso del alumnado universitario con el aprendizaje y mejoró sus resultados en las tareas de resumen y síntesis.

Estos y otros estudios revelan que una gamificación bien diseñada puede ser una herramienta valiosa tanto para el aprendizaje específico de materias como para un desarrollo de competencias transversales.

ACTIVIDAD PRÁCTICA

A continuación, te proponemos una actividad práctica con la que puedes autoevaluar los conocimientos adquiridos en torno a los conceptos de gamificación y aprendizaje basado en juegos que hemos visto a lo largo de este capítulo.

ENUNCIADO	VERDADERO	FALSO
La gamificación consiste únicamente en añadir puntos y recompensas a cualquier actividad educativa.		
El objetivo principal de la gamificación es hacer que el aprendizaje sea divertido.		
Gamificación y aprendizaje basado en juegos (ABJ) son exactamente lo mismo.		
Un buen diseño de gamificación debe considerar diferentes tipos de jugadores.		
La gamificación solo funciona con niños pequeños.		

SOLUCIONES

1. FALSO. La gamificación va más allá de añadir puntos; implica un diseño pedagógico completo que integra elementos del juego (mecánicas, dinámicas y componentes) de forma coherente para alcanzar objetivos educativos.
2. FALSO. Aunque la diversión puede ser un resultado, el objetivo principal es aumentar la motivación y el compromiso para mejorar el aprendizaje y desarrollar competencias específicas.
3. FALSO. La gamificación incorpora elementos del juego en contextos no lúdicos, mientras que el ABJ utiliza juegos completos diseñados específicamente con fines educativos.
4. VERDADERO. Es fundamental analizar los diferentes perfiles de jugadores (como la taxonomía de Bartle) para diseñar experiencias que motiven a todos los participantes.
5. FALSO. La gamificación ha demostrado ser efectiva en todos los niveles educativos, desde Educación Infantil hasta Formación Universitaria y Profesional.

REFERENCIAS BIBLIOGRÁFICAS

Barr, M. (2017). Video games can develop graduate skills in higher education students: A randomised trial. *Computers & Education, 113,* 86-97. https://doi.org/10.1016/j.compedu.2017.05.016

Bartle, R. (2005). Virtual words: Why people play. En T. Alexander (ed.), *Massively multiplayer game development 2* (pp. 3-18). Charles River Media.

Brown, T. (2018). Using jenga to teach risk management concepts to senior nursing students. *Journal of Nursing Education, 57*(12), 765. https://doi.org/10.3928/01484834-20181119-12

De Freitas, S. (2018). Are games effective learning tools? A review of educational games. *Educational Technology & Society, 21*(2), 74-84.

Deterding, S., Dixon, D., Khaled, R. y Nacke, L. (2011). From game design elements to gamefulness: Defining «gamification». En *Proceedings of the 15th International Academic MindTrek Conference: Envisioning Future Media Environments* (pp. 9-15). https://doi.org/10.1145/2181037.2181040

Fernandes, C. S., Martins, M. M., Gomes, B. P., Gomes, J. A. y Goncalves, L. H. T. (2016). Family nursing game: Developing a board game. *Escola Anna Nery,* 20(1), 33-37. https://doi.org/10.5935/1414-8145.20160005.

Johnsen, H. M., Fossum, M., Vivekananda-Schmidt, P., Fruhling, A. y Slettebø, Å. (2018). Nursing students' perceptions of a video-based serious game's educational value: A pilot study. *Nurse Education Today, 62,* 62-68. https://doi.org/10.1016/j.nedt.2017.12.022

Ly, Q. C. (2021). Using gamification to teach and engage students in the act of summary writing. *Journal of Media Literacy Education, 13*(3), 111-122. https://doi.org/10.23860/JMLE-2021-13-3-9

Murad, S. S. (2017). Brain involvement in the use of games in nursing education. *Journal of Nursing Education and Practice,* 7(6), 90-94. https://doi.org/10.5430/jnep.v7n6p90

Plass, J. L., Homer, B. D. y Kinzer, C. K. (2015). Foundations of game-based learning. *Educational Psychologist, 50*(4), 258-283. https://doi.org/10.1080/00461520.2015.1122533

Ritzhaupt, A. D., Higgins, H. y Allred, B. (2011). Effects of modern educational game play on attitudes towards mathematics, mathematics self-efficacy, and mathematics achievement. *Journal of Interactive Learning Research, 22*(2), 277-297.

Rumeser, D. y Emsley, M. (2019). Can serious games improve project management decision making under complexity? *Project Management Journal, 50*(1), 23-39. https://doi.org/10.1177/8756972818808982

Shernoff, D. J. (2013). *Optimal learning environments to promote student engagement*. Springer Science & Business Media. https://doi.org/10.1007/978-1-4614-7089-2

Subhash, S. y Cudney, E. A. (2018). Gamified learning in higher education: A systematic review of the literature. *Computers in Human Behavior, 87,* 192-206. https://doi.org/10.1016/j.chb.2018.05.028

Van Eck, R. (2015). Digital game-based learning: Still restless, after all these years. *EDUCAUSE Review, 50*(6), 13-28.

Wai Lam, Y., Hew, K. F. y Chiu, K. F. (2018). Improving argumentative writing: Effects of a blended learning approach and gamification. *Language Learning & Technology, 22*(1), 97-118.

Werbach, K. y Hunter, D. (2015). *The gamification toolkit: Dynamics, mechanics, and components for the win*. Wharton Digital Press.

4. ¡PREPARADOS! ¡LISTOS! ¡YA!

María Arrimada, Carmen Álvarez-Moreno y Raquel Fidalgo

Si estás leyendo este capítulo es que ya han pasado demasiados años para que recuerdes lo difícil que es para un niño/a aprender a escribir de forma correcta; no solo con una letra bonita (o al menos clara), sin errores ortográficos o gramaticales, sino también, con una calidad en el mensaje textual que intenta transmitir a su futuro lector. Aprender a escribir es un viaje largo y difícil, que el niño comienza oficialmente al inicio de la Educación Primaria y cuyo éxito depende en gran medida de las ayudas instruccionales que reciba a lo largo de su aprendizaje, bien de forma reglada en la escuela (Sánchez et al., 2021), o bien de forma informal en otros ámbitos como el familiar (Camacho y Alves, 2017; Robledo y García, 2013).

Por otra parte, si estás leyendo este capítulo seguramente eres consciente de la gran importancia que juega la escritura en el futuro del niño/a, no solo a nivel académico en el ámbito educativo, sino también a nivel general en el ámbito social, o en su futuro profesional. Es clave, por tanto, que el niño/a alcance un «buen puerto» en su viaje escritor.

En respuesta a dicha necesidad surge el presente manual, que pretende ser una útil guía de viaje dirigida a los primeros años del aprendizaje de la escritura del niño/a. En él se recogen, agrupadas en capítulos, una serie de actividades instruccionales, cuya efectividad se ha corroborado a nivel científico para la enseñanza de la escritura (véase capítulo 2), y que están dirigidas a que el niño/a alcance un dominio a nivel de caligrafía (parte II), de ortografía (parte III) y de calidad textual (parte IV), en este caso concretada en la escritura de cuentos.

Pero, a su vez, esta guía de viaje tiene un planteamiento totalmente innovador, puesto que dichas actividades instruccionales se presentan dentro de un entorno gamificado (véase capítulo 3) que busca favorecer la mayor implicación y motivación del niño/a hacia el logro de la competencia escrita. Así, en cada uno de los diferentes bloques se le plantea al niño/a, través de un relato imaginario, una dinámica específica en la que se le involucra de forma directa para su resolución. En dicha dinámica, el niño/a adopta un estatus de protagonista, y tendrá que resolver todos los retos planteados para descifrar el misterio que se plantea en la dinámica. De esta forma, se incluye una mecánica de refuerzos: con cada logro el niño/a irá obteniendo recompensas específicas para su avatar, que finalizarán con el premio final ligado a la resolución de la historia o misterio. A su vez, en cada una de las dinámicas planteadas se contará con un avatar específico, ligado a la historia, que asume la función de instructor y guía del niño/a en su aprendizaje y en la explicación y resolución de las diferentes tareas instruccionales planteadas. Este manual es susceptible de utilizarse tanto por el profesorado en el entorno de educación formal, como a nivel informal en el entorno familiar. Dicho todo esto, en el siguiente apartado de este capítulo comienza ya la dinámica de gamificación para el niño/a.

¡Adelante, leedla juntos, un gran viaje escritor os espera!

REFERENCIAS BIBLIOGRÁFICAS

Camacho, A. y Alves, R. A. (2017). Fostering parental involvement in writing: Development and testing of the program Cultivating Writing. *Reading and Writing: An Interdisciplinary Journal, 30,* 253-277. https://doi.org/10.1007/s11145-016-9672-6

Robledo, P. y García, J. (2013). Strategy instruction for writing composition at school and at home. *Estudios de Psicología, 34*(2), 161-174. https://doi.org/10.1174/021093913806751438

COMIENZA EL VIAJE ESCRITOR

¡Hola, ___________________________! *(escribe aquí tu nombre).*

¡Es fantástico verte por aquí! Llevaba tanto tiempo encerrado en esa librería... si no llega a ser por ti, habría acabado perdido entre montones de libros modernos. Por eso, me gustaría conocerte un poquito más. ¿Puedes pegar tu foto en el recuadro que aparece en esta página?

(pega aquí tu foto)

Ahora que ya te conozco mejor, te contaré mi historia. Aunque no lo parezca, yo soy un libro muy antiguo, ¿lo sabías? Tengo miles y miles de años, tantos que ni siquiera puedo contarlos. Pero eso no es todo, entre mis páginas se esconde el *Secreto del tiempo.* Puedo llevarte al pasado y al futuro, enseñarte lugares escondidos y contarte historias que nadie ha escuchado jamás. ¿Te gustaría descubrir mi secreto del tiempo?

Pero, si decides viajar conmigo, necesitaré tu ayuda. Tendrás que superar duras pruebas, resolver misiones y recuperar los tesoros perdidos en el tiempo. Y por supuesto, como todo aventurero, necesitarás tener siempre a mano tus mejores armas: un lápiz bien afilado, una goma de borrar y yo mismo, el libro que tienes entre tus manos. Solo los más valientes podrán resolver los misterios que esconden mis páginas. ¿Te atreves?

Si tu respuesta es que sí, demuéstrame cuánto sabes de las letras viajando al Antiguo Egipto *(si escoges esta opción, ve a la página 47)*, pon a prueba las palabras que conoces ayudando al rey vikingo Gunnar a atravesar los mares *(si escoges esta opción, ve a la página 154)* y atrévete a escribir un cuento perfecto con la máquina de la extraterrestre Solara *(si escoges esta opción, ve a la página 232).*

Pero, si piensas que no estás preparado... entonces mejor déjame en la estantería y olvídate de mí. Tal vez alguien me encuentre algún día...

Vamos, no lo pienses más, ¿qué aventura quieres que vivamos juntos?

VIAJAR AL ANTIGUO EGIPTO (IR A LA PÁGINA 47)	AYUDAR AL REY VIKINGO GUNNAR (IR A LA PÁGINA 154)	CONOCER A LA EXTRATERRESTRE SOLARA (IR A LA PÁGINA 232)

5. TU META: UNA LETRA BONITA Y ÁGIL

Carmen Álvarez-Moreno, María Arrimada y Raquel Fidalgo

La dimensión más evidente de la escritura de una persona es su caligrafía. Esta dimensión constituye el primer reto con el que se encuentra el niño en su aprendizaje escritor. El niño debe aprender a trazar los diferentes signos, en nuestro caso, las letras que conforman nuestra lengua, hasta adquirir los diferentes patrones motores específicos de cada una de ellas. Pero el aprendizaje no queda ahí, dichos patrones motores deben automatizarse; así, la recuperación en la memoria de la letra y su ejecución motora se producen sin esfuerzo para el niño/a, lo que le permitirá seguir avanzando en el aprendizaje de la escritura. Por todo ello, las actividades instruccionales de esta parte dirigida a la caligrafía abordan la instrucción de tres componentes, identificados por revisiones sistemáticas y meta-análisis como clave en su dominio (Berninger et al., 1997; Graham, 1999; Graham et al., 2000; Santangelo y Graham, 2016): el conocimiento alfabético, la precisión caligráfica y la fluidez escritora.

El *conocimiento alfabético* hace referencia a que el alumnado logre un conocimiento del nombre de las letras y su secuencia alfabética, que le permita acceder de forma automática a las representaciones de las formas de letras, dentro de un conjunto ordenado y secuenciado en su memoria; favoreciendo así el proceso de recuperación de la información de su memoria. El capítulo 6 de este manual recoge las actividades instruccionales focalizadas en dicho componente.

La *precisión caligráfica* hace referencia al aprendizaje del trazo propiamente dicho de las diferentes letras del alfabeto en nuestro país, de forma correcta, precisa y regular. La finalidad es que el alumnado logre una automatización del patrón motor característico de cada letra, trabajado de forma independiente. El capítulo 7 de este manual se focaliza específicamente en dicho componente.

Por último, la *fluidez escritora* hace referencia a que el alumnado no solo haya automatizado el patrón motor preciso de cada letra, sino que, a su vez, sea capaz de realizarlo de forma rápida y precisa, sin un coste cognitivo significativo para él. El capítulo 8 se focaliza específicamente en la dimensión de la fluidez escritora, primero a nivel de letra, y posteriormente a nivel de palabra y frase.

ESTRUCTURA DEL PROGRAMA DE INSTRUCCIÓN EN CALIGRAFÍA

Si bien los tres siguientes capítulos se focalizan cada uno de ellos de forma independiente en las actividades instruccionales dirigidas a la mejora del conocimiento alfabético (capítulo 6), la precisión caligráfica (capítulo 7) y la fluidez escritora (capítulo 8), dichos componentes instruccionales no deben enseñarse de modo independiente, sino que los tres procesos (conocimiento, precisión y fluidez) se deben trabajar de forma secuencial a través de las cinco unidades en las que se estructuran.

Para ello, en cada uno de los capítulos se han establecido cuatro unidades diferenciadas según la secuencia del abecedario (A-F; G-L; M-R; S-Z).

¿CÓMO ES LA SECUENCIA INSTRUCCIONAL QUE SE DEBE SEGUIR?

De acuerdo con esta estructura, la secuencia para la enseñanza de la caligrafía, debería iniciarse: en el capítulo 6, desarrollando las tareas de conocimiento alfabético de la unidad 1 A-F; posteriormente, se desarrollarían las actividades del capítulo 7 de precisión caligráfica de la unidad 1 A-F; y finalmente, las actividades del capítulo 8 de fluidez escritora de la unidad 1 A-F. Esta misma secuencia (conocimiento alfabético, precisión y fluidez) se seguiría para las siguientes unidades: unidad 2 de la G-L, unidad 3 de la M-R, unidad 4 de la S-Z (véase tabla 5.1). En función del aprendizaje logrado por el niño o la niña y su competencia escritora, se deberán incidir en unos u otros procesos, siendo posible plantear un número mayor de sesiones de instrucción focalizadas en los procesos especialmente complejos o de mayor dificultad para el niño o la niña.

TABLA 5.1

Secuencia instruccional Programa de Instrucción en Caligrafía

SESIÓN	COMPONENTE INSTRUCCIONAL - UNIDAD (CAPÍTULO)
1	Conocimiento alfabético - Unidad 1 A-F (capítulo 6)
2	Precisión - Unidad 1 A-F (capítulo 7)
3	Fluidez - Unidad 1 A-F (capítulo 8)
4	Conocimiento alfabético - Unidad 2 G-L (capítulo 6)
5	Precisión - Unidad 2 G-L (capítulo 7)
6	Fluidez - Unidad 2 G-L (capítulo 8)
7	Conocimiento alfabético - Unidad 3 M-R (capítulo 6)

TABLA 5.1 *(continuación)*

SESIÓN	COMPONENTE INSTRUCCIONAL - UNIDAD (CAPÍTULO)
8	Precisión - Unidad 3 M-R (capítulo 7)
9	Fluidez - Unidad 3 M-R (capítulo 8)
10	Conocimiento alfabético - Unidad 4 S-Z (capítulo 6)
11	Precisión - Unidad 4 S-Z (capítulo 7)
12	Fluidez - Unidad 4 A-Z (capítulo 8)

Ahora sí, ya estás listo para comenzar el viaje escritor al antiguo Egipto junto a tu niño o niña. No olvides que, en el reto de aprender a escribir, tú eres su mejor guía.

REFERENCIAS BIBLIOGRÁFICAS

Berninger, V. W., Vaughan, K. B., Abbott, R. D., Abbott, S. P., Rogan, L. W., Brooks, A., ... y Graham, S. (1997). Treatment of handwriting problems in beginning writers: Transfer from handwriting to composition. *Journal of Educational Psychology, 89*(4), 652-666. https://doi.org/10.1037/0022-0663.89.4.652

Graham, S. (1999). Handwriting and spelling instruction for students with learning disabilities: A review. *Learning Disability Quarterly, 22*(2), 78-98. https://doi.org/10.2307/1511268

Graham, S., Harris, K. R. y Fink, B. (2000). Is handwriting causally related to learning to write? Treatment of handwriting problems in beginning writers. *Journal of Educational Psychology, 92*(4), 620-633. https://doi.org/10.1037/0022-0663.92.4.620

Santagelo, T. y Graham, S. (2016). A comprehensive meta-analysis of handwriting instruction. *Educational Psychology Review, 28*(2), 255-265. https://doi.org/10.1007/s10648-015-9335-1

EL COFRE DE ANUBIS

¡Por todos los dioses de Egipto! Me llamo Anubis, pero... ¿tú no eres de por aquí, verdad? Esa cara, esa ropa... no te pareces a las personas que viven en esta época. Vamos, ni siquiera tienes un camello. ¿De dónde te has escapado? Espera, espera... ¿no te habrán enviado para ayudarme con mi cofre, verdad? Dicen que dentro se esconde un tesoro de valor incalculable, pero lleva siglos cerrado y nadie ha sido capaz de encontrar las tres gemas que se necesitan para abrirlo. ¿Lo ves? Mira bien esta página y, cuando lo encuentres, coloréalo dejando en blanco los huecos para las gemas.

Ahora ya sabes cuál es mi problema, y espero que puedas ayudarme. Solo un buen escritor, de esos que conocen todas las letras y saben escribirlas muy bien y muy rápido, podrá encontrar las tres gemas que abren el cofre. En las páginas siguientes encontrarás varios ejercicios para practicar la escritura. Al finalizar todos los ejercicios de cada página, colorea las pirámides, los escarabajos y los sarcófagos que aparecen en la parte inferior para que tu viaje por el Antiguo Egipto vaya avanzando. Cuando encuentres una gema, recórtala y pégala en el cofre. ¡Ánimo, yo confío en ti!

6. TU PRIMERA MISIÓN: ¿QUÉ SABES DE LAS LETRAS?

Raquel Fidalgo, Carmen Álvarez-Moreno, Paula López y María Arrimada

El conocimiento alfabético es uno de los componentes clave en el dominio caligráfico de la escritura, hace referencia a que el alumnado logre un conocimiento del nombre de las letras y su secuencia alfabética (conocimiento alfabético), que le permita acceder de forma automática a las representaciones de las formas de letras, dentro de un conjunto ordenado y secuenciado en su memoria; favoreciendo así el proceso de recuperación de la información de su memoria.

El presente capítulo de este manual recoge las actividades instruccionales focalizadas en dicho componente, todas ellas fundamentadas en evidencias científicas que demuestran su efectividad, y agrupadas en cuatro unidades instruccionales, que reúnen diferentes letras de la secuencia del alfabeto:

— La unidad 1 incluye las letras de la A a la F.
— La unidad 2 incluye las letras de la G a la L.
— La unidad 3 incluye las letras de la M a la R.
— La unidad 4 incluye las letras de la S a la Z.

Así, cada unidad comenzará con la presentación de la secuencia del alfabeto que se trabaja en dicha unidad. Para ello se utilizan diferentes **estrategias mnemotécnicas** que facilitan la memorización de la secuencia. Una de ellas es la presentación melódica de la secuencia, a través de un audio en el que se presenta en forma de rap la secuencia de letras a memorizar. De forma adicional, la melodía del rap será acompañada por imágenes representativas de cada una de las letras de la secuencia alfabética que se esté trabajando, es decir, se presentan imágenes de objetos, ampliamente conocidos por los niños o las niñas al inicio de la Educación Primaria, y que comienzan por la letra específica de la secuencia.

Otra estrategia instruccional para favorecer la memorización de la secuencia instruccional se vincula al uso de **autoinstrucciones** por parte del niño. Es importante que en aquellas tareas en las que se trabaja la secuencia instruccional del alfabeto animes a tu niño o niña a que diga en voz alta la secuencia del alfabeto correspondiente, a la vez que realiza o resuelve la tarea en sí. Por ejemplo, *si en la tarea se proporciona una secuencia desordenada de las letras de la unidad, que deben recolocarse en el orden correcto, numerándolas de 1 al 6, debes animar a tu hijo o hija para que no solo* *numere, sino que a la vez que numera la letra, diga en voz alta el nombre de cada letra siguiendo el orden de la secuencia. Otra alternativa es que, una vez numeradas todas las letras de la secuencia, vaya leyendo en voz alta y en orden las letras.*

Otra estrategia se relaciona con las **letras modelo.** Para cada una de las letras del alfabeto se proporcionarán al aprendiz letras modelo, es decir, representaciones ejemplares de cada letra, tanto en mayúscula como en minúscula. Es clave que antes de comenzar a trazar la letra, los aprendices reconozcan claramente y sean capaces de recuperar de forma automática las dos representaciones ejemplares de cada letra. De forma adicional, además de las representaciones ejemplares, también se presentarán representaciones de aquellos errores más frecuentes en la caligrafía de los niños o las niñas a estas edades. Así, se presentarán ejemplos de: **letras incompletas,** es decir, letras en las que se ha omitido cierto trazo de esta; **letras en espejo,** en las que las letras están correctamente trazadas, pero variando la orientación de la letra en su totalidad o de parte de ella; y, por último, **letras irregulares,** es decir, letras que están trazadas de forma desproporcionada o con trazos irregulares. El conocimiento de estas representaciones erróneas de las letras se vincula con el posterior uso de otra técnica instruccional empíricamente contrastada como es la **autoevaluación,** y que se trabajará en los siguientes capítulos 7 y 8. La autoevaluación es una técnica altamente efectiva cuando se complementa con otras técnicas de instrucción en caligrafía, como es nuestro caso (Case-Smith et al., 2014). En la autoevaluación, el alumnado debe emitir un juicio sobre su propia caligrafía, valorando la legibilidad y la escritura correcta de sus letras. Para poder utilizar de forma eficiente dicha técnica por parte del aprendiz es necesario que este tenga un conocimiento preciso y claro sobre la representación ejemplar y erróneas de cada letra, objetivo que se logrará a través de las actividades planteadas en el presente capítulo.

Ahora sí, ¡adelante con el viaje escritor!

REFERENCIAS BIBLIOGRÁFICAS

Case-Smith, J., Weaver, L. y Holland, T. (2014). Effects of a classroom-embedded occupational therapist-teacher handwriting program for first-grade students. *American Journal of Occupational Therapy, 68*(6), 690-698. https://doi.org/10.5014/ajot.2014.011585

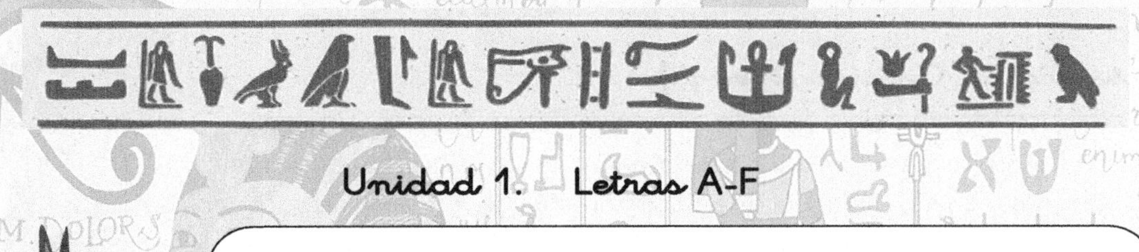

Unidad 1. Letras A-F

Nadie puede adentrarse en el Antiguo Egipto sin conocer bien las letras. Solo por si acaso… escanea el código QR y escucha la canción tantas veces como necesites. Solo cuando estés seguro de que has memorizado todas las letras en el orden correcto, sigue avanzando y encuentra la primera gema de mi cofre.

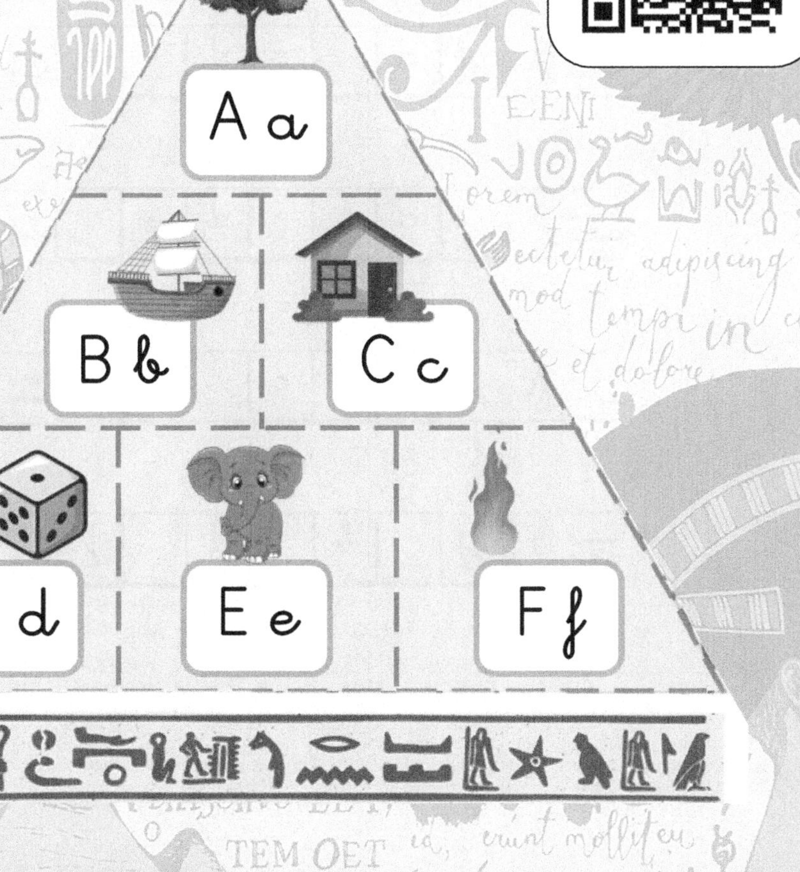

Actividad 1. Completa el jeroglífico

¡Estos papiros antiguos siempre dan problemas! Este, por ejemplo, es tan antiguo que alguna letra se ha borrado. ¿Puedes recuperarla? De todas las letras que aparecen abajo, rodea la que falta en nuestro papiro.

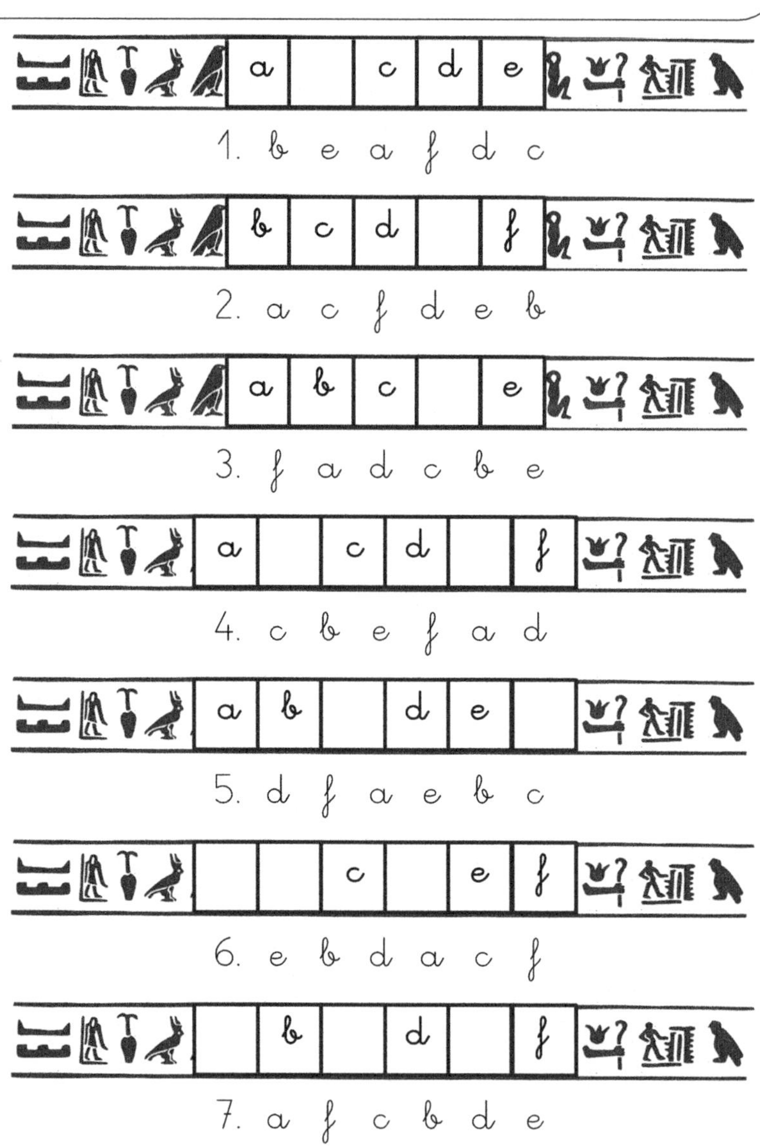

¡Bien hecho! Colorea la primera pirámide para ver cómo vas avanzando.

Actividad 2. Tormenta de letras

¡Menudo jaleo! Ayer hubo una terrible tormenta de arena y todas las letras salieron volando por los aires. Colócalas en el orden correcto escribiendo debajo de cada letra el número que le corresponde según su posición en el abecedario. Por ejemplo, la letra que vaya primera sería el número 1, la que vaya segunda el número 2... Cuando hayas ordenado las letras, di su nombre en voz alta siguiendo el orden del abecedario.

1. a c b d f e

   ___ ___ ___ ___ ___ ___

2. f e d c b a

   ___ ___ ___ ___ ___ ___

3. a c e f d b

   ___ ___ ___ ___ ___ ___

4. c b f e a d

   ___ ___ ___ ___ ___ ___

5. d f a e b c

   ___ ___ ___ ___ ___ ___

6. b e f a c d

   ___ ___ ___ ___ ___ ___

7. c e b f d a

   ___ ___ ___ ___ ___ ___

¡Increíble! Colorea las dos primeras pirámides para ver cómo vas avanzando.

Actividad 3. El misterio de las letras perdidas

¡Qué desastre! En cada grupo de tres letras se han perdido dos. Esto va a ser cosa de los saqueadores de tumbas... ¿Puedes ayudarme? Une con flechas las letras que aparecen debajo con el recuadro en el que deberían estar escritas. ¡Cuidado! No tienes que escribir la letra en el recuadro, solo trazar una flecha desde la letra hasta el recuadro donde debería estar.

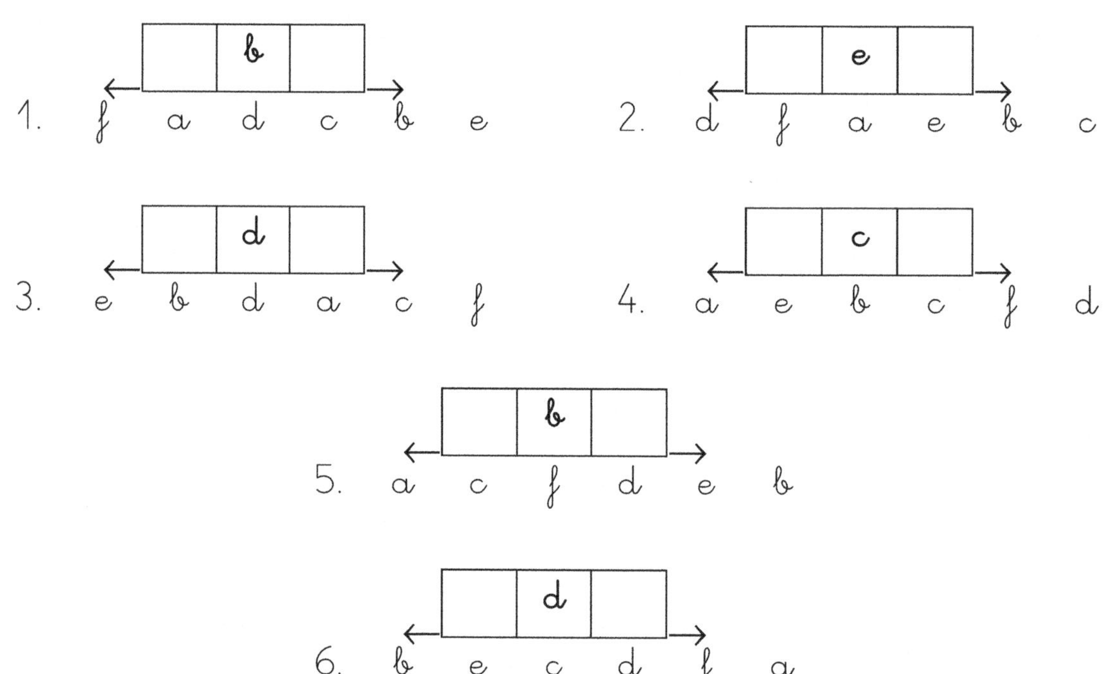

¡Enhorabuena! Colorea las tres pirámides para ver cómo vas avanzando.

Actividad 4. Anubis te reta: ¡encuentra el error!

El pequeño Seth, mi sobrino, está aprendiendo a escribir, pero aún no sabe trazar bien las letras. Mira la letra que aparece al lado de cada número, así debería escribirse. Ahora mira la que aparece escrita dentro de la pauta, es la que ha escrito Seth. ¿Qué crees que está mal en cada letra que ha escrito Seth? Colorea el error que corresponda en cada caso.

		Al revés	Irregular	Incompleta
1. a				
2. b				
3. c				
4. d				
5. e				
6. f				

¡Fantástico! Colorea las cuatro pirámides para ver cómo vas avanzando.

Actividad 5. Agrupa los errores

¡Seth se ha emocionado y ha tratado de escribir un montón de letras! Pero todas tienen algo raro... ¿Puedes averiguar qué es? Une cada letra con el error que Seth ha cometido al escribirla.

Al revés   Irregular   Incompleta

d   a   d

e   e

b   a   f

d   a

b

¡Fantástico! Colorea las cinco pirámides para ver cómo vas avanzando. ¡Ya casi las tienes todas!

Actividad 6. Encuentra los errores

¡A quién se le ocurre dejar a una esfinge escribir letras! Con esas manazas, se equivoca en alguna seguro. Mira todas las letras que hay en la pauta. Encuentra las que están mal escritas y rodéalas con el color que corresponda según el código de colores que aparece debajo. ¡Cuidado! Hay algunas bien escritas.

Rodea en rojo las letras que estén AL REVÉS

Rodea en azul las letras IRREGULARES

Rodea en verde las letras INCOMPLETAS

PISTA
Hay 6 letras por cada error

¡Bien hecho! Colorea las seis pirámides para ver cómo vas avanzando.

¿Ya has llegado hasta aquí? No me lo creo, has completado todas las pirámides de la unidad 1. Tres unidades más y encontrarás la primera gema de mi cofre. ¿Te atreves a continuar tu viaje por el Antiguo Egipto? He oído en las noticias que se avecina un tiempo muy frío para los próximos días... debemos estar preparados. Pega algodón por todo mi cuerpo antes de pasar a la siguiente página. Solo así podré acompañarte en esta aventura. ¡Y no olvides ponerte un buen abrigo! Sé valiente, nadie sabe lo que nos espera más adelante.

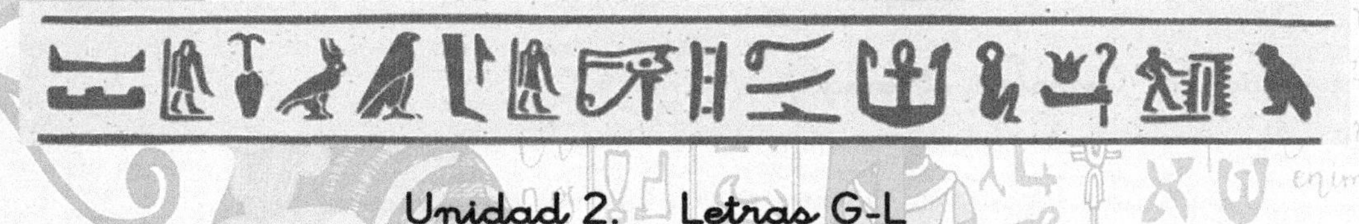

Unidad 2. Letras G-L

¡Por Isis, qué pronto has vuelto! Demasiado rápido, no estoy seguro de que te haya dado tiempo a aprender todas las letras... Para comprobarlo, escanea el código QR y escucha la nueva canción tantas veces como necesites. Solo cuando estés seguro de que has memorizado todas las letras en el orden correcto, sigue avanzando en esta aventura.

Actividad 1. Completa el jeroglífico

¡Otro papiro viejo y descolorido! ¡Y otra vez se han borrado algunas letras! ¿Puedes recuperarlas? De todas las letras que aparecen abajo, rodea las que faltan en nuestro papiro.

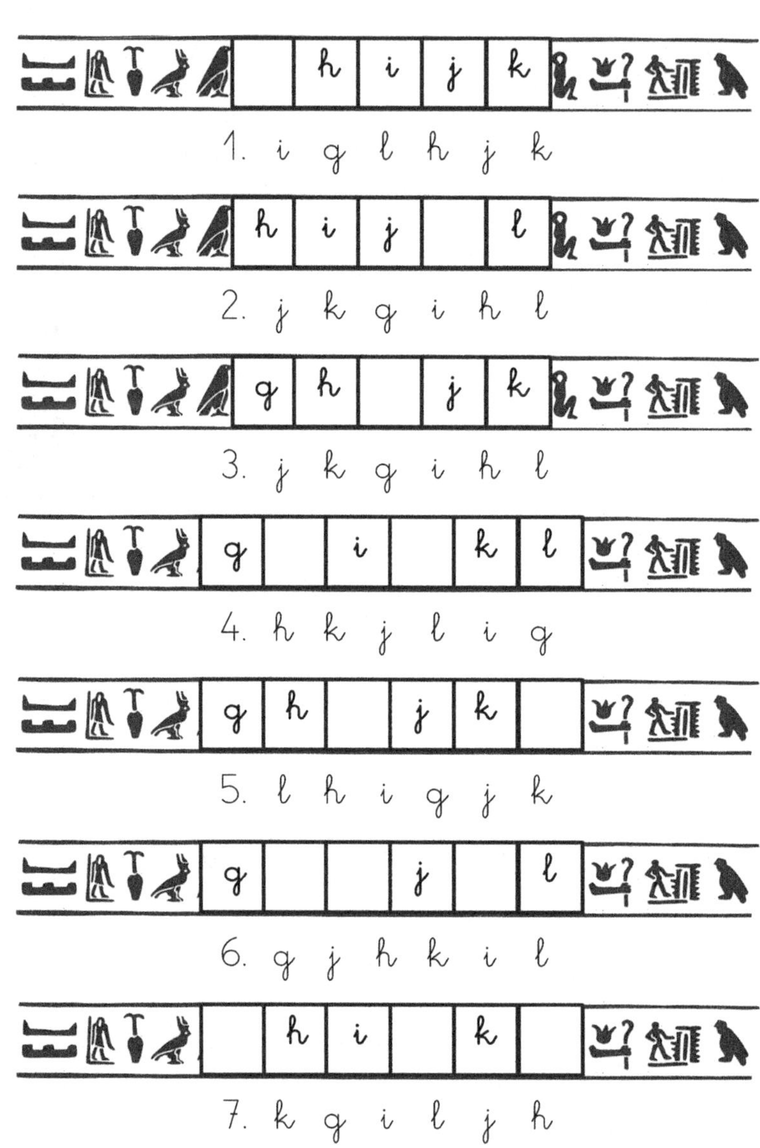

1. i g l h j k

2. j k g i h l

3. j k g i h l

4. h k j l i g

5. l h i g j k

6. g j h k i l

7. k g i l j h

¡Bien hecho! Colorea la primera pirámide para ver cómo vas avanzando.

Actividad 2. Tormenta de letras

¡Repámpanos! Otra tormenta de arena, estamos apañados. Ahora todas las letras están mezcladas. Colócalas en el orden correcto escribiendo debajo de cada letra el número que le corresponde según su posición en el abecedario. Por ejemplo, la letra que vaya primero sería el número 1, la que vaya segunda el número 2… Cuando hayas ordenado las letras, di su nombre en voz alta siguiendo el orden del abecedario.

1. h g i j l k

   ___ ___ ___ ___ ___ ___

2. g h k l i j

   ___ ___ ___ ___ ___ ___

3. l k j i h g

   ___ ___ ___ ___ ___ ___

4. g i k l j h

   ___ ___ ___ ___ ___ ___

5. h l g j i k

   ___ ___ ___ ___ ___ ___

6. i j k h g l

   ___ ___ ___ ___ ___ ___

7. j l h g k i

   ___ ___ ___ ___ ___ ___

¡Eres genial! Colorea las dos pirámides para ver cómo vas avanzando.

Actividad 3. El misterio de las letras perdidas

¡Qué horror! En cada grupo de tres letras se han perdido dos. Ya están los saqueadores de tumbas haciendo de las suyas... ¿Puedes ayudarme? Une con flechas las letras que aparecen debajo con el recuadro en el que deberían estar escritas. ¡Cuidado! No tienes que escribir la letra en el recuadro, solo trazar una flecha desde la letra hasta el recuadro donde debería estar.

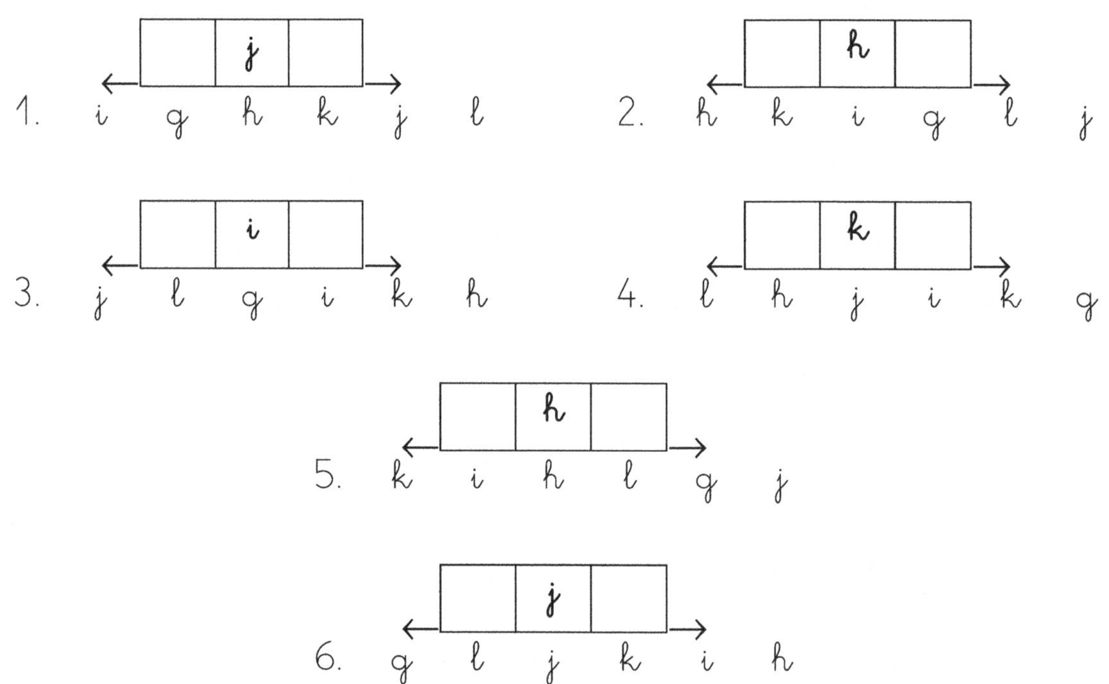

¡Bravísimo! Colorea las tres pirámides para ver cómo vas avanzando.

Actividad 4. Anubis te reta: ¡encuentra el error!

Otra vez le han dejado el lápiz a Seth, con lo mal que escribe... Mira la letra que aparece al lado de cada número, así debería escribirse. Ahora mira la que aparece en la pauta, es la que ha escrito Seth. ¿Qué crees que está mal en cada letra que ha escrito Seth? Colorea el error que corresponda en cada caso.

		Al revés	Irregular	Incompleta
1. g				
2. h				
3. i				
4. j				
5. k				
6. l				

¡Has hecho un gran trabajo! Colorea las cuatro pirámides para ver cómo vas avanzando.

Actividad 5. Agrupa los errores

¡Seth se ha emocionado y ha tratado de escribir un montón de letras! Pero todas tienen algo raro... ¿Puedes averiguar qué es? Une cada letra con el error que Seth ha cometido al escribirla.

Al revés	Irregular	Incompleta

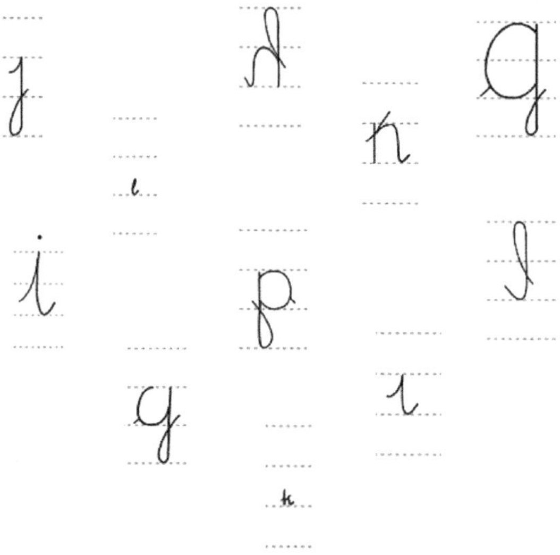

j d g n l i p l g i k

¡Bien hecho! Colorea las cinco pirámides para ver cómo vas avanzando. ¡Ya casi las tienes todas!

Actividad 6. Encuentra los errores

Ya conoces a nuestra esfinge favorita, a pesar de tener unas enormes manos, le encanta escribir letras. Mira todas las letras que hay en la pauta.. Encuentra las que están mal escritas y rodéalas con el color que corresponda según el código de colores que aparece debajo. ¡Cuidado! Hay letras bien escritas.

Rodea en rojo las letras que estén AL REVÉS

Rodea en azul las letras IRREGULARES

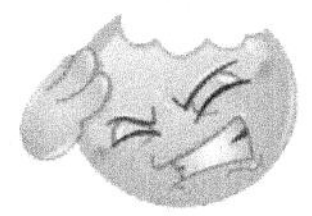

Rodea en verde las letras INCOMPLETAS

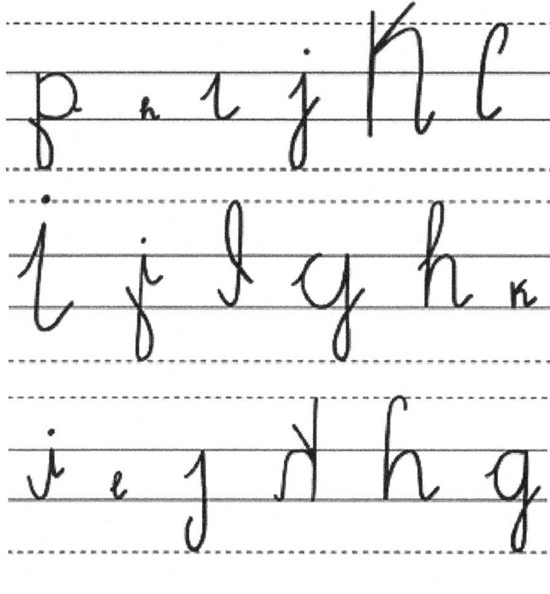

PISTA
Hay 6 letras por cada error

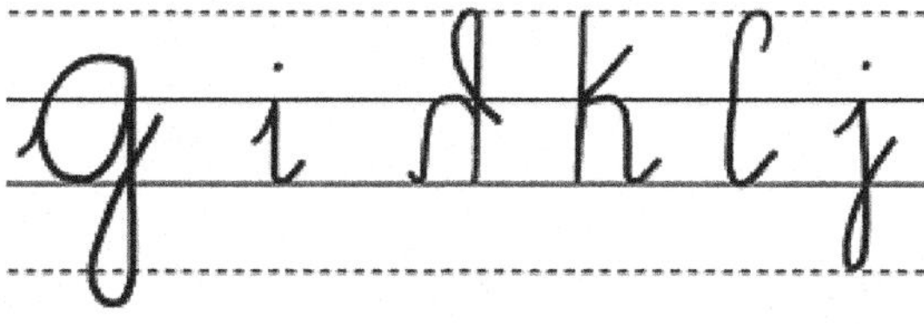

¡Bien hecho! Colorea las seis pirámides para ver cómo vas avanzando.

¿En serio lo has conseguido? Increíble, has completado todas las pirámides de la unidad 2. Dos unidades más y la primera gema de mi cofre estará al alcance de tu mano. ¿Te atreves a continuar esta aventura? Pero antes... parece que hace mucho calor por aquí. Cubre mi cuerpo con telas de colores para que el sol no me queme. Usa tijeras y pegamento. Cuando creas que ya estoy lo bastante protegido, pasa a la siguiente página. ¡Y no olvides tu crema de sol! Vamos colega, el desierto nos espera.

Unidad 3. Letras M-R

¡Bendito Osiris, ya estás aquí! Me ha llegado una nueva canción con letras y no soy capaz de memorizarla. ¿Podrías ayudarme? Escanea el código QR y escúchala tantas veces como necesites. Solo cuando estés seguro de que has memorizado todas las letras en el orden correcto, pasa la página y veamos qué nuevas aventuras nos esperan.

M m

N n Ñ ñ

O o P p Q q R r

Actividad 1. Completa el jeroglífico

¡Ya me estoy cansando de estos papiros tan antiguos! ¿Podrías encontrar las letras que faltan? De todas las letras que aparecen debajo, rodea las que faltan en nuestro papiro.

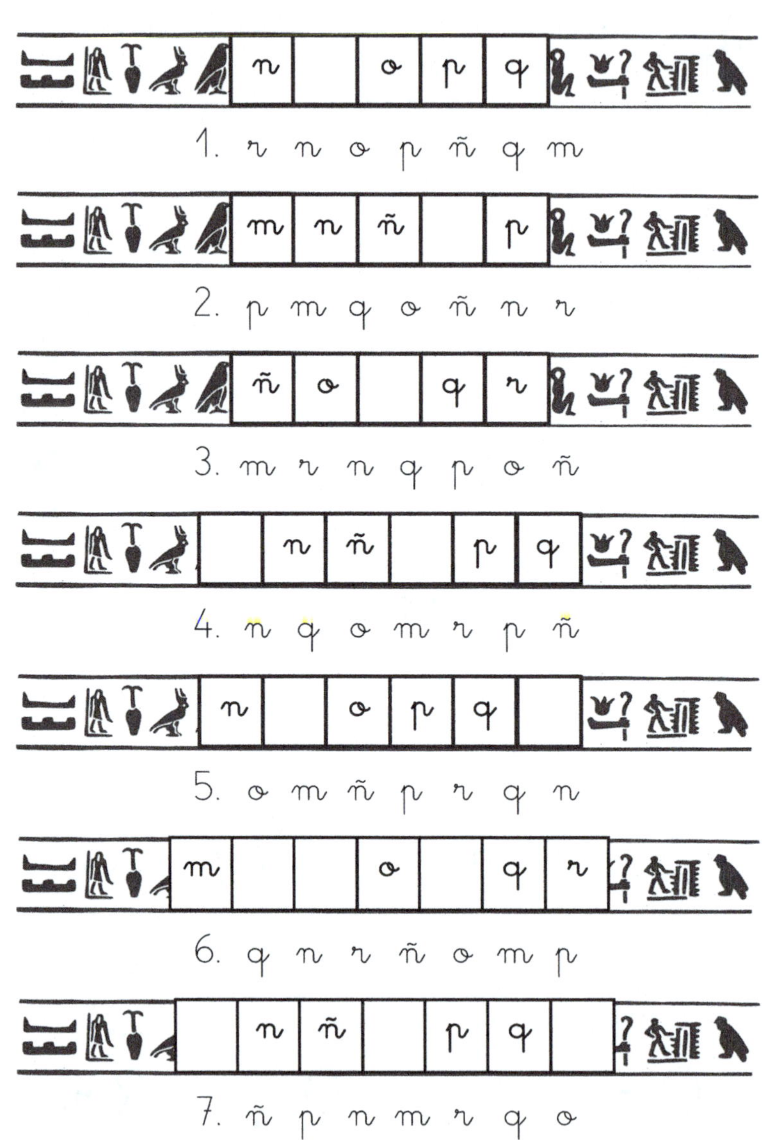

1. r n o p ñ q m

2. p m q o ñ n r

3. m r n q p o ñ

4. n q o m r p ñ

5. o m ñ p r q n

6. q n r ñ o m p

7. ñ p n m r q o

¡Bien hecho! Colorea la primera pirámide para ver cómo vas avanzando.

Actividad 2. Tormenta de letras

El viento del desierto ya está haciendo de las suyas... ha revuelto todas las letras. Colócalas en el orden correcto escribiendo debajo de cada letra el número que le corresponde según su posición en el abecedario. Por ejemplo, la letra que vaya primero sería el número 1, la que vaya segunda el número 2... Cuando hayas ordenado las letras, di su nombre en voz alta siguiendo el orden del abecedario.

1. r n q ñ m o p

____ ____ ____ ____ ____ ____ ____

2. m p ñ r n q o

____ ____ ____ ____ ____ ____ ____

3. q r o n p ñ m

____ ____ ____ ____ ____ ____ ____

4. p ñ m o r n q

____ ____ ____ ____ ____ ____ ____

5. n o r m q p ñ

____ ____ ____ ____ ____ ____ ____

6. o q n p ñ m r

____ ____ ____ ____ ____ ____ ____

7. ñ m p q o r n

____ ____ ____ ____ ____ ____ ____

¡Buen trabajo! Colorea las dos pirámides para ver cómo vas avanzando.

Actividad 3. El misterio de las letras perdidas

¡¿Pero qué ven mis ojos?! En cada grupo de tres letras se han perdido dos. Ya sabes, los saqueadores de tumbas nunca duermen... ¿Puedes ayudarme? Une con flechas las letras que aparecen debajo con el recuadro en el que deberían estar escritas. ¡Cuidado! No tienes que escribir la letra en el recuadro, solo trazar una flecha desde la letra hasta el recuadro donde debería estar.

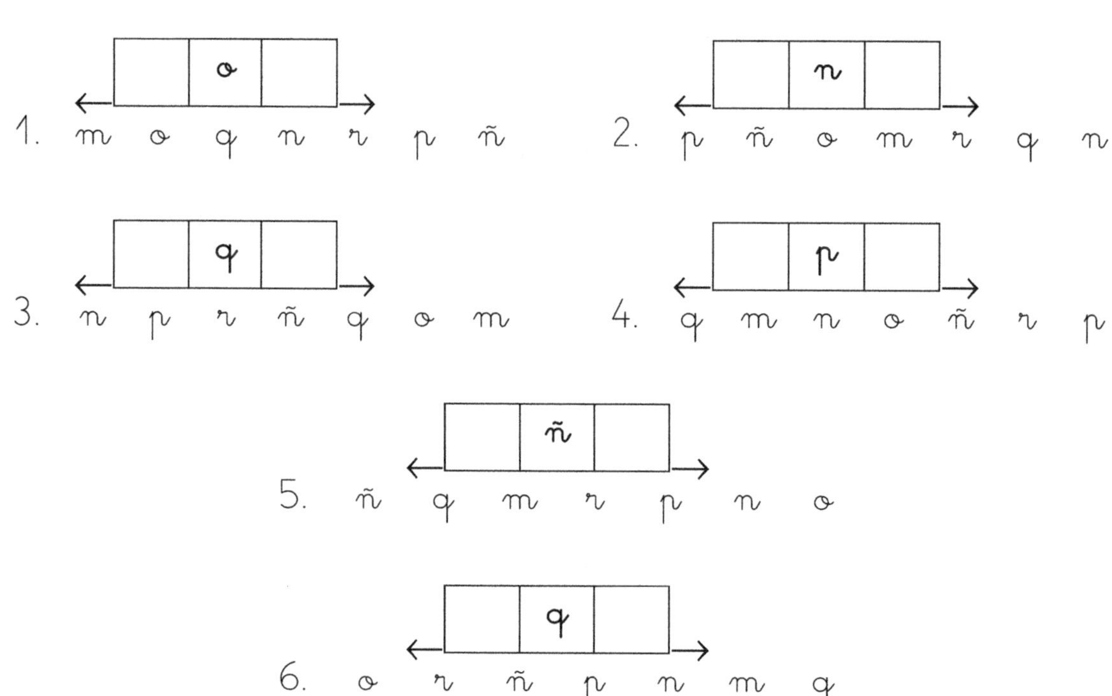

¡Eres increíble! Colorea las tres pirámides para ver cómo vas avanzando.

Actividad 4. Anubis te reta: ¡encuentra el error!

Mira las letras que aparecen al lado de los números, así deberían escribirse. Ahora mira las que aparecen dentro de la pauta. No sé quién las ha escrito, esta vez no ha sido mi sobrino Seth, pero están fatal. ¿Qué crees que está mal en cada letra? Colorea el error que corresponda en cada caso.

		Al revés	Irregular	Incompleta
1.	m			
2.	n			
3.	ñ			
4.	o			
5.	p			
6.	q			
7.	r			

¡Has hecho un gran trabajo! Colorea las cuatro pirámides para ver cómo vas avanzando.

Actividad 5. Agrupa los errores

¡Otra vez ando buscando al mal escritor de letras! Mira lo que ha escrito... Todas estas letras tienen algo raro. ¿Puedes averiguar qué es? Une cada letra con el error que se ha cometido al escribirla.

Al revés | Irregular | Incompleta

¡Estupendo! Colorea las cinco pirámides para ver cómo vas avanzando.

Actividad 6. Encuentra los errores

Ya conoces a nuestra esfinge favorita, a pesar de tener unas enormes manos, le encanta escribir letras. Mira todas las letras que hay en la pauta. Encuentra las que están mal escritas y rodéalas con el color que corresponda según el código de colores que aparece debajo.

Rodea en rojo las letras que estén AL REVÉS

Rodea en azul las letras IRREGULARES

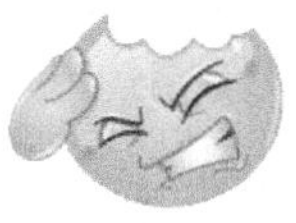

Rodea en verde las letras INCOMPLETAS

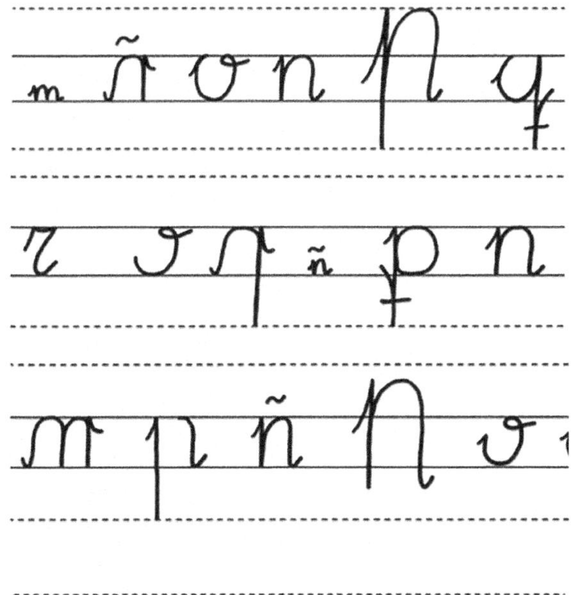

PISTA
Hay 6 letras por cada error

¡Bien hecho! Colorea las seis pirámides para ver cómo vas avanzando.

¡Nunca había visto a nadie avanzar tan deprisa! Has completado todas las pirámides de la unidad 3. Una unidad más y la primera gema de mi cofre será nuestra de nuevo. ¿Te atreves a seguir avanzando? Pero antes... No puedo pasearme medio desnudo por el Antiguo Egipto. Siempre he querido una armadura reluciente, como la de los guerreros de las películas. Corta trocitos de papel de plata y pégalos sobre mi cuerpo. No dejes nada sin cubrir, quiero parecer un auténtico guerrero. Cuando hayas acabado... atrévete a pasar la página.

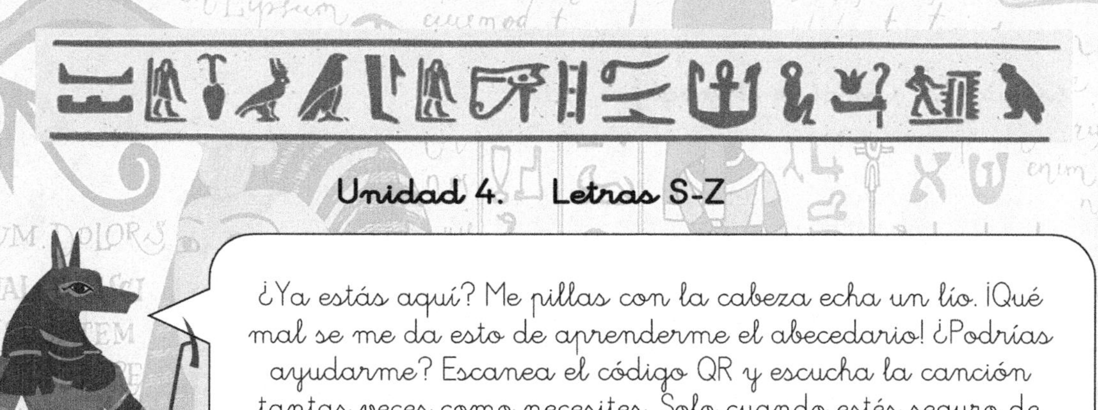

Unidad 4. Letras S-Z

¿Ya estás aquí? Me pillas con la cabeza echa un lío. ¡Qué mal se me da esto de aprenderme el abecedario! ¿Podrías ayudarme? Escanea el código QR y escucha la canción tantas veces como necesites. Solo cuando estés seguro de que has memorizado todas las letras en el orden correcto, pasa la página y continúa tu viaje.

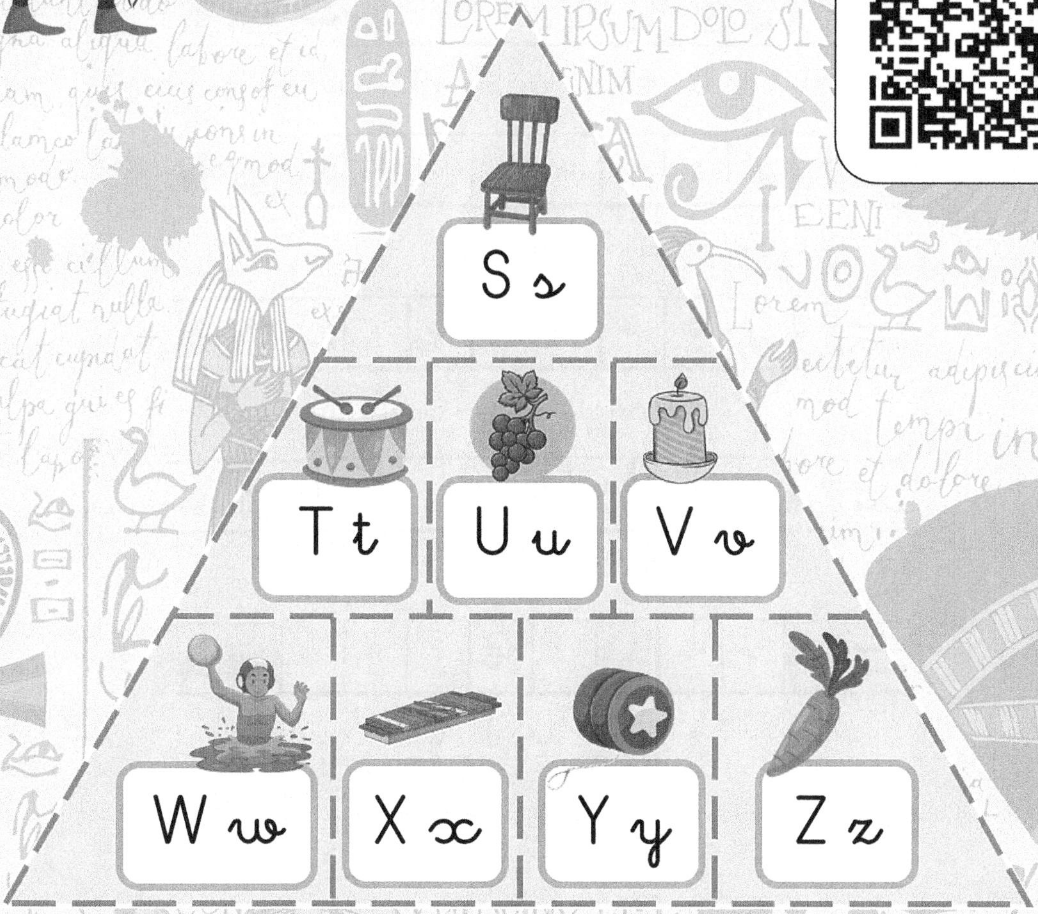

S s

T t U u V v

W w X x Y y Z z

Actividad 1. Completa el jeroglífico

¡Papiros, papiros y más papiros! ¡Malditos vejestorios! ¿Podrías encontrar las letras que faltan? De todas las letras que aparecen debajo, rodea las que faltan en nuestro papiro.

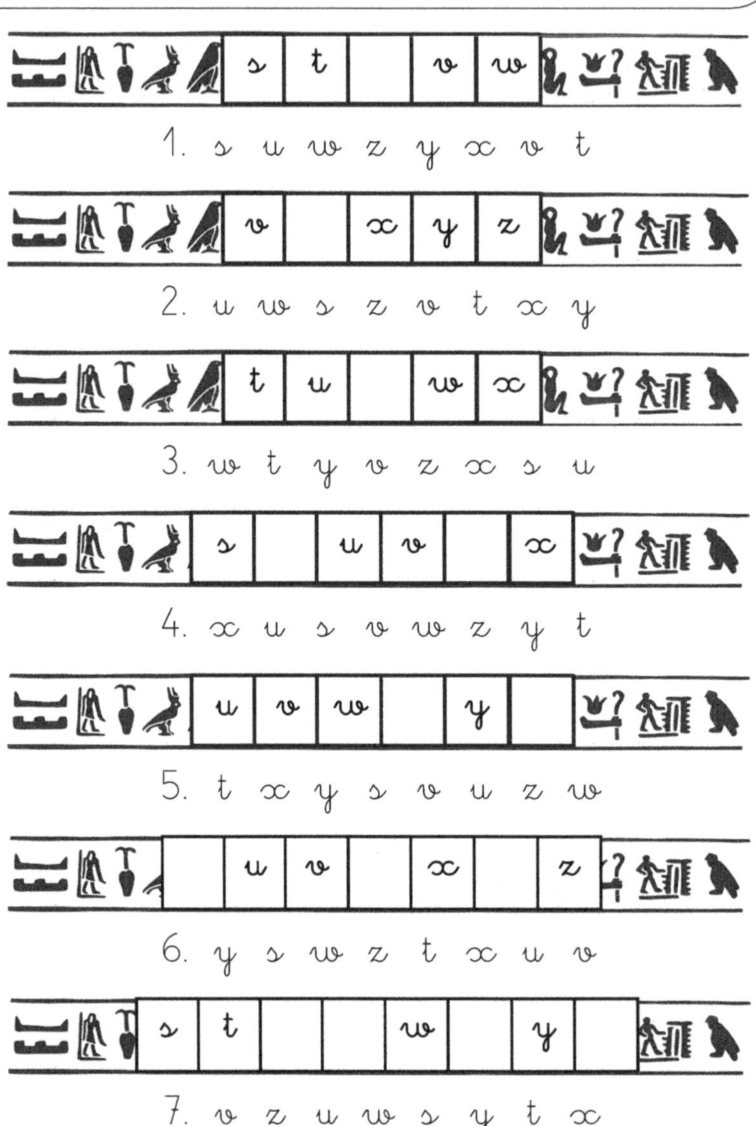

1. s u w z y x v t

2. u w s z v t x y

3. w t y v z x s u

4. x u s v w z y t

5. t x y s v u z w

6. y s w z t x u v

7. v z u w s y t x

¡Maravilloso! Colorea la primera pirámide para ver cómo vas avanzando.

Actividad 2. Tormenta de letras

Esa nube de polvo tiene muy mala pinta... Mira qué lío de letras ha preparado. Colócalas en el orden correcto escribiendo debajo de cada letra el número que le corresponde según su posición en el abecedario. Por ejemplo, la letra que vaya primera sería el número 1, la que vaya segunda el número 2... Cuando hayas ordenado las letras, di su nombre en voz alta siguiendo el orden del abecedario.

1. s u w y z x v t

   ___ ___ ___ ___ ___ ___ ___ ___

2. z y x w v u t s

   ___ ___ ___ ___ ___ ___ ___ ___

3. y w u s t v x z

   ___ ___ ___ ___ ___ ___ ___ ___

4. u s t x w y x v

   ___ ___ ___ ___ ___ ___ ___ ___

5. w t x v u s z y

   ___ ___ ___ ___ ___ ___ ___ ___

6. y v x z w t s u

   ___ ___ ___ ___ ___ ___ ___ ___

7. z s w u t y x v

   ___ ___ ___ ___ ___ ___ ___ ___

¡Bien hecho! Colorea las dos pirámides para ver cómo vas avanzando.

Actividad 3. El misterio de las letras perdidas

¡Pero qué ven mis ojos! En cada grupo de tres letras se han perdido dos. Ya sabes, los saqueadores de tumbas nunca duermen... ¿Puedes ayudarme? Une con flechas las letras que aparecen debajo con el recuadro en el que deberían estar escritas. ¡Cuidado! No tienes que escribir la letra en el recuadro, solo trazar una flecha desde la letra hasta el recuadro donde debería estar.

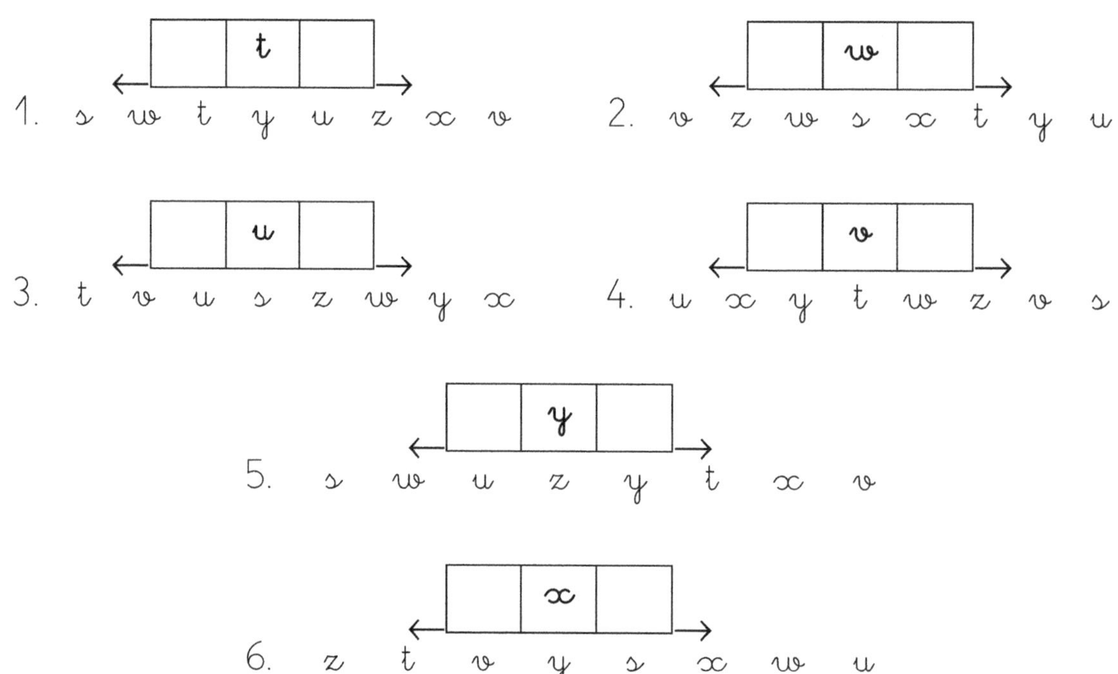

¡Toma ya, qué bueno! Colorea las tres pirámides para ver cómo vas avanzando.

Actividad 4. Anubis te reta: ¡encuentra el error!

Otra vez anda Seth por aquí, queriendo escribirlo todo. Mira la letra que aparece junto a los números, así debería escribirse. Ahora mira la que hay al lado, es la que ha escrito Seth. ¿Qué crees que está mal en cada letra que ha escrito Seth? Colorea el error que corresponda en cada caso.

			Al revés	Irregular	Incompleta
1.	s				
2.	t				
3.	u				
4.	v				
5.	w				
6.	x				
7.	y				
8.	z				

¡Genial! Colorea las cuatro pirámides para ver cómo vas avanzando.

Actividad 5. Agrupa los errores

¡Seth se ha emocionado y ha tratado de escribir un montón de letras! Pero todas tienen algo raro... ¿Puedes averiguar qué es? Une cada letra con el error que Seth ha cometido al escribirla.

Al revés | Irregular | Incompleta

¡Grandioso! Colorea las cinco pirámides para ver cómo vas avanzando.

Actividad 6. Encuentra los errores

Ya conoces a nuestra esfinge favorita, a pesar de tener unas enormes manos, le encanta escribir letras. Mira todas las letras que hay en la pauta. Encuentra las que están mal escritas y rodéalas con el color que corresponda según el código de colores que aparece debajo.

Rodea en rojo las letras que estén AL REVÉS

Rodea en azul las letras IRREGULARES

Rodea en verde las letras INCOMPLETAS

PISTA
Hay 6 letras por cada error

¡Nunca había visto nada igual! Colorea las seis pirámides para ver cómo vas avanzando.

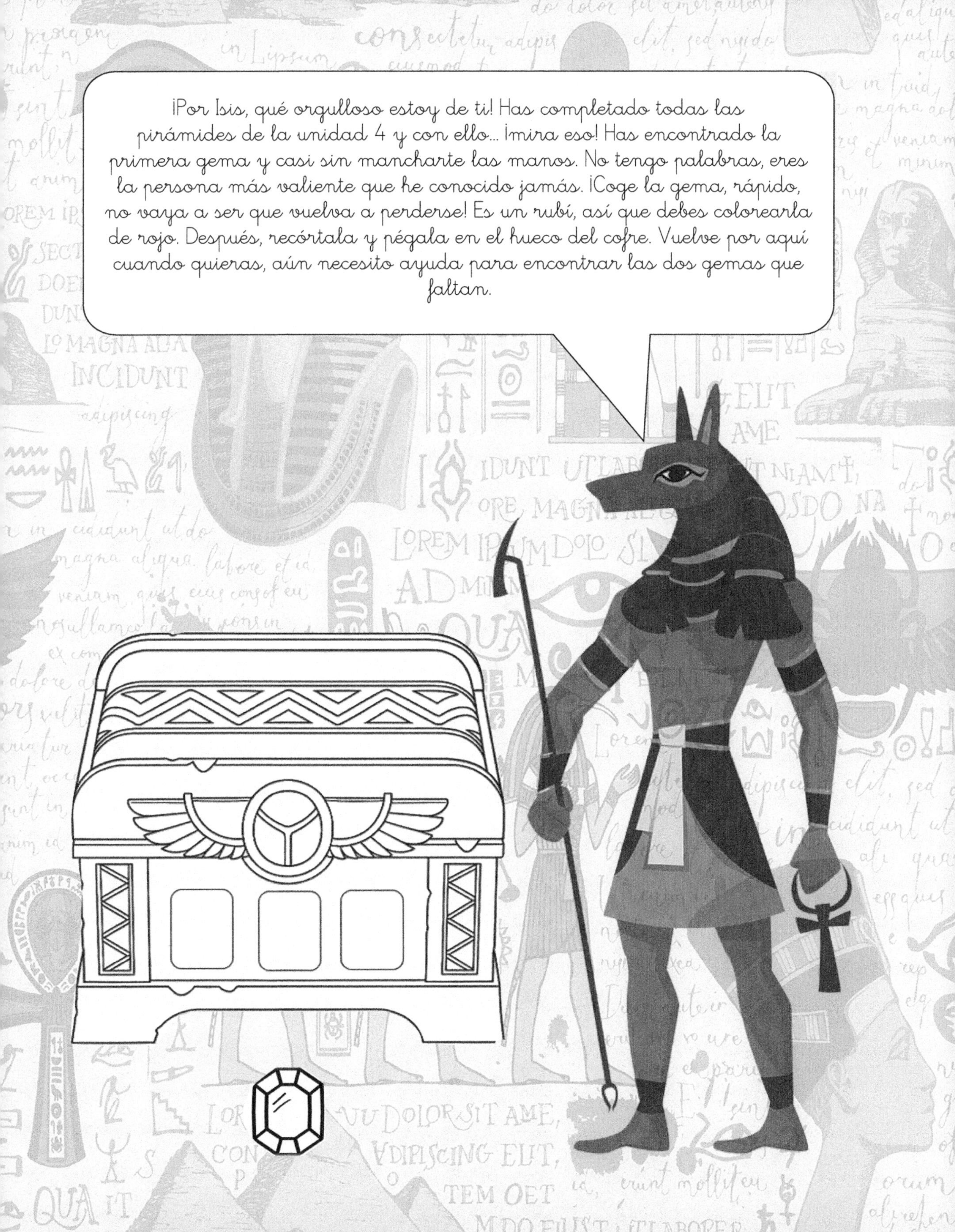
¡Por Isis, qué orgulloso estoy de ti! Has completado todas las pirámides de la unidad 4 y con ello... ¡mira eso! Has encontrado la primera gema y casi sin mancharte las manos. No tengo palabras, eres la persona más valiente que he conocido jamás. ¡Coge la gema, rápido, no vaya a ser que vuelva a perderse! Es un rubí, así que debes colorearla de rojo. Después, recórtala y pégala en el hueco del cofre. Vuelve por aquí cuando quieras, aún necesito ayuda para encontrar las dos gemas que faltan.

7. TU SEGUNDA MISIÓN: UNA LETRA BONITA

Carmen Álvarez-Moreno, Paula López, María Arrimada y Raquel Fidalgo

Otro de los componentes, en la caligrafía de la escritura, es la precisión caligráfica a la hora de trazar los grafemas de forma aislada. Se relaciona, por lo tanto, con el trazo propiamente dicho de las letras, realizado de forma correcta, precisa y regular. Una vez que el alumnado ha logrado una representación clara de las diferentes letras del alfabeto (conocimiento alfabético), la finalidad de este segundo componente es que el alumnado logre una automatización del patrón motor característico de cada grafema, trabajado de forma independiente, en un primer momento.

El presente capítulo de este manual recoge las actividades instruccionales focalizadas en el trabajo de la precisión caligráfica, todas ellas fundamentadas en evidencias científicas que demuestran su efectividad, y agrupadas nuevamente en las cuatro unidades instruccionales, que comprenden diferentes letras de la secuencia del alfabeto:

— La unidad 1 incluye las letras de la A a la F.
— La unidad 2 incluye las letras de la G a la L.
— La unidad 3 incluye las letras de la M a la R.
— La unidad 4 incluye las letras de la S a la Z.

Las diferentes tareas instruccionales para trabajar la precisión caligráfica se repetirán en cada una de las unidades, variando únicamente las letras específicas a trabajar en cada caso. De esta forma, cada unidad se iniciará con una de las técnicas instruccionales clave en este componente de precisión caligráfica, el **modelado.** En concreto, se utilizan dos tipos de modelado. El primero de ellos es el **modelado humano en tiempo real:** práctica instruccional consistente en proporcionar al aprendiz un modelo de la formación de las letras, de modo que este pueda observar la cantidad de trazos que componen cada letra, el orden en que se ejecutan y su direccionalidad. Para ello, en cada unidad se recogen pequeños vídeos breves en los que se reproduce la ejecución gráfica en tiempo real de cada una de las letras de la unidad, realizada de forma correcta o ejemplar. Lo primero que debe hacer el niño o la niña en este capítulo es ver con atención dichos vídeos. Tras su visionado, se le proporciona otro tipo de modelado eficaz, la utilización de **letras modelo,** en las que se proporcionan representaciones ejemplares de la grafía de las letras, que a su vez incluyen flechas que marcan la direccionalidad y guían el trazo del niño a la hora de escribirlas. De esta forma, una vez que el niño o la niña ha visto el vídeo en tiempo real, deberá imitar a continuación dicha ejecución en la tarea correspondiente, que contará con la letra modelo a practicar, sirviendo esta como andamiaje o ayuda de la práctica de la escritura. Por lo tanto, lo segundo que debe hacer es practicar la escritura de la letra que ha visto en el vídeo.

Por último, el tercer paso de la secuencia a seguir se vincula con otra técnica instruccional eficaz como es la **autoevaluación,** que complementa el modelado para su mayor efectividad (Case-Smith et al., 2014). En esta técnica, el niño o la niña debe emitir un juicio sobre su propia caligrafía, valorando la legibilidad y la escritura correcta de sus letras. Para ello, el aprendiz puede comparar su escritura con las letras modelo escritas correctamente e identificar las discrepancias, y, a su vez, con base en el conocimiento previo que ha alcanzado en el capítulo anterior sobre los errores caligráficos de mayor frecuencia en el aprendizaje de las letras, identificar posibles errores de letras incompletas, irregulares o invertidas. Así, después de cada práctica de escritura que realiza el niño, aparece en el texto una **lista de comprobación** donde debe autoevaluar posibles errores de letras incompletas, irregulares o del revés, que contabilizará de cara a su seguimiento.

REFERENCIAS BIBLIOGRÁFICAS

Case-Smith, J., Weaver, L. y Holland, T. (2014). Effects of a classroom-embedded occupational therapist-teacher handwriting program for first-grade students. *American Journal of Occupational Therapy, 68*(6), 690-698. https://doi.org/10.5014/ajot.2014.011585

Unidad 1. Letras A-F

¡Hola de nuevo! ¡Qué bueno verte por aquí, sin ti no podría encontrar el resto de gemas de mi cofre! Ya conoces todas las letras y su orden en el abecedario pero... ¿qué tal se te da escribir esas letras? A mí fatal, me cuesta horrores. Por eso, nunca he podido superar las pruebas que se esconden en estas páginas, todo el rato me piden que escriba letras. Pero estoy seguro de que tú sabrás hacerlo fenomenal y podremos recuperar la segunda gema de mi cofre. Vamos por partes: empezaremos trabajando las 6 primeras letras del abecedario, de la A a la F. Puede que necesites la ayuda de un adulto, pídele que te ayude con la primera ficha para entenderla bien. ¿Estás preparado? Pasa la página, veamos si puedes hacerlo.

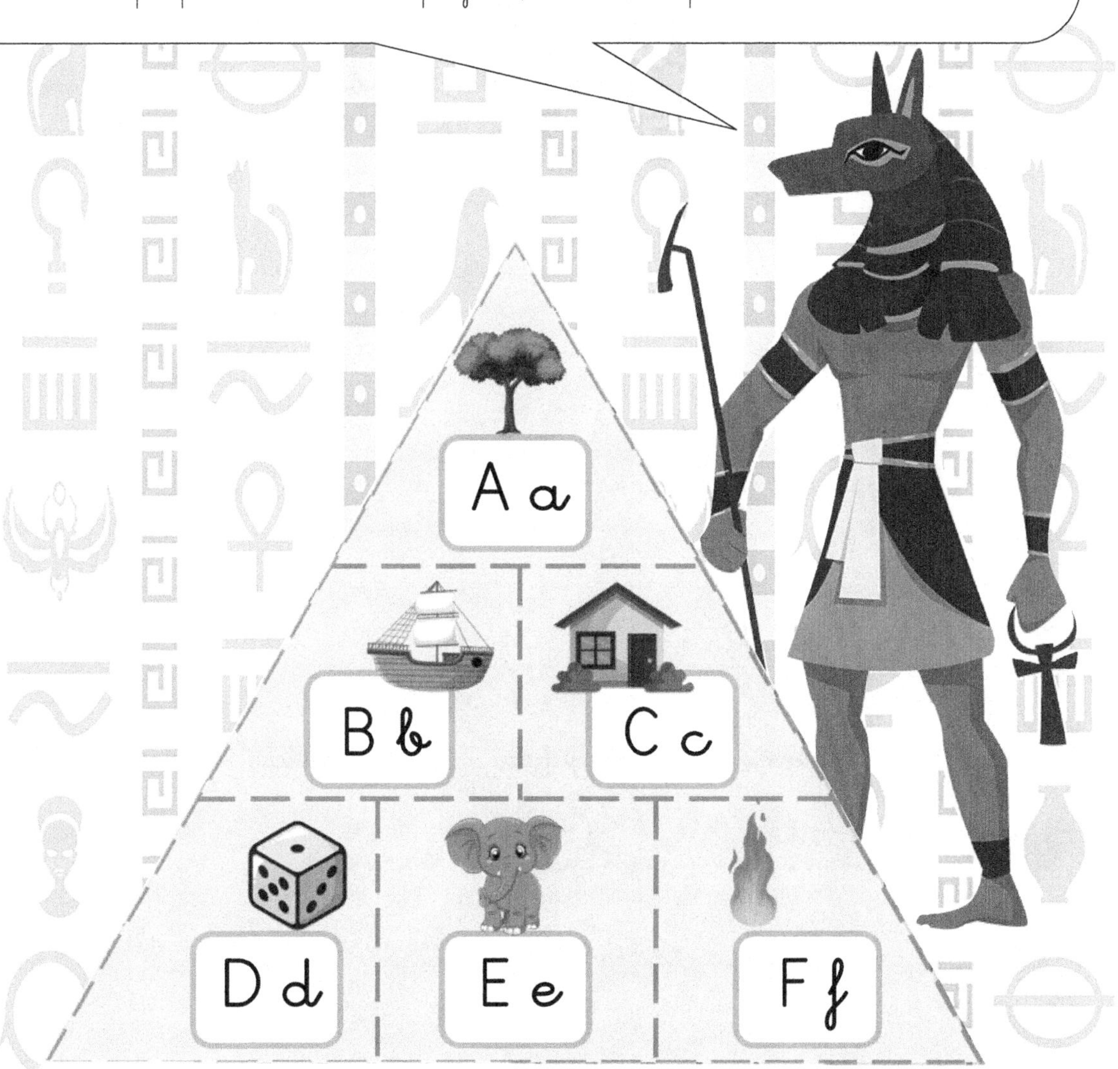

Actividad 1. Trazo de la letra A

Empezamos con la letra «a», la primera letra de mi nombre. Escanea el código QR y mira atentamente el vídeo. Después, es tu turno: escribe 5 veces la letra «a» en la pauta de escritura siguiendo el ejemplo que acabas de ver. Ahora mira bien tu letra, ¿está del revés?, ¿es irregular?, ¿está incompleta? Si tiene alguno de estos errores, rodea el emoticono que corresponda.

a

Al revés | Irregular | Incompleta

¡Bien hecho! Colorea el primer escarabajo para ver cómo vas avanzando.

Actividad 2. Trazo de la letra B

Vamos con la «b», como el burro que me ayuda a llevar la compra a casa. Ya sabes lo que tienes que hacer: mira el vídeo y escribe la letra 5 veces. Si has cometido algún error, rodea el emoticono correspondiente.

b

Al revés   Irregular   Incompleta

¡Increíble! Colorea los dos escarabajos para ver cómo vas avanzando.

Actividad 3. Trazo de la letra C

Vamos con la «c», como los cocodrilos del río Nilo. Ya sabes lo que tienes que hacer: mira el vídeo y escribe la letra 5 veces. Si has cometido algún error, rodea el emoticono correspondiente.

C

Al revés

¡Enhorabuena! Colorea los tres escarabajos para ver cómo vas avanzando.

Actividad 4. Trazo de la letra D

Vamos con la letra «d», como yo, que soy un Dios. Ya sabes lo que tienes que hacer: mira el vídeo y escribe la letra 5 veces. Si has cometido algún error, rodea el emoticono correspondiente.

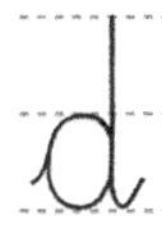

Al revés

Irregular

Incompleta

¡Fantástico! Colorea los cuatro escarabajos para ver cómo vas avanzando.

Actividad 5. Trazo de la letra E

Vamos con la «e», como Egipto, el país al que has viajado para recuperar las gemas. Ya sabes lo que tienes que hacer: mira el vídeo y escribe la letra 5 veces. Si has cometido algún error, rodea el emoticono correspondiente.

e

Al revés

¡Fantástico! Colorea los cinco escarabajos para ver cómo vas avanzando. ¡Ya casi las tienes todas!

Actividad 6. Trazo de la letra F

Vamos con la «f», como el faraón que gobierna estas tierras. Ya sabes lo que tienes que hacer: mira el vídeo y escribe la letra 5 veces. Si has cometido algún error, rodea el emoticono correspondiente.

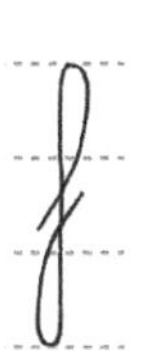

Al revés

Irregular

Incompleta

¡Lo estás haciendo genial! Colorea los seis escarabajos para ver cómo vas avanzando.

Actividad 7. Trazo de todas las letras de la unidad A-F

Y ahora... es hora de comprobar todo lo que has aprendido. ¿Te atreves con todas las letras? Mira la secuencia de las letras en el vídeo y escríbelas de nuevo en la pauta. ¡Ojo! Escríbelas en orden. Luego, mira todas tus letras una por una. Si alguna tiene un error, rodea, bajo la pauta, de qué error se trata.

Al revés

Irregular

Incompleta

¡Lo estás haciendo genial! Colorea los siete escarabajos para ver cómo vas avanzando.

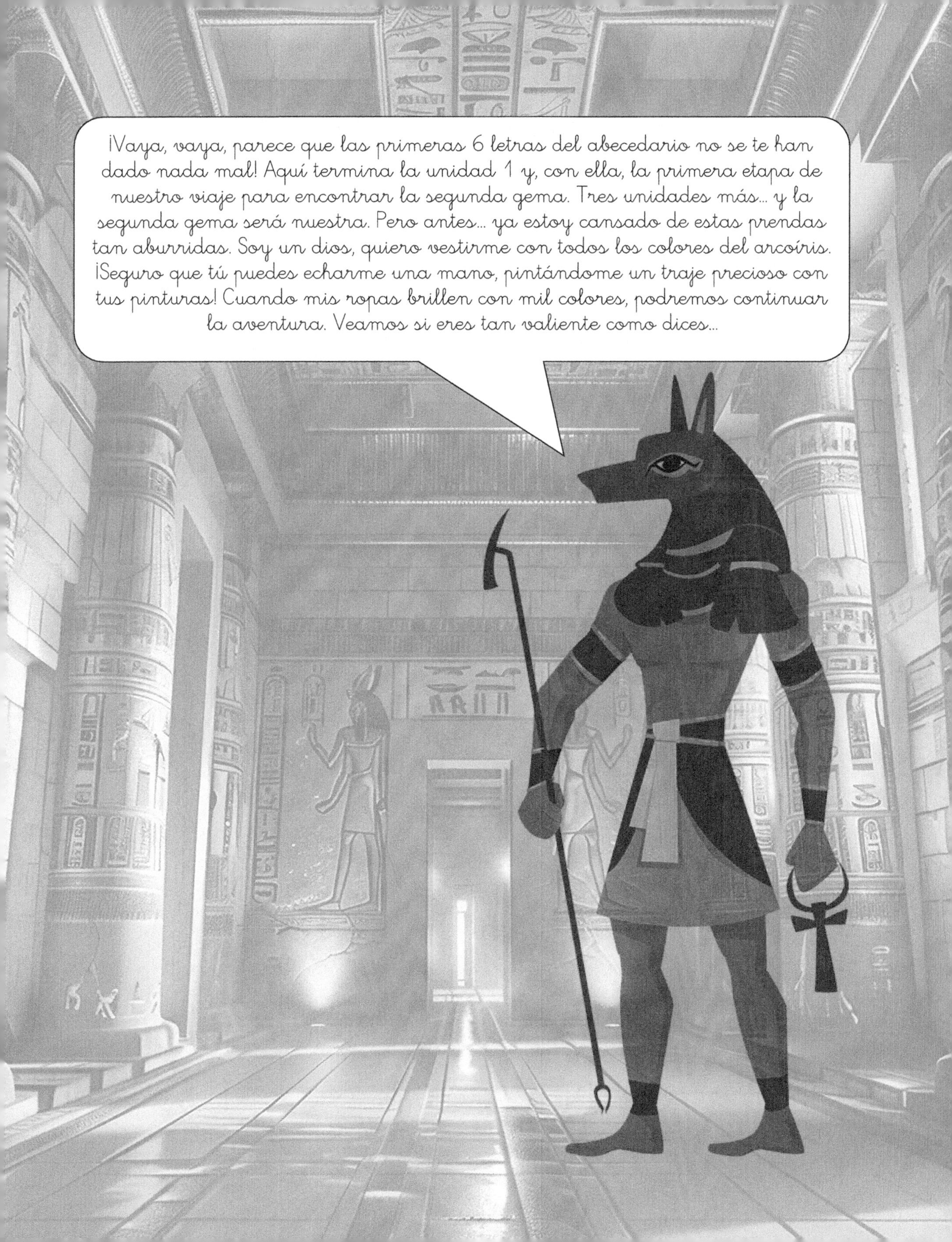
¡Vaya, vaya, parece que las primeras 6 letras del abecedario no se te han dado nada mal! Aquí termina la unidad 1 y, con ella, la primera etapa de nuestro viaje para encontrar la segunda gema. Tres unidades más... y la segunda gema será nuestra. Pero antes... ya estoy cansado de estas prendas tan aburridas. Soy un dios, quiero vestirme con todos los colores del arcoíris. ¡Seguro que tú puedes echarme una mano, pintándome un traje precioso con tus pinturas! Cuando mis ropas brillen con mil colores, podremos continuar la aventura. Veamos si eres tan valiente como dices...

Unidad 2. Letras G-L

¡El Antiguo Egipto no para de sorprendernos! Ya has escrito las 6 primeras letras del abecedario pero... ¿qué pasa con el resto? Los sabios me han enviado nuevos ejercicios para que practiques las letras desde la G hasta la L. ¿Eso ya no suena tan sencillo, eh? Aunque estoy seguro de que alguien como tú lo hará casi sin pestañear. Como en otras ocasiones, puede que necesites la ayuda de un adulto, pídele que te ayude con la primera ficha para entenderla bien. Pasa la página, si es que te atreves y... ¡a por el reto!

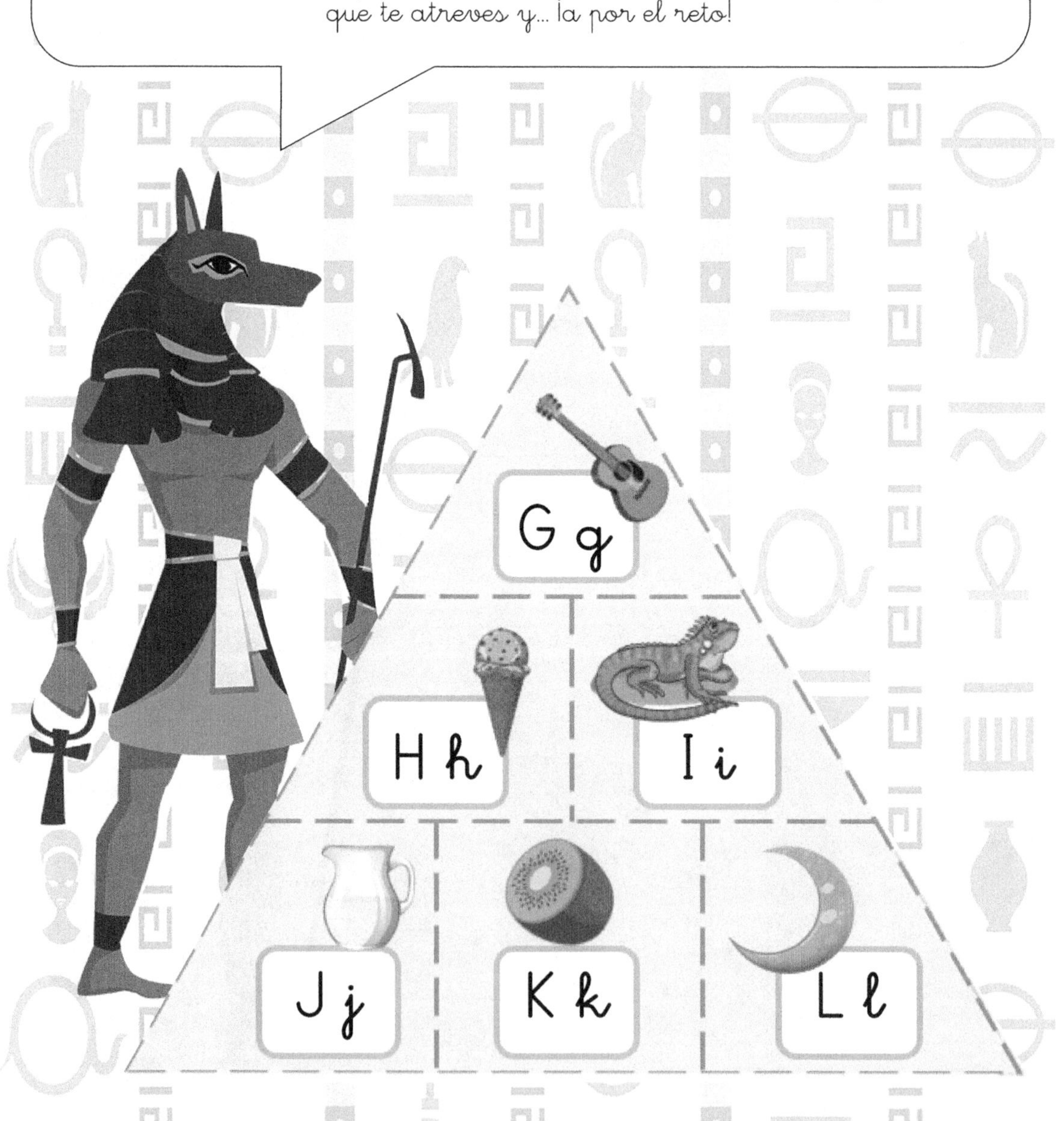

¿Quieres ver cómo se escriben las letras de este segundo reto?
¡Presta mucha atención a mis papiros!
Escanea el código QR que aparece debajo de cada letra.

g	h	i
j	k	l

Actividad 1. La pirámide de las letras

¡Tenemos que intentar llegar a la cima de esta enorme pirámide! Para ello, mira atentamente el vídeo que aparece debajo. Luego averigua las letras escritas en la pirámide siguiendo con tu lápiz la dirección de las flechas.

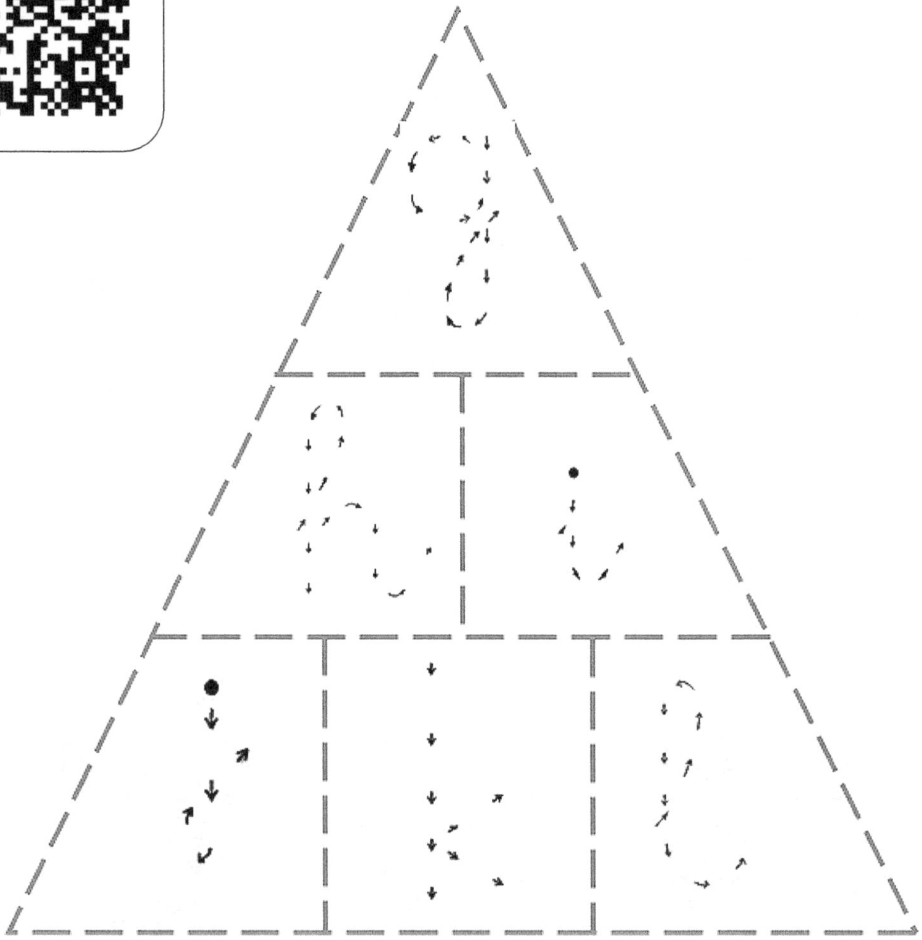

¡Tú sí que sabes! Colorea el primer escarabajo para ver cómo vas avanzando.

Actividad 2. Resuelve el enigma

¡Qué escritura tan terrible veo por aquí! Mira la letra que aparece al principio de cada pauta y señala el error que tiene rodeando el emoticono correspondiente. Después escribe la letra correctamente 5 veces en la pauta.

	Al revés	Irregular	Incompleta	
g				
h				
i				
j				
k				
l				

¡Increíble! Colorea los dos escarabajos para ver cómo vas avanzando.

Actividad 3. La pizarra estropeada

¡Por todos los dioses de Egipto! Parece que mi pizarra mágica se ha estropeado. Había escrito un montón de letras perfectas pero, de pronto, algunas están mal. Encuentra y rodea las letras escritas del revés con color rojo; las letras irregulares con color azul; y las letras incompletas con color verde. Hay dos letras por cada error. Después, escribe en la pauta bajo la pizarra todas las letras en las que hayas encontrado algún error.

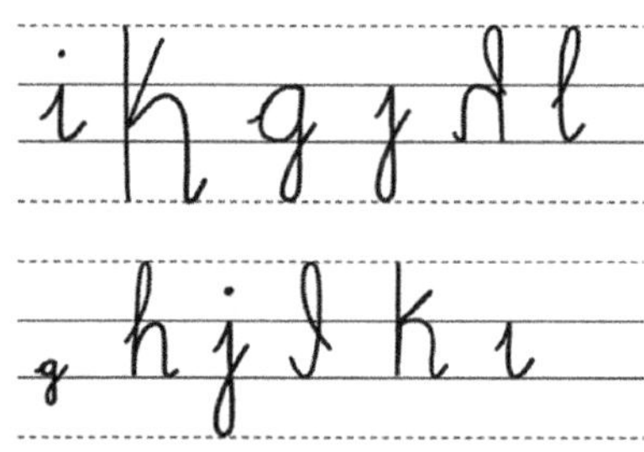

¡Fantástico! Colorea los tres escarabajos para ver cómo vas avanzando.

Actividad 4. El mensaje secreto

Tengo por aquí un viejo pergamino que tal vez nos ayude a encontrar la segunda gema. El problema es que le faltan letras y no entiendo lo que dice. ¿Puedes escribir las letras que faltan? Utiliza las letras del jeroglífico.

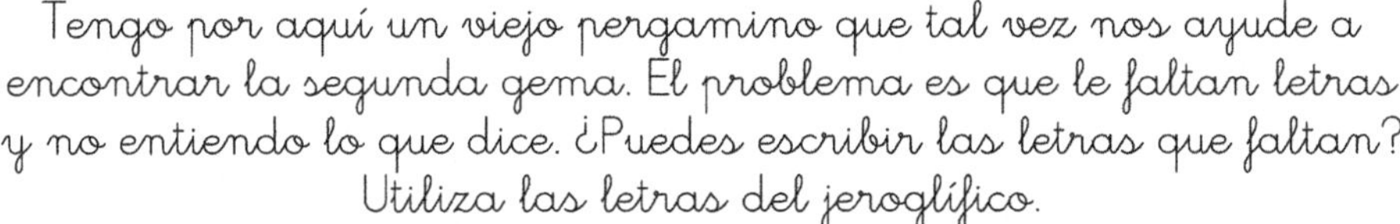

Las eternas arenas de E____pto
esconden un terr____ble secreto.
¡No ____o cuentes, sé d____screto!
Tres ____emas de ____ran valor, cada una de
un co____or.
No las encontrarás dentro de un ____iwi,
ni en el árbo____ de un ____oala.
No se esconden ba____o t____erra, no necesitas
pa____a.
Solo ____allarás su escond____te avanzando
en esta ____istoria.
Con un ____ápiz en la mano, a____canzarás
la victor____a. ¡Escribe, sé va____ente!
Y o____o con tus errores: o los corri____es
rápido, o serán cada vez peores.

¡Buen trabajo! Colorea los cuatro escarabajos para ver cómo vas avanzando.

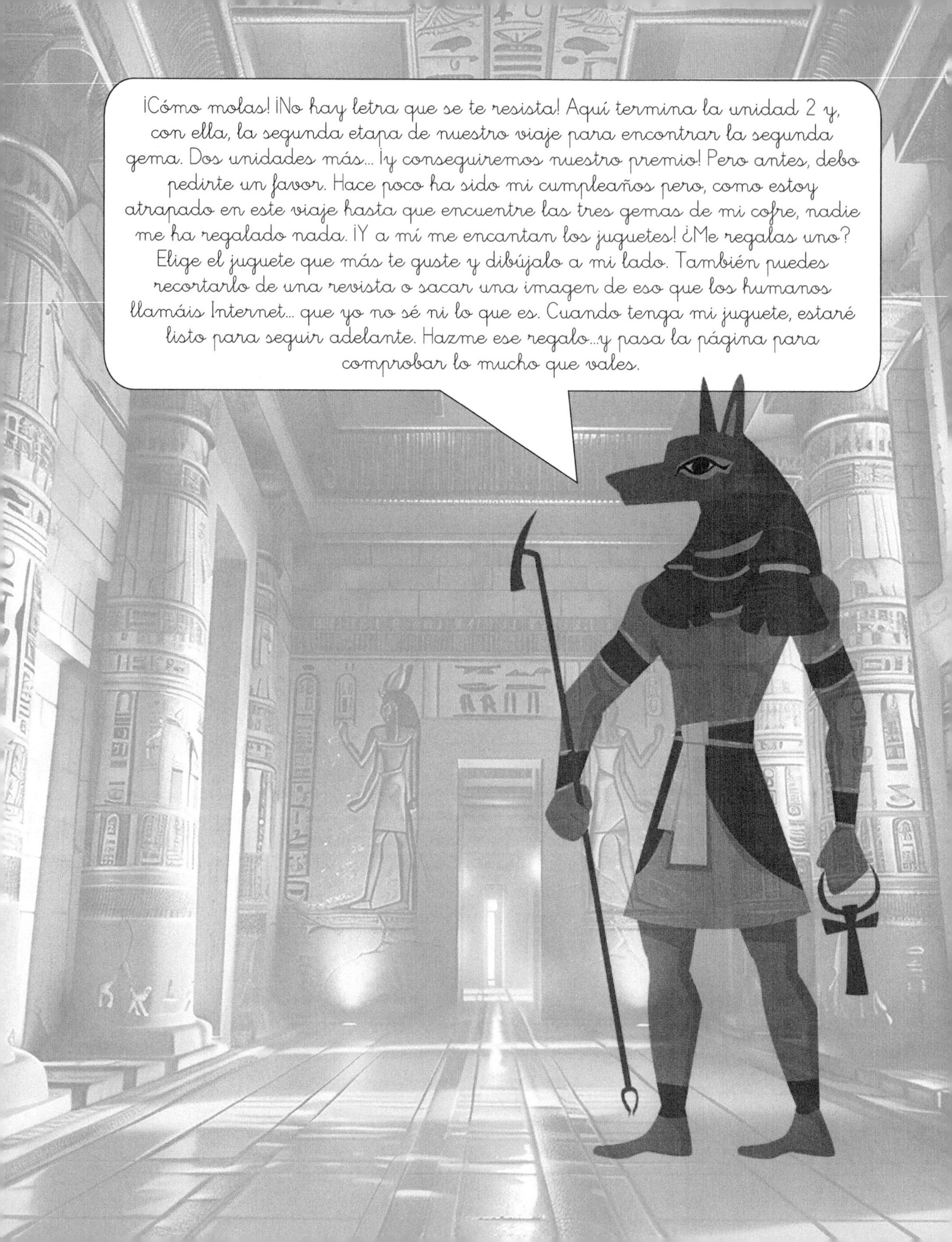
¡Cómo molas! ¡No hay letra que se te resista! Aquí termina la unidad 2 y, con ella, la segunda etapa de nuestro viaje para encontrar la segunda gema. Dos unidades más... ¡y conseguiremos nuestro premio! Pero antes, debo pedirte un favor. Hace poco ha sido mi cumpleaños pero, como estoy atrapado en este viaje hasta que encuentre las tres gemas de mi cofre, nadie me ha regalado nada. ¡Y a mí me encantan los juguetes! ¿Me regalas uno? Elige el juguete que más te guste y dibújalo a mi lado. También puedes recortarlo de una revista o sacar una imagen de eso que los humanos llamáis Internet... que yo no sé ni lo que es. Cuando tenga mi juguete, estaré listo para seguir adelante. Hazme ese regalo...y pasa la página para comprobar lo mucho que vales.

Unidad 3. Letras M-R

¿Otra vez por aquí? No te esperaba hasta dentro de una o dos semanas... la verdad, no sé si está todo preparado. Se supone que en las siguientes páginas debería haber ejercicios para practicar la escritura de nuevas letras, desde la M hasta la R. Pero no estoy seguro de si estarán por ahí, no he tenido mucho tiempo para prepararlos... ¿quieres comprobarlo? Atrévete a pasar la página. Como otras veces, puede que necesites la ayuda de un adulto, pídele que te ayude con la primera ficha para entenderla bien. ¡Adelante!

¿Quieres ver cómo se escriben las letras de este segundo reto?
¡Presta mucha atención a mis papiros!
Escanea el código QR que aparece debajo de cada letra.

Actividad 1. La pirámide de las letras

¡Otra pirámide para escalar! Como ya sabes hacerlo: mira atentamente el vídeo que aparece debajo. Luego averigua las letras escritas en la pirámide siguiendo con tu lápiz la dirección de las flechas.

¡Tú sí que sabes! Colorea el primer escarabajo para ver cómo vas avanzando.

Actividad 2. Resuelve el enigma

¡Ya está Seth haciendo de las suyas! Mira que le hemos dicho que no escriba letras por todos lados, pero él, erre que erre. Mira la letra que aparece al principio de cada pauta y señala el error que tiene rodeando el emoticono correspondiente. Después escribe cada letra correctamente 5 veces.

	Al revés	Irregular	Incompleta	
m				
n				
ñ				
o				
p				
q				
r				

¡Alucinante! Colorea los dos escarabajos para ver cómo vas avanzando.

Actividad 3. La pizarra estropeada

¡Por todos los dioses de Egipto! Mi pizarra mágica ha vuelto a fallar. Había escrito un montón de letras perfectas pero, de pronto, algunas están mal. Encuentra y rodea las letras escritas del revés con color rojo; las letras irregulares con color azul; y las letras incompletas con color verde. Hay 2 letras del revés, 3 irregulares, y 2 incompletas. Después, escribe en la pauta bajo la pizarra todas las letras en las que hayas encontrado algún error.

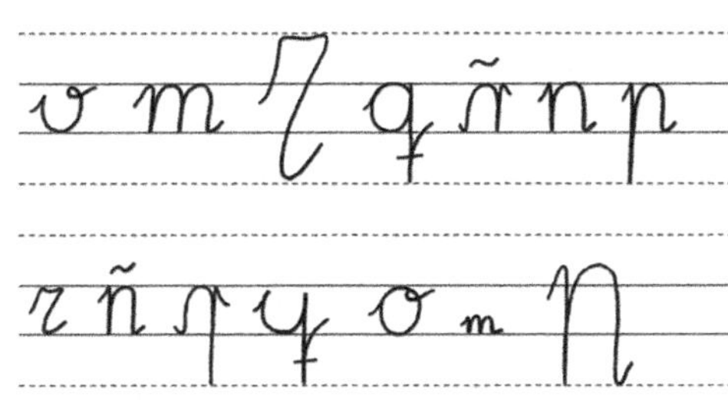

¡Fantástico! Colorea los tres escarabajos para ver cómo vas avanzando.

Actividad 4. El mensaje secreto

Tengo por aquí un viejo pergamino que tal vez nos ayude a encontrar la segunda gema. El problema es que le faltan letras y no entiendo lo que dice. ¿Puedes escribir las letras que faltan? Utiliza las letras del jeroglífico.

m	n	ñ	o	p	q	r

Hace ___iles de a___os, los di___ses crearon
u___ cofre ___iste___ioso.
E___ su inte___ior, al fondo, se guardaba un
Teso___o ___a___avilloso.
Mas s___l___ se abriría con t___es ge___as
___oderosas.
Hoy las ge___as no está___ a___uí,
tal vez hayan caído en ma___ ___s
sos___echosas.
___uizás estén en la ci___a de la monta___a,
encontrarlas sería una gra___ haza___a.
Valiente tú, ___ue has venido.
P___epara tu lapice___ ___, casi has
vencid___.

¡Buen trabajo! Colorea los cuatro escarabajos para ver cómo vas avanzando.

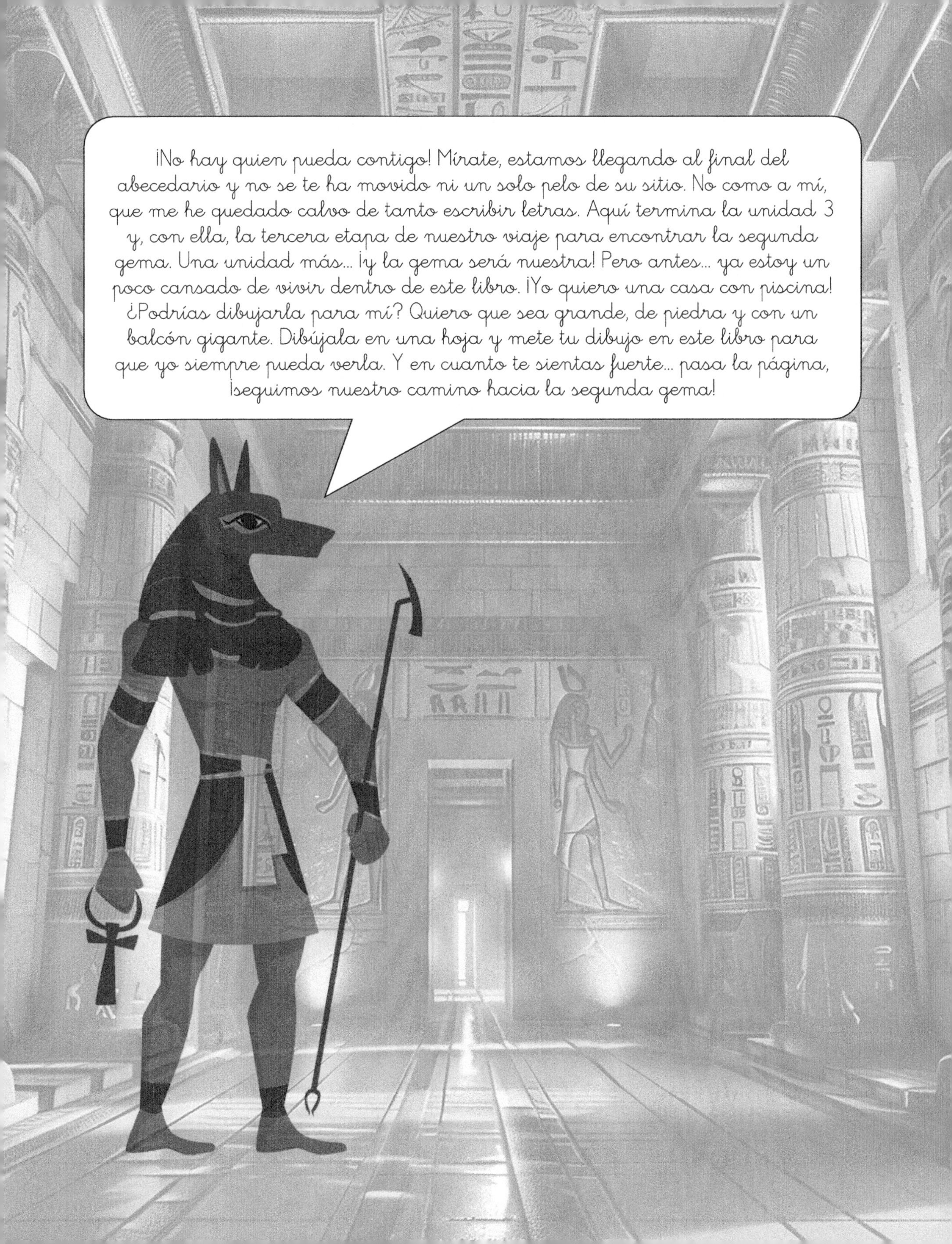
¡No hay quien pueda contigo! Mírate, estamos llegando al final del abecedario y no se te ha movido ni un solo pelo de su sitio. No como a mí, que me he quedado calvo de tanto escribir letras. Aquí termina la unidad 3 y, con ella, la tercera etapa de nuestro viaje para encontrar la segunda gema. Una unidad más... ¡y la gema será nuestra! Pero antes... ya estoy un poco cansado de vivir dentro de este libro. ¡Yo quiero una casa con piscina! ¿Podrías dibujarla para mí? Quiero que sea grande, de piedra y con un balcón gigante. Dibújala en una hoja y mete tu dibujo en este libro para que yo siempre pueda verla. Y en cuanto te sientas fuerte... pasa la página, ¡seguimos nuestro camino hacia la segunda gema!

Unidad 4. Letras S-Z

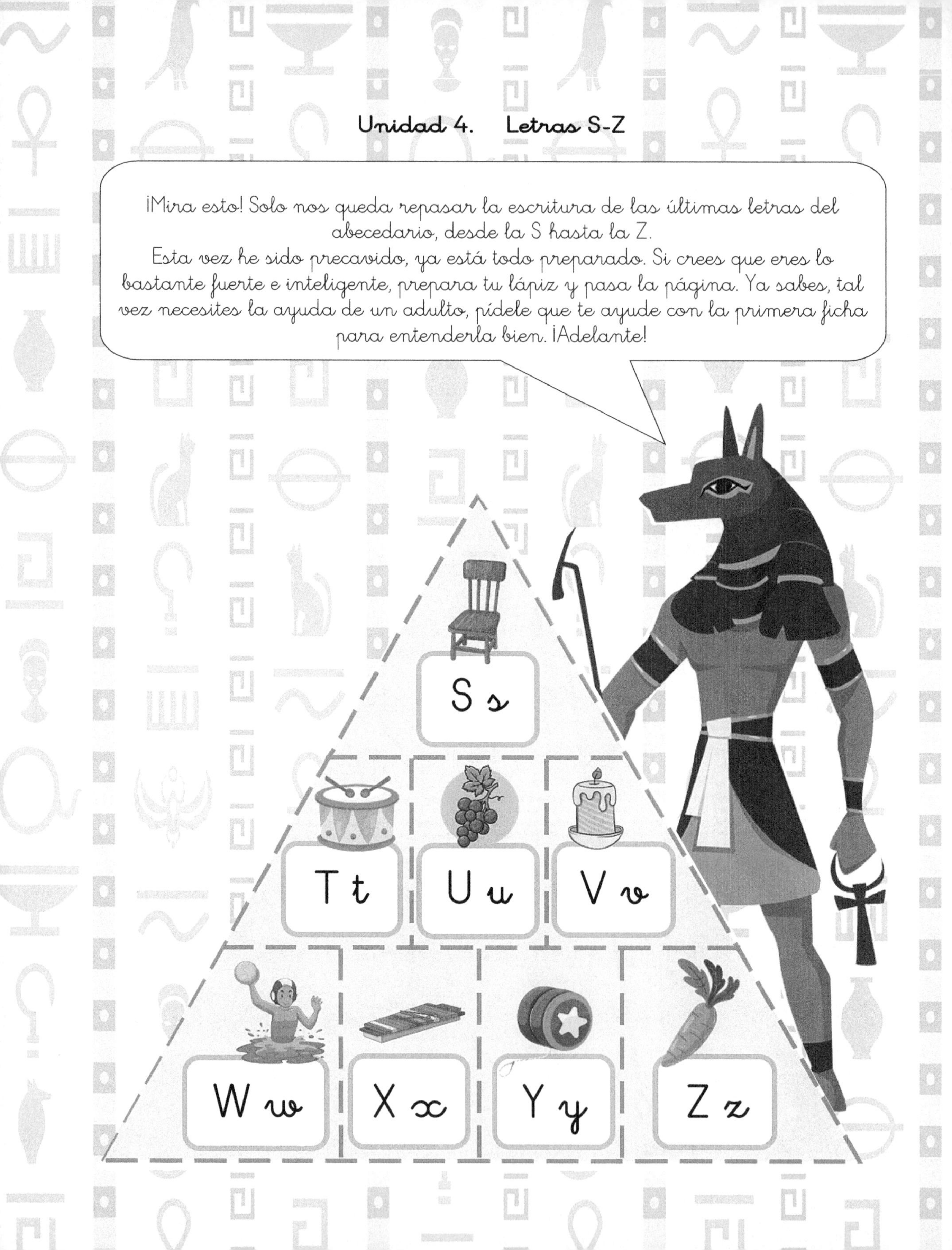

¡Mira esto! Solo nos queda repasar la escritura de las últimas letras del abecedario, desde la S hasta la Z.
Esta vez he sido precavido, ya está todo preparado. Si crees que eres lo bastante fuerte e inteligente, prepara tu lápiz y pasa la página. Ya sabes, tal vez necesites la ayuda de un adulto, pídele que te ayude con la primera ficha para entenderla bien. ¡Adelante!
S s
T t
U u
V v
W w
X x
Y y
Z z

¿Quieres ver cómo se escriben las letras de este cuarto reto?
¡Presta mucha atención a mis papiros!
Escanea el código QR que aparece debajo de cada letra.

s	t	u	v

w	x	y	z

Actividad 1. Un baile de letras

¡Empezamos fuerte! ¿Te atreves a escribir todas las letras de esta unidad? Mira el vídeo que aparece debajo para saber cuáles son y fíjate en cómo se escriben. Después, escribe las 8 letras que acabas de ver, cada letra una sola vez y en orden. Mira todas tus letras una por una. Si alguna tiene un error, indica, bajo la pauta, de qué error se trata.

s t u v w x y z

¡Buen trabajo! Colorea el primer escarabajo para ver cómo vas avanzando.

Actividad 2. La pizarra estropeada

¡Por Osiris y por Apis! Ya está mi pizarra mágica dándome problemas. Había escrito un montón de letras perfectas pero, de pronto, algunas están mal. Encuentra y rodea las letras escritas del revés con color rojo; las letras irregulares con color azul; y las letras incompletas con color verde. Hay 4 letras del revés, 2 irregulares, y 2 incompletas. Después, escribe en la pauta bajo la pizarra todas las letras en las que hayas encontrado algún error.

v l x u w s y z

U x y w z v c t

¡Eres genial! Colorea los dos escarabajos para ver cómo vas avanzando.

Actividad 3. El mensaje secreto

¡Creo que ya estamos muy cerca! Tal vez el siguiente mensaje nos diga algo importante... ¿Puedes descifrarlo? Escribe las letras que faltan en los huecos.

b	c	g	m	n	p	r

s	t	u	v	w	x	y	z

¡___apos del Nilo y c___lebras del desier___o!
Te estás vol___iendo todo ___n e___perto.
Y mira que no tienes ___ifi, y el camino
es mu___ incier___o.
Eres a___ispado como un ___orro y,
¿por qué no?, le estás echando m___cho
morro.
Eres rápido como el ra___o,
pero es___o no es más ___ue un ensa___o.
En la ___ágina si___ ___iente, te espe___a
la última prue___a.
¡Plá___tale cara, no te e___condas en una
cue___a!
Un ejercicio más, y la ge___a encontrarás.

¡Buen trabajo! Colorea los tres escarabajos para ver cómo vas avanzando.

Actividad 4. Las palabras ocultas

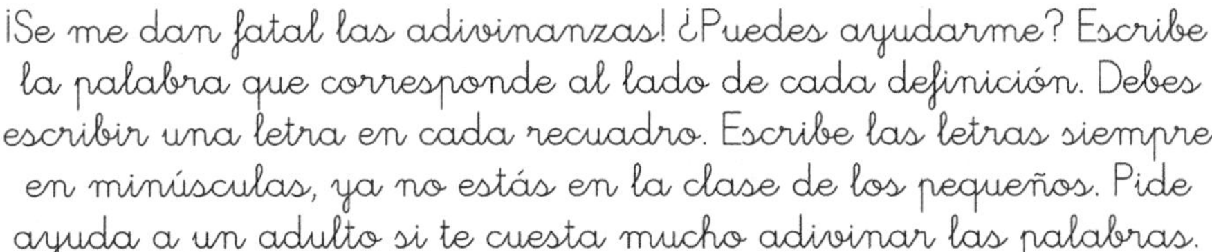

¡Se me dan fatal las adivinanzas! ¿Puedes ayudarme? Escribe la palabra que corresponde al lado de cada definición. Debes escribir una letra en cada recuadro. Escribe las letras siempre en minúsculas, ya no estás en la clase de los pequeños. Pide ayuda a un adulto si te cuesta mucho adivinar las palabras.

1. Empieza por S — Nombre del ataúd egipcio.

2. Empieza por T — ¿Cómo se llama la momia más famosa de Egipto?

3. Empieza por U — Es la fruta favorita de Anubis. Son pequeñas y redondas, vienen en racimos y pueden ser de color verde, morado, negro o incluso rojo.

4. Empieza por V — Como en Egipto no hay luz eléctrica, tienen que usar estos objetos para alumbrarse. Están hechos de cera que se va derritiendo.

5. Empieza por W — La mejor amiga de Peter Pan se llama...

6. Empieza por X — Es el instrumento favorito de Anubis. Se toca golpeando sus teclas de metal o madera con una baqueta.

7. Empieza por Y — Es un juguete muy antiguo, redondo y colgado de una cuerda. La cuerda se sujeta entre los dedos y se mueve la mano para que el juguete suba y baje en el aire.

8. Empieza por Z — Aries, Libra, Piscis y Tauro son signos del...

¡Buen trabajo! Colorea los cuatro escarabajos para ver cómo vas avanzando.

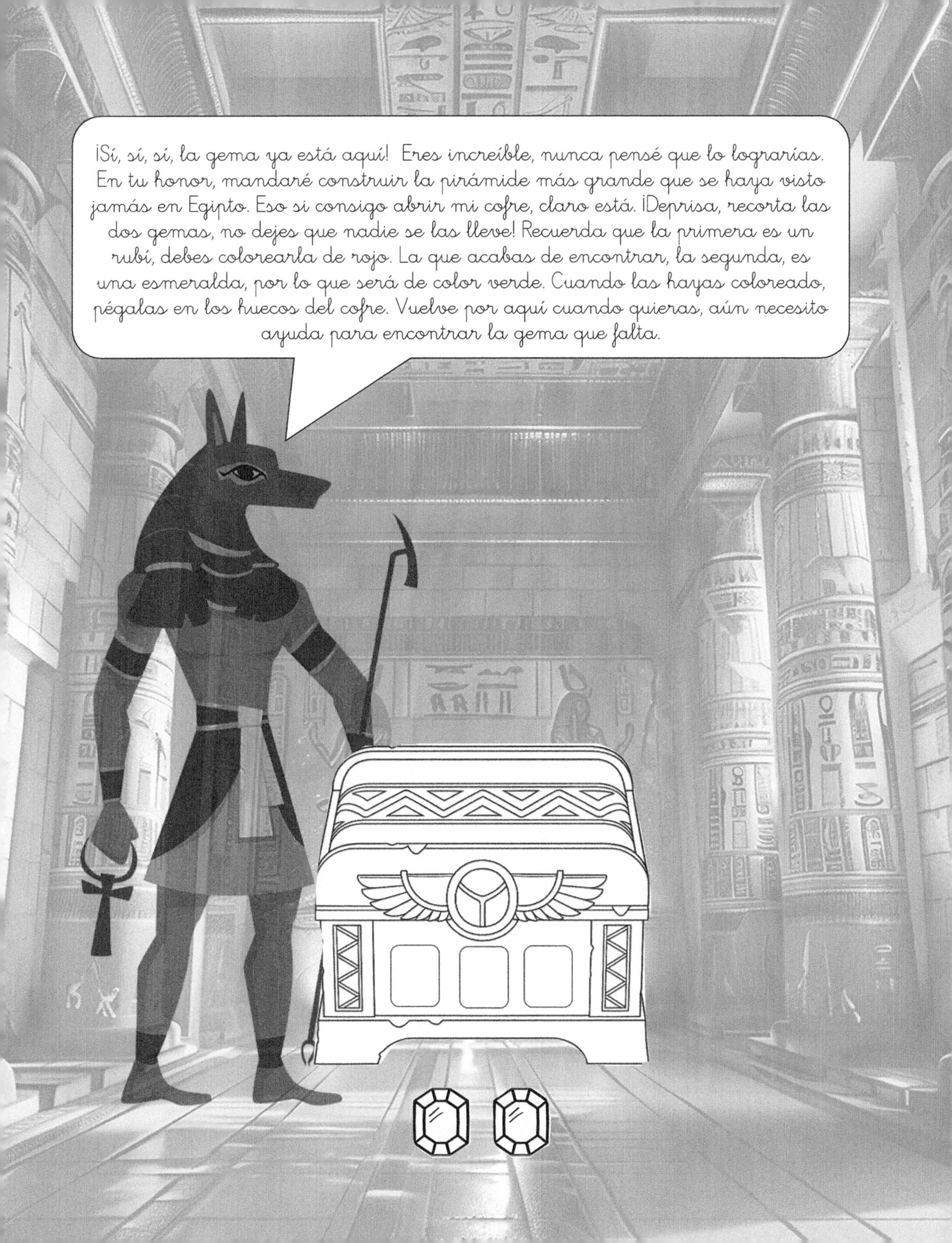
¡Sí, sí, sí, la gema ya está aquí! Eres increíble, nunca pensé que lo lograrías. En tu honor, mandaré construir la pirámide más grande que se haya visto jamás en Egipto. Eso si consigo abrir mi cofre, claro está. ¡Deprisa, recorta las dos gemas, no dejes que nadie se las lleve! Recuerda que la primera es un rubí, debes colorearla de rojo. La que acabas de encontrar, la segunda, es una esmeralda, por lo que será de color verde. Cuando las hayas coloreado, pégalas en los huecos del cofre. Vuelve por aquí cuando quieras, aún necesito ayuda para encontrar la gema que falta.

8. TU TERCERA MISIÓN: ESCRIBE RÁPIDO, EL TIEMPO SE ACABA

Paula López, María Arrimada, Raquel Fidalgo y Carmen Álvarez-Moreno

El tercer y último componente del dominio caligráfico es la fluidez en la escritura. Una vez que el aprendiz es capaz de realizar de forma automática, sin dificultad, los movimientos necesarios para trazar de forma precisa cada letra, meta lograda en el capítulo anterior, es el momento de practicar su escritura hasta que logre realizarlo de forma rápida y precisa, sin que le suponga un esfuerzo significativo. En este capítulo, nuevamente las actividades que se plantean a nivel de fluidez textual se agrupan en las cuatro unidades trabajadas a lo largo de este apartado:

— La unidad 1 incluye las letras de la A a la F.
— La unidad 2 incluye las letras de la G a la L.
— La unidad 3 incluye las letras de la M a la R.
— La unidad 4 trabajará todo el alfabeto, de la A a la Z.

En las tres primeras unidades la fluidez escritora se va a trabajar de forma progresiva, primero a nivel de letra, de sílaba y de palabra, mientras que en la unidad 4, en la que se domina ya todo el alfabeto, se trabajará la fluidez a nivel de frases sencillas. A lo largo de las unidades del capítulo se le plantearán al niño o la niña diferentes actividades en las que debe practicar la escritura de letras, sílabas, palabras o frases, pero enfatizando, en este caso, la rapidez frente a la precisión. Para ello, en muchas de las tareas del presente capítulo se incluirá en formato vídeo un cronómetro específico que determinará el tiempo máximo de la tarea. No obstante, en dichas tareas, se busca que el aprendiz vaya ganando mayor fluidez en su escritura, pero sin perder legibilidad y claridad en la letra. Para ello, en este capítulo nuevamente se incluye la autoevaluación como técnica instruccional dirigida a la mejora de la caligrafía, si bien, en este caso, focalizada en el mensaje a nivel de palabra y/o texto. Así, en alguna de las tareas se incluirá una lista de autocomprobación al final en la que el aprendiz deberá hacer una autoevaluación de su propia escritura en el ejercicio, en la que se valora: la legibilidad de la letra (todas las letras son fácilmente identificables), la regularidad en el trazo (todas las letras son precisas y regulares), o la propia limpieza y orden en la escritura.

Unidad 1. Letras A-F

Vaya, parece que te has atrevido a buscar la tercera gema de mi cofre... ¡Estoy encantado de verte de nuevo! Ya conoces todas las letras del abecedario y sabes escribirlas muy bien.
Pero... ¿eres capaz de escribir deprisa?
La rapidez será imprescindible en esta aventura. O escribes rápido, o alguien encontrará la tercera gema antes que tú.
Vamos a empezar utilizando las letras de la unidad 1, de la A a la F. Para todos los ejercicios vas a necesitar un lapicero y muchas ganas de hacerlo bien. ¿Crees que podrás? Pasa la página y demuéstramelo.
A a
B b
C c
D d
E e
F f

Actividad 1. Carrera de letras

Hasta ahora yo solo conocía las carreras de camellos, pero parece que a las letras también les gusta echar carreras. En cada camino, escribe la letra o sílaba que aparece al principio tantas veces como puedas durante 30 segundos. Utiliza el código QR para acceder al cronómetro ¡Recuerda! Solo tienes 30 segundos para cada camino. ¿Cuántas veces has escrito cada letra? Anótalo en el recuadro blanco y averigua qué letra es la ganadora.

a

d

f

be

ca

fec

¡Bien hecho! Colorea el primer sarcófago para ver cómo vas avanzando.

Actividad 2. Un bingo diferente

¡Juguemos al bingo! Mira el cartón que tienes debajo. Aparecen 9 imágenes y una pauta de escritura debajo de cada imagen. Escanea el código QR, te llevará a un vídeo. Busca en tu cartón la imagen que corresponde a la palabra que aparece en el vídeo. Escribe esa palabra tantas veces como puedas antes de que el vídeo pase a la siguiente palabra. ¡Solo tienes 10 segundos! Haz lo mismo con el resto de palabras que aparezcan en el vídeo: busca su imagen en el cartón y escribe la palabra muchas veces.

¡Increíble! Colorea los dos sarcófagos para ver cómo vas avanzando.

Actividad 3. El cajón desastre

¡Qué desastre! Las palabras del primer recuadro están mezcladas. Escríbelas en orden alfabético en la pauta que hay debajo del recuadro, pero... ¡ojo! Solo tienes 2 minutos. Usa el código QR para acceder al cronómetro. Haz lo mismo con las palabras del segundo recuadro, tienes otros 2 minutos. Cuando termines, lee las frases de la tabla y fíjate en las palabras que has escrito. Rodea ✓ si lo hiciste o X si no.

cohete, fuerte, abuelo, espada, beso, diana

dormir, familia, escoba, barco, cereza, abuelo

He escrito de forma limpia, clara y en orden.	✓	X
La letra que he escrito tiene un tamaño correcto (no es ni muy grande ni muy pequeña).	✓	X
Si alguien lee las palabras que he escrito, puede saber fácilmente qué palabras son. Se entienden bien.	✓	X
Creo que he escrito mis palabras con buena letra.	✓	X

¡Alucinante! Colorea los tres sarcófagos para ver cómo vas avanzando.

Actividad 4. ¿Cuántas palabras puedes escribir?

¿Cuántas palabras conoces que empiecen por la letra «a»? Trata de escribir el mayor número posible de ellas en el recuadro de la «a». Pero ¡ojo!, solo tienes 1 minuto. Utiliza el código QR para acceder al cronómetro. ¿Cuántas palabras has conseguido escribir? Haz lo mismo con el resto de letras, en su recuadro correspondiente. ¡Tienes 1 minuto para escribir las palabras de cada letra!

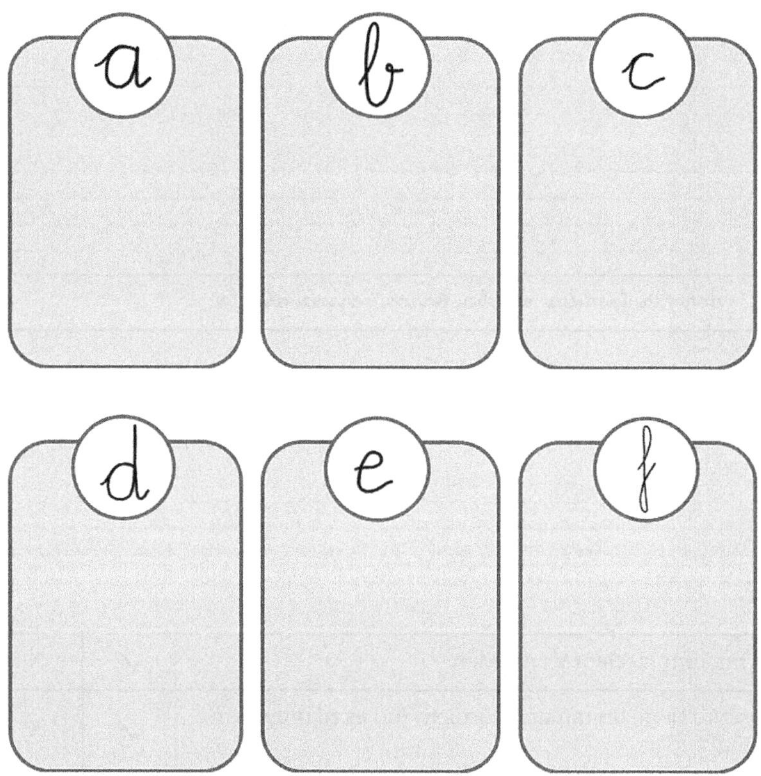

¡Fantástico! Colorea los cuatro sarcófagos para ver cómo vas avanzando.

Actividad 5. ¡Alerta! ¡Lío de palabras!

¡Vaya lío de palabras! Mira bien las palabras de arriba y escríbelas en el recuadro que corresponda. ¡Cuidado! Solo tienes 4 minutos para escribir todas las palabras en su sitio correcto. Utiliza el código QR para acceder al cronómetro. Al acabar, comprueba lo bien que lo has hecho rodeando el ✓ o la X en la tabla de abajo.

burbuja, cielo, fantasma, diente, corona, ducha, espejo, ardilla, alga, ballena, escudo, fideos, dados, estrella, amor, foca, cemento, barba

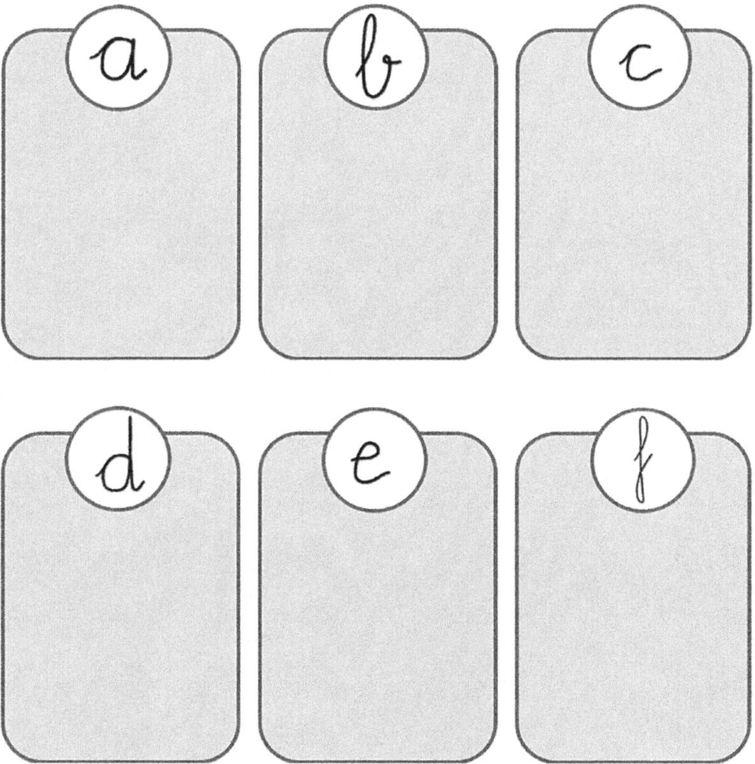

¡Buen trabajo! Colorea los cinco sarcófagos para ver cómo vas avanzando.

 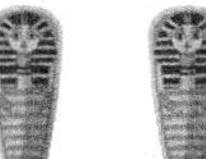  

¡Jamás había visto nada igual! Aquí termina la unidad 1 y eso quiere decir… que ya solo te quedan tres unidades para conseguir la tercera gema de mi cofre. Pero tengo taaaaaaaanto sueño… creo que necesito dormir un poco. Recorta telas de colores y pégalas cerca de mí para hacerme una cama cómoda y calentita. Y no olvides una buena almohada, puedes usar un trocito de esponja. Despiértame en un rato y continuaremos nuestra aventura…

Unidad 2. Letras G-L

Venga ya, casi no he dormido nada... ¿No podemos dejarlo para otro día? Vale, vale, ya me levanto... si no encontramos pronto la tercera gema, tal vez desaparezca para siempre. ¿Tienes tu lápiz preparado? ¿Y algún dispositivo para escanear los QR? Veo que has estado entrenando, ¿eh? Recuerda que, en estos ejercicios, la rapidez será tu mejor aliada. Ahora vamos a utilizar las letras de la unidad 2, desde la G hasta la L. ¿Serás capaz de escribir veloz como el rayo?
Pasa la página y demuéstramelo.

Actividad 1. Carrera de letras

¡Otra carrera de letras y otra vez que yo no puedo participar! Debes hacerlo tú en mi lugar. En cada camino, escribe la letra o sílaba que aparece al principio tantas veces como puedas durante 30 segundos. Utiliza el código QR para acceder al cronómetro. ¡Recuerda! Solo tienes 30 segundos para cada camino. ¿Cuántas veces has escrito cada letra? Anótalo en el recuadro de la derecha y averigua qué letra es la ganadora.

k

h

j

li

hy

gil

¡Estupendo! Colorea el primer sarcófago para ver cómo vas avanzando.

Actividad 2. Un bingo diferente

¡Juguemos al bingo! Mira el cartón que tienes debajo. Aparecen 9 imágenes y una pauta de escritura debajo de cada imagen. Escanea el código QR para ver el vídeo. Busca en tu cartón la imagen que corresponde a la palabra que aparece en el vídeo. Escribe esa palabra tantas veces como puedas antes de que el vídeo pase a la siguiente palabra. ¡Solo tienes 10 segundos! Haz lo mismo con el resto de palabras que aparezcan en el vídeo: busca su imagen en el cartón y escribe la palabra muchas veces.

¡Increíble! Colorea los dos sarcófagos para ver cómo vas avanzando.

Actividad 3. El cajón desastre

Las fuertes lluvias de los últimos días han arrastrado todas las palabras y se han mezclado. Escríbelas en orden alfabético en la pauta que hay debajo del recuadro, pero... ¡ojo! Solo tienes 2 minutos. Usa el código QR para acceder al cronómetro. Haz lo mismo con las palabras del segundo recuadro, tienes otros 2 minutos. Cuando termines, lee las frases de la tabla y fíjate en las palabras que has escrito. Rodea ✓ si lo hiciste o X si no.

jaula, lima, kimono, gato, isla, hueso

indio, gorro, jirafa, libro, koala, hada

He escrito de forma limpia, clara y en orden.	✓	X
La letra que he escrito tiene un tamaño correcto (no es ni muy grande ni muy pequeña).	✓	X
Si alguien lee las palabras que he escrito, puede saber fácilmente qué palabras son. Se entienden bien.	✓	X
Creo que he escrito mis palabras con buena letra.	✓	X

¡Maravilloso! Colorea los tres sarcófagos para ver cómo vas avanzando.

Actividad 4. ¿Cuántas palabras puedes escribir?

¿Cuántas palabras conoces que empiecen por la letra «g»? Trata de escribir el mayor número posible de ellas en el recuadro de la «g». Pero ¡ojo!, solo tienes 1 minuto. Utiliza el código QR para acceder al cronómetro. ¿Cuántas palabras has conseguido escribir? Haz lo mismo con el resto de letras, en su recuadro correspondiente. ¡Tienes 1 minuto para escribir las palabras de cada letra!

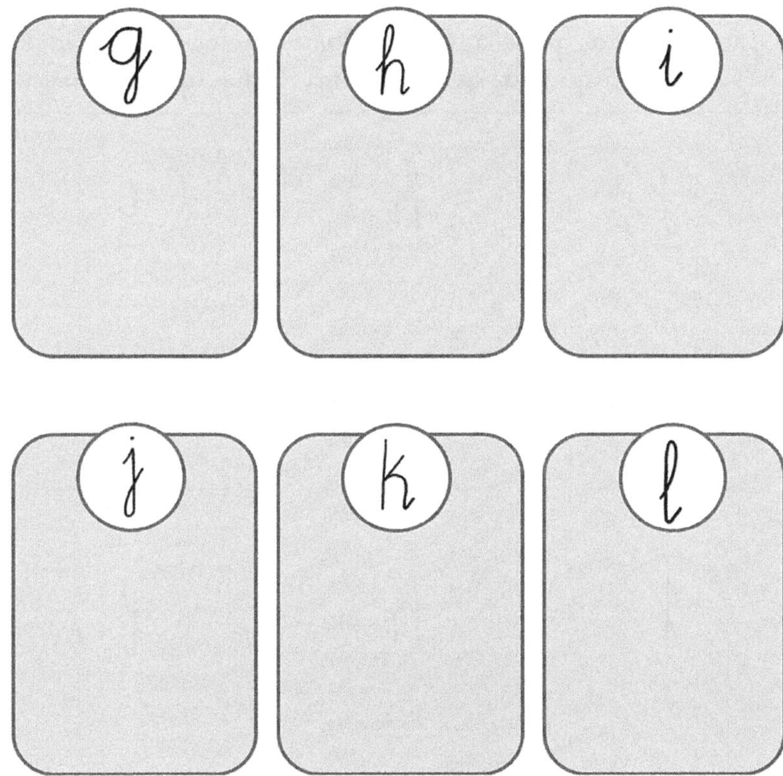

¡No hay quien te pare! Colorea los cuatro sarcófagos para ver cómo vas avanzando.

Actividad 5. ¡Alerta! ¡Lío de palabras!

¡Ya estamos con las palabras liadas! Mira bien las palabras de abajo y escríbelas en el recuadro que corresponda. ¡Cuidado! Solo tienes 4 minutos para escribir todas las palabras en su sitio correcto. Utiliza el código QR para acceder al cronómetro. Al acabar, comprueba lo bien que lo has hecho rodeando el ✓ o la X en la tabla de abajo.

invierno, jarabe, luna, galleta, huella, lana, hielo, koala, kiosko, jinete, huevo, gorro, iguana, girasol, joya, leche, iglesia, kayak

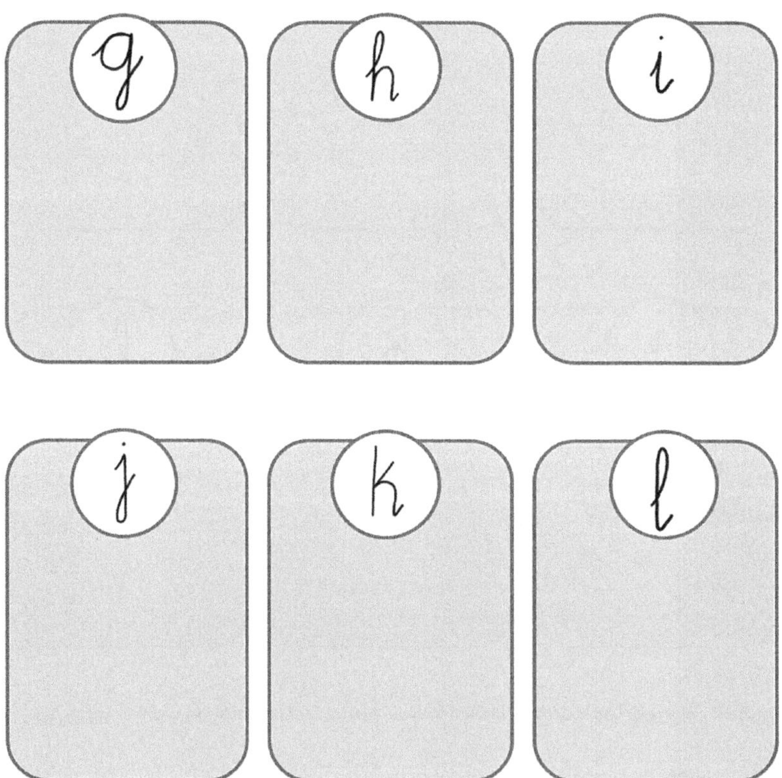

¡Buen trabajo! Colorea los cinco sarcófagos para ver cómo vas avanzando.

¡Creo que tú y yo vamos a ser grandes amigos! ¡Me estás ayudando muchísimo! Hemos llegado al final de la unidad 2 y eso significa que... la tercera gema ya está al alcance de tu mano. Solo te quedan 2 unidades más. Pero antes... ¿me presentas a tu familia? Me muero de ganas por conocerlos. Pega a mi lado una foto de tu familia y escribe los nombres de todos los miembros. Luego, si es que te crees lo bastante valiente, pasa la página y enfréntate a los siguientes retos.

Unidad 3. Letras M-R
¡Ya estás de vuelta! Menos mal, vamos fatal de tiempo. No somos los únicos que estamos buscando la última gema, los saqueadores de tumbas nos pisan los talones. ¿Tienes tu lápiz preparado? ¿Y un móvil o tableta para acceder al cronómetro? ¡No tenemos tiempo que perder! Ahora vamos a utilizar las letras de la unidad 3, desde la M hasta la R. Escribe rápido y bien, solo así podremos avanzar. Deprisa, pasa la página, ya escucho las pisadas de los saqueadores...
M m
N n
Ñ ñ
O o
P p
Q q
R r

Actividad 1. Carrera de letras

¡Me encantan las carreras de letras! ¿Ya has apostado para ver qué letra ganará? En cada camino, escribe la letra o sílaba que aparece al principio tantas veces como puedas durante 30 segundos. Utiliza el código QR para acceder al cronómetro. ¡Recuerda! Solo tienes 30 segundos para cada camino. ¿Cuántas veces has escrito cada letra? Anótalo en el recuadro blanco y averigua qué letra es la ganadora.

q

n

m

mo

ron

por

¡Alucinante! Colorea el primer sarcófago para ver cómo vas avanzando.

Actividad 2. **Un bingo diferente**

¡Juguemos al bingo! Mira el cartón que tienes debajo. Aparecen 9 imágenes y una pauta de escritura debajo de cada imagen. Escanea el código QR para ver el vídeo. Busca en tu cartón la imagen que corresponde a la palabra que aparece en el vídeo. Escribe esa palabra tantas veces como puedas antes de que el vídeo pase a la siguiente palabra. ¡Solo tienes 10 segundos! Haz lo mismo con el resto de palabras que aparezcan en el vídeo: busca su imagen en el cartón y escribe la palabra muchas veces.

¡Increíble e irrepetible! Colorea los dos sarcófagos para ver cómo vas avanzando.

Actividad 3. El cajón desastre

¡Qué horror! Alguien ha estado revolviendo en mis cajones de palabras. Escribe las palabras del primer recuadro en la pauta, en orden alfabético. Pero... ¡alerta! Solo tienes 2 minutos. Usa el código QR para acceder al cronómetro. Haz lo mismo con las palabras del segundo recuadro, tienes otros 2 minutos. Luego comprueba si las palabras que has escrito están bien rodeando el ✓ o la X.

muñeca, pulpo, raqueta, moda, oveja, querer, nuevo

uña, pelo, reloj, maleta, nadador, quinto, oso

He escrito de forma limpia, clara y en orden.	✓	X
La letra que he escrito tiene un tamaño correcto (no es ni muy grande ni muy pequeña).	✓	X
Si alguien lee las palabras que he escrito, puede saber fácilmente qué palabras son. Se entienden bien.	✓	X
Creo que he escrito mis palabras con buena letra.	✓	X

¡Enhorabuena! Colorea los tres sarcófagos para ver tu avance.

Actividad 4. ¿Cuántas palabras puedes escribir?

¿Cuántas palabras conoces que empiecen por la letra «m»? Trata de escribir el mayor número posible de ellas en el recuadro de la «m». Pero ¡ojo!, solo tienes 1 minuto. Utiliza el código QR para acceder al cronómetro. ¿Cuántas palabras has conseguido escribir? Haz lo mismo con el resto de letras, en su recuadro correspondiente. ¡Tienes 1 minuto para escribir las palabras de cada letra!

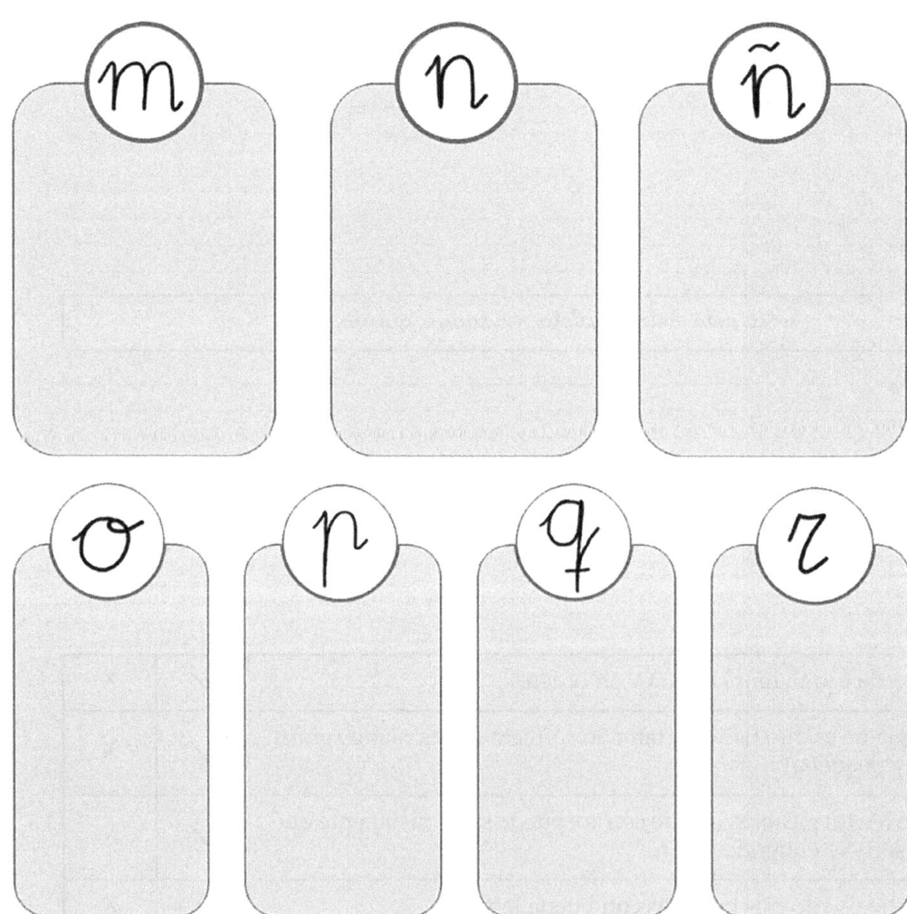

¡No hay quien te pare! Colorea los cuatro sarcófagos para ver cómo vas avanzando.

Actividad 5. ¡Alerta! ¡Lío de palabras!

¡Lío, lío, líooo de palabras! Mira bien las palabras de abajo y escríbelas en el recuadro que corresponda. ¡Cuidado! Solo tienes 4 minutos para escribir todas las palabras en su sitio correcto. Utiliza el código QR para acceder al cronómetro. Al acabar, comprueba lo bien que lo has hecho rodeando el ✓ o la X en la tabla de abajo.

oreja, rana, peine, manzana, queja, moneda, nido, queso, regalo, naranja, ñoquis, oro, nutria, otoño, piano, rey, pomada, piña

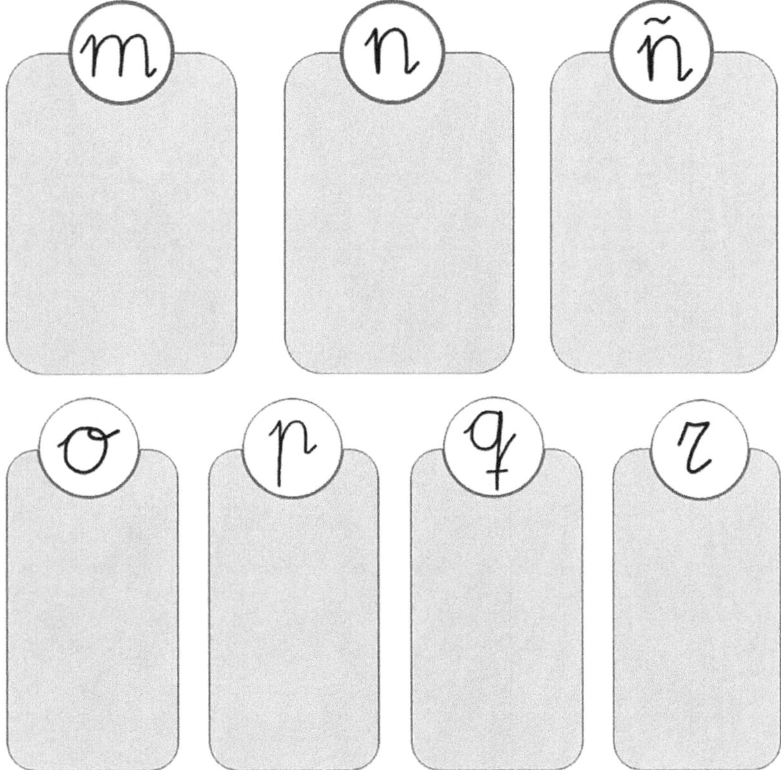

¡Buen trabajo! Colorea los cinco sarcófagos para ver cómo vas avanzando.

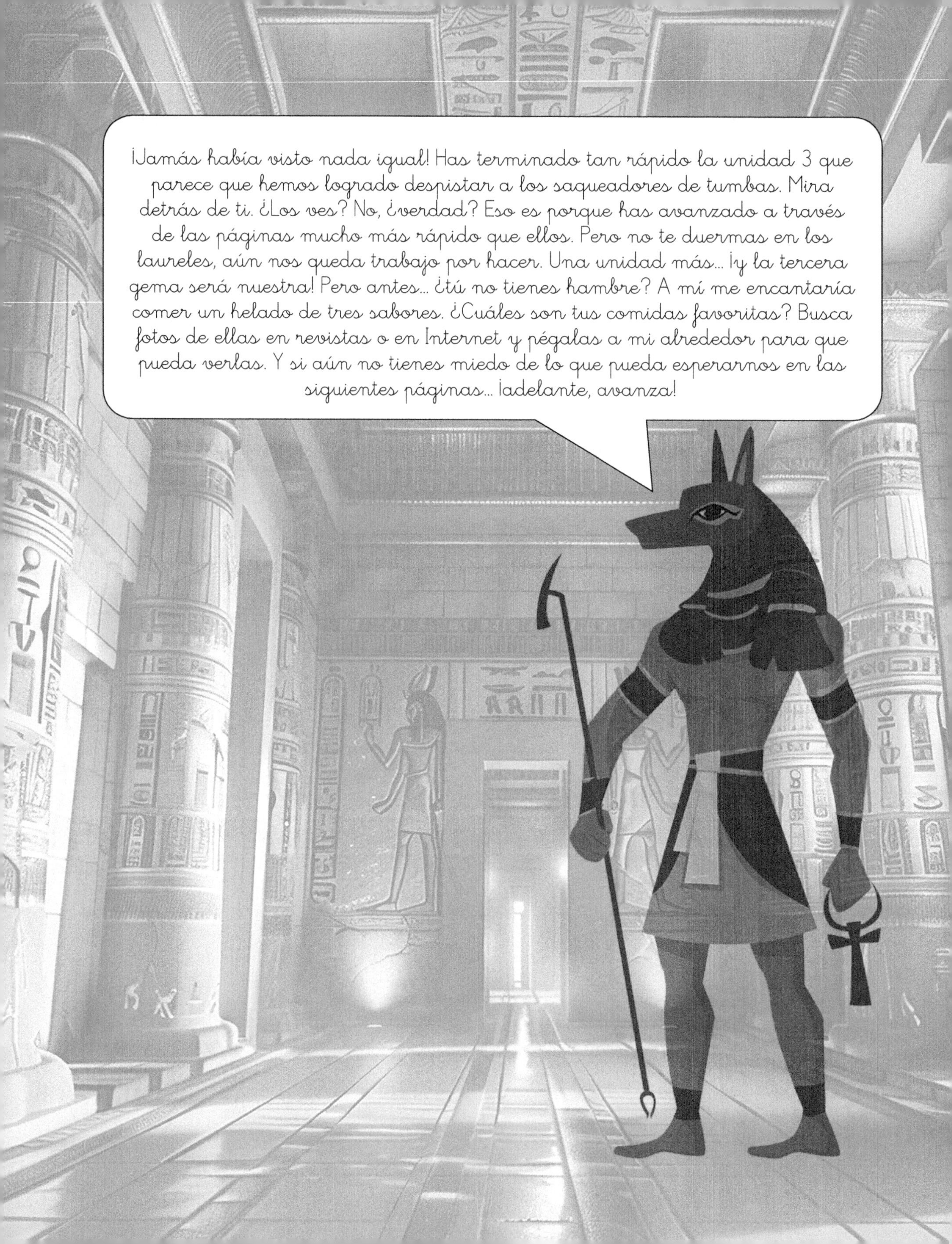
¡Jamás había visto nada igual! Has terminado tan rápido la unidad 3 que parece que hemos logrado despistar a los saqueadores de tumbas. Mira detrás de ti. ¿Los ves? No, ¿verdad? Eso es porque has avanzado a través de las páginas mucho más rápido que ellos. Pero no te duermas en los laureles, aún nos queda trabajo por hacer. Una unidad más... ¡y la tercera gema será nuestra! Pero antes... ¿tú no tienes hambre? A mí me encantaría comer un helado de tres sabores. ¿Cuáles son tus comidas favoritas? Busca fotos de ellas en revistas o en Internet y pégalas a mi alrededor para que pueda verlas. Y si aún no tienes miedo de lo que pueda esperarnos en las siguientes páginas... ¡adelante, avanza!

Unidad 4. Letras S-Z

¡Bienvenido de nuevo! Mientras estabas fuera, he estado investigando sobre tu mundo. ¿Qué es eso de la televisión? ¿De verdad podéis ver lo que pasa en otras partes del planeta? Ni siquiera yo, que soy un dios, puedo hacer eso. Me gustaría tanto visitar tu época... pero solo podré liberarme abriendo mi cofre y aún nos falta una gema. Y recuerda que hay otros que también la están buscando. Y no queremos que la encuentren, ¿verdad? ¿Tienes tu lápiz preparado? ¿Y tu dispositivo digital para acceder al cronómetro? Ahora vamos a utilizar las letras de la unidad 4, desde la S hasta la Z. Recuerda que debes escribir rápido, el cronómetro avanza. Deprisa, pasa la página, el tiempo se acaba. ¡TIC, TAC, TIC, TAC!
S s
T t
U u
V v
W w
X x
Y y
Z z

Actividad 1. **Carrera de letras**

¡Qué ambientazo en la última carrera de letras de la temporada! ¿Quién ganará? En cada camino, escribe la letra o sílaba que aparece al principio tantas veces como puedas durante 30 segundos. Utiliza el código QR para acceder al cronómetro ¡Recuerda! Solo tienes 30 segundos para cada camino. ¿Cuántas veces has escrito cada letra? Anótalo en el recuadro blanco y averigua qué letra es la ganadora.

w

z

uy

vu

ux

tus

¡Eres genial! Colorea el primer sarcófago para ver cómo vas avanzando.

Actividad 2. **Un bingo diferente**

¡Juguemos al bingo! Mira el cartón que tienes debajo. Aparecen 9 imágenes y una pauta de escritura debajo de cada imagen. Escanea el código QR, te llevará a un vídeo. Busca en tu cartón la imagen que corresponde a la palabra que aparece en el vídeo. Escribe esa palabra tantas veces como puedas antes de que el vídeo pase a la siguiente palabra. ¡Solo tienes 10 segundos! Haz lo mismo con el resto de palabras que aparezcan en el vídeo: busca su imagen en el cartón y escribe la palabra muchas veces.

6

¡Qué manejo de la escritura! Colorea los dos sarcófagos para ver cómo vas avanzando.

Actividad 3. El cajón desastre

¡Como pille al malandrín que mezcla mis palabras, se va a enterar! Escribe las palabras del primer recuadro en la pauta, en orden alfabético. Pero... ¡alerta! Solo tienes 2 minutos. Usa el código QR para acceder al cronómetro. Haz lo mismo con las palabras del segundo recuadro, tienes otros 2 minutos. Luego, lee las frases de la tabla y fíjate en las palabras que has escrito. Rodea ✓ si lo hiciste o X si no.

viento, seta, yate, zapato, waterpolo, boxeo, uno, tienda

sol, web, yema, urna, vestido, tesoro, sexto, zorro

He escrito de forma limpia, clara y en orden.	✓	X
La letra que he escrito tiene un tamaño correcto (no es ni muy grande ni muy pequeña).	✓	X
Si alguien lee las palabras que he escrito, puede saber fácilmente qué palabras son. Se entienden bien.	✓	X
Creo que he escrito mis palabras con buena letra.	✓	X

¡Nadie puede contigo! Colorea los tres sarcófagos para ver cómo vas avanzando.

Actividad 4. ¿Cuántas palabras puedes escribir?

¿Cuántas palabras conoces que empiecen por la letra «s»? Trata de escribir el mayor número posible de ellas en el recuadro de la «s». Pero ¡ojo!, solo tienes 1 minuto. Utiliza el código QR para acceder al cronómetro. ¿Cuántas palabras has conseguido escribir? Haz lo mismo con el resto de letras, en su recuadro correspondiente. ¡Tienes 1 minuto para escribir las palabras de cada letra!

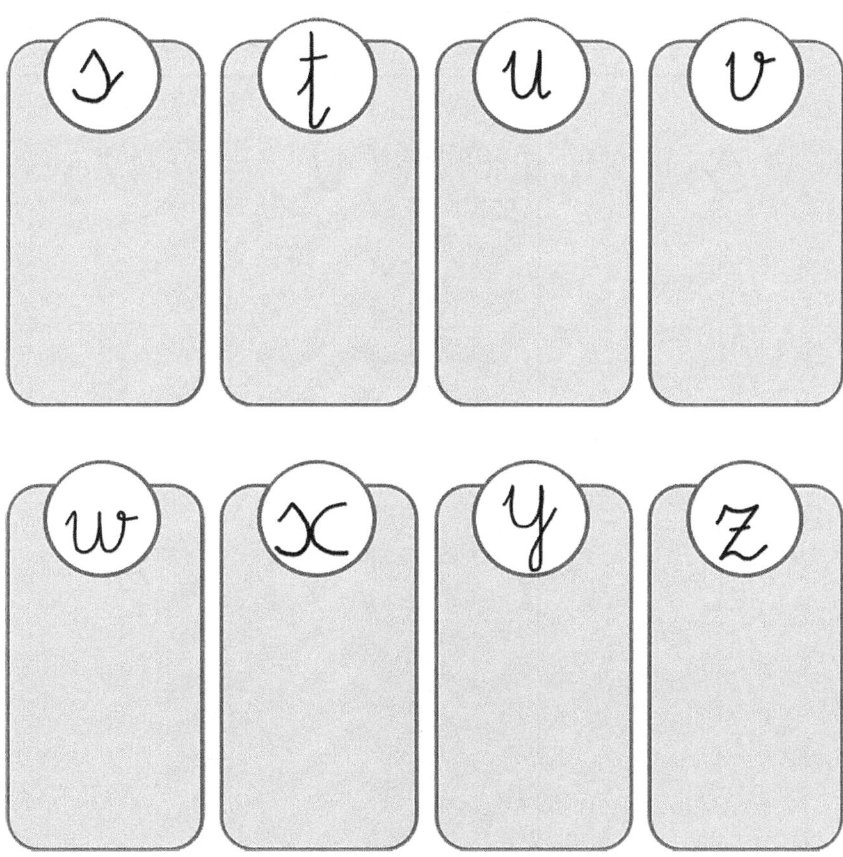

¡No hay quien te pare! Colorea los cuatro sarcófagos para ver cómo vas avanzando.

Actividad 5. ¡Alerta! ¡Lío de palabras!

¡Última vez que me marcho de mi templo sin cerrar la puerta! ¡Mira qué lío de palabras! Mira bien las palabras de arriba y escríbelas en el recuadro que corresponda. ¡Cuidado! Solo tienes 4 minutos para escribir todas las palabras en su sitio correcto. Utiliza el código QR para acceder al cronómetro. Al acabar, comprueba lo bien que lo has hecho rodeando el ✓ o la X en la tabla de abajo.

zuecos, waterpolo, uniforme, silla, sonido, extraño, yoga, verdura, tortilla, zafiro, yegua, zoo, taxi, secador, tren, volar, universo, ventana

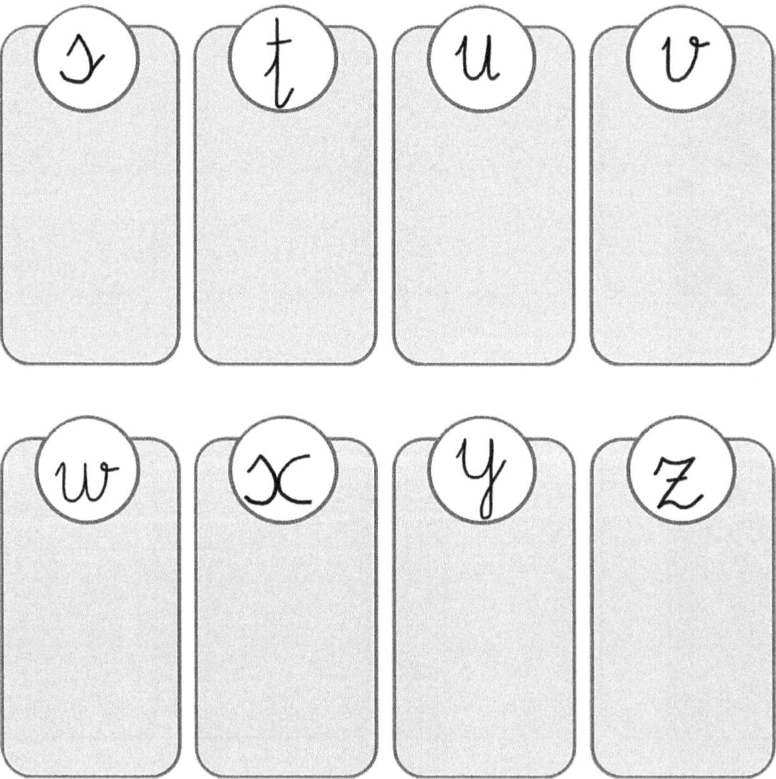

¡Alucinante! Colorea los cinco sarcófagos para ver cómo vas avanzando.

Actividad 6. El mensaje oculto

Tú tienes pinta de agente secreto... seguro que sabes descifrar códigos. El siguiente mensaje no tiene sentido. Para descifrarlo, escribe en cada cuadradito la letra que va antes, en el abecedario, que la que está encima del cuadradito.

I	b	t

m	m	f	h	b	e	p

b

u	j	f	n	q	p.

Q	b	t	b

m	b

q	b	h	j	ñ	b.

U	f

f	t	q	f	s	b

v	n	b

t	p	s	q	s	f	t	b.

¡Estupendo! Colorea los seis sarcófagos para ver cómo vas avanzando.

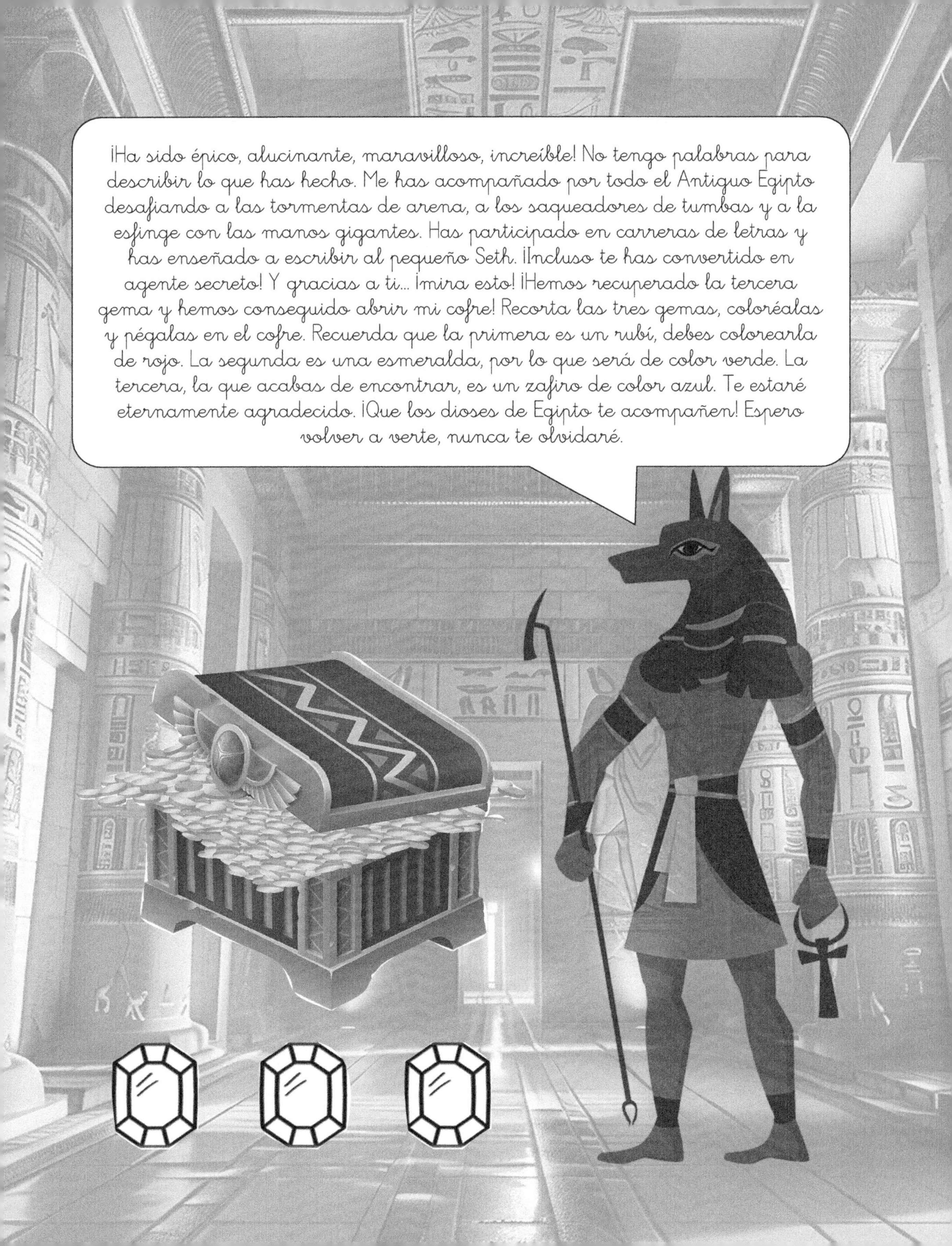
¡Ha sido épico, alucinante, maravilloso, increíble! No tengo palabras para describir lo que has hecho. Me has acompañado por todo el Antiguo Egipto desafiando a las tormentas de arena, a los saqueadores de tumbas y a la esfinge con las manos gigantes. Has participado en carreras de letras y has enseñado a escribir al pequeño Seth. ¡Incluso te has convertido en agente secreto! Y gracias a ti... ¡mira esto! ¡Hemos recuperado la tercera gema y hemos conseguido abrir mi cofre! Recorta las tres gemas, coloréalas y pégalas en el cofre. Recuerda que la primera es un rubí, debes colorearla de rojo. La segunda es una esmeralda, por lo que será de color verde. La tercera, la que acabas de encontrar, es un zafiro de color azul. Te estaré eternamente agradecido. ¡Que los dioses de Egipto te acompañen! Espero volver a verte, nunca te olvidaré.

9. APRENDIENDO A ESCRIBIR SIN FALTAS DE ORTOGRAFÍA

María Arrimada, Raquel Fidalgo y Carmen Álvarez-Moreno

Bueno, ya hemos superado la primera meta en el largo viaje de aprender a escribir. Nuestros pequeños escritores o escritoras ya conocen las letras de nuestro alfabeto y saben trazarlas de forma más o menos fluida. Comienza, por lo tanto, aquí, una nueva aventura en su viaje: el dominio de la ortografía. El **conocimiento ortográfico** le permitirá al niño o niña seleccionar aquellos signos gráficos que representan los fonemas de nuestra lengua y combinar los diferentes signos gráficos para formar palabras (Abbot y Berninger, 1993). Esto parece un reto fácil de conseguir, y lo sería, si hubiera una relación única y directa entre los fonemas de nuestra lengua y los grafemas o letras que los representan, como por ejemplo ocurre en la palabra /p/ /a/ /t/ /a/ y su representación gráfica escrita «pata». Pero, desafortunadamente, no siempre ocurre así... Hay ocasiones en que un mismo fonema se puede representar por diferentes grafemas o letras, como por ejemplo en la palabra /p/ /a/ /b/ /o/, que podría representarse como «pabo» o «pavo». Otras veces una misma letra o grafema puede representar diferentes fonemas según dónde esté colocada en la palabra (por ejemplo, al inicio o en medio de esta) o en función de qué letras tenga antes o después (por ejemplo, si le sigue una a, o u, o le sigue una i, e), como por ejemplo la letra g en «gato» representando al fonema /g/ o en «gente», donde representa al fonema /j/. O incluso hay letras mudas, que no tienen ningún fonema al que representen y que, sin embargo, aparecen en nuestra lengua, como sería la letra «h». Todos estos serán retos a los que el niño o niña deberá enfrentarse en su aprendizaje del dominio ortográfico.

ESTRUCTURA DEL PROGRAMA DE INSTRUCCIÓN EN ORTOGRAFÍA

En concreto, este bloque de ortografía se estructura en cinco capítulos específicos, focalizados en cinco reglas o patrones ortográficos, correspondientes a aquellos que comúnmente se incluyen en el currículum de Lengua Castellana y Literatura para los primeros cursos de Educación Primaria (véase tabla 9.1).

Para explicar cada una de las reglas o patrones ortográficos, en cada capítulo se incluye un avatar (correspondiente a un animal) cuyo nombre es representativo del patrón ortográfico que se va a trabajar en dicho capítulo (véase tabla 9.1). En todos los capítulos, el personaje, en un breve vídeo, explica a través de una **instrucción directa,** de forma lúdica y gamificada, el patrón ortográfico que se va a trabajar de manera específica en dicho capítulo. Además, en dicha explicación el personaje presenta el **listado de palabras** inicial, representativo de dicha regla o patrón ortográfico; que es otra de las estrategias que ha resultado altamente efectiva para la mejora de la ortografía del niño o niña. Estas dos técnicas se combinarán con otras muchas, todas apoyadas en la investigación por su eficacia para mejorar la ortografía del niño/a.

TABLA 9.1

Estructuración Parte de Instrucción en Ortografía

CAPÍTULO	PATRÓN ORTOGRÁFICO	PERSONAJE DE LA ESTRATEGIA
Capítulo 10	En este bloque se trabaja el uso de la letra R (tanto R simple como R doble) para representar su fonema vibrante.	El ratón Terri
Capítulo 11	En este bloque se trabaja el uso de las letras C y Qu para representar el fonema /k/.	El caracol Quico
Capítulo 12	En este bloque se trabaja el uso de las letras C y Z para representar el fonema /θ/.	El ciervo Zozo
Capítulo 13	En este bloque se trabaja el uso de las letras G o GU o GÜ para representar el fonema /g/.	El gusano Gugui
Capítulo 14	En este bloque se trabaja el uso de las letras G o J para representar el fonema /j/.	La jirafa Genara

Al mismo tiempo, en cada capítulo se plantearán diferentes tareas dentro de un contexto gamificado, dirigidas a la práctica de la regla o patrón ortográfico trabajado en cada capítulo, bien a través de la escritura de palabras, o bien a través de la copia de palabras representativas de la regla. Es lógico que, cuando el niño o niña realice estas actividades, pueda cometer algún error ortográfico en su escritura... Por ello, como guía en su aprendizaje escritor es muy importante que sepas **qué debes hacer cuando el pequeño escritor o escritora cometa un error ortográfico en su escritura.**

Como guía del aprendizaje escritor de tu niño o niña, es muy probable que recuerdes cuando hacías dictados en clase y después del mismo, el maestro o la maestra te devolvía tu dictado con un mayor o menor número de letras tachadas y reescritas en rojo, dependiendo del número de errores ortográficos que hubieras cometido en tu dictado... Pues bien, NO es esto lo que te vamos a pedir en este viaje escritor cuando guíes a tu pequeño aprendiz en su ortografía, así que, ¡olvídate del bolígrafo rojo! La investigación nos dice, hoy en día, que lo realmente efectivo es que la **corrección sea**

indirecta, es decir, puedes ayudar a que el niño o niña identifique el error ortográfico o identificar directamente su error (por ejemplo, *cuidado esta palabra tiene un error... ojo, esta palabra no está bien escrita*...), pero NO debes corregirlo nunca, debe ser el propio aprendiz quien corrija su error (Ghandi y Maghsoudi, 2014). Para ello, puedes darle lo que en investigación llamamos **retroalimentación indirecta.** Vamos a ver algunos ejemplos: si tu aprendiz ha escrito «caro» en lugar de «carro», podrías, por ejemplo, recordarle el truco del avatar específico del capítulo, en este caso recordando el truco del ratón Terri... *cuando la R va en medio de la palabra y no lleva delante ni l, ni n, ni s, para que suene rrrrr debemos escribir rr;* también puedes centrar la atención del niño o niña en aquellos aspectos clave de la palabra que debe revisar (por ejemplo, *fíjate qué letras están al lado de la r*); o podrías incluso recordar alguna palabra de la lista de palabras del capítulo con la que comparte el patrón ortográfico el error (por ejemplo, *fíjate en la lista de palabras, en la palabra perro, como la R estaba entre las vocales e y o, para que suene fuerte, debemos escribir una R doble... ahora mira tu palabra*...).

Bueno, y ahora sí, ya estás listo para zarpar junto a tu niño o niña en la embarcación del rey vikingo Gunnar. Recuerda que tú eres la mejor brújula para guiar a tu niño o niña en su viaje escritor. Leed juntos la historia de la siguiente página.

REFERENCIAS BIBLIOGRÁFICAS

Abbott, R. D. y Berninger, V. W. (1993). Structural equation modeling of relationship among developmental skills and writing skills in primary- and intermediate-grade writers. *Journal of Educational Psychology, 85*(3), 478-508. https://doi.org/10.1037/0022-0663.85.3.478

Ghandi, M. y Maghsoudi, M. (2014). The effect of direct and indirect corrective feedback on Iranian EFL learners' spelling errors. *English Language Teaching, 7*(8), 53-61. https://doi.org/10.5539/elt.v7n8p53

EL VIAJE DEL REY GUNNAR

¡Por las barbas de Odín! ¿Quién osa interrumpir a Gunnar, el gran rey de los vikingos? ¡Saca tu hacha de guerra y enfréntate a mí! O tal vez... ¿no habrás venido para ayudarme a cruzar el mar Infinito, ¿verdad? Llevo años lejos de mi hogar, conquistando las tierras del sur. Es hora de volver a casa. Pero este mar es traicionero, está lleno de peligros. Solo si me ayudas a enfrentarme a duras pruebas, lograremos atravesarlo y llegar sanos y salvos al norte. ¿Estás dispuesto? Busca en esta página el mapa de nuestro recorrido hasta el norte y decora mi barco como quieras para que esté listo para zarpar.

¿Has terminado? ¡Todos a bordo, mis valientes! ¡Izad el ancla, soltad las amarras! ¡Volvemos a casa! Este maldito mar no podrá con nosotros. Y tú... haz muy bien todos los ejercicios que vayas encontrando. Al terminar cada página, no olvides colorear los cascos vikingos para ver cómo avanza nuestro viaje.

10. ALERTA SIRENAS, ¡NO ESCUCHES SU CANTO! - /RR/

Carmen Álvarez-Moreno, Paula López, María Arrimada y Raquel Fidalgo

En este capítulo el niño o la niña aprenderá el patrón ortográfico a seguir en nuestra lengua para representar el fonema sonoro vibrante múltiple /rr/, que comúnmente conocemos como la «r fuerte», aprendiendo que puede representarse bien con la letras «r» o «rr», dependiendo del contexto de la palabra. Dicho patrón ortográfico lo aprenderán a través del **truco del ratón Terri**, que realmente supone una **regla mnemotécnica** que ejemplifica en su nombre la aplicación de las reglas de correspondencia fonema-grafema que se trabajan. A su vez, se utiliza la técnica de **instrucción directa,** de carácter gamificado, en la que el niño o la niña aprenderá que dicho fonema se escribe: con la letra «r» si va al principio de palabra o bien después de las letras «l, n, s»; o con la letra «rr» cuando va en medio de la palabra y no después de las letras «l, n, s». A partir de dichos vídeos gamificados de instrucción directa, se incluye otra práctica instruccional que la investigación nos indica que es altamente eficaz para la mejora de la ortografía del niño, las **listas de palabras** (Haney, 2019; Hutcheon et al., 2012). Esta práctica consiste en la elaboración de listas de palabras cuyos patrones ortográficos se corresponden a los trabajados en la instrucción directa y que deben ser memorizados por el alumnado. Así, en los vídeos se proporciona un listado de palabras, formado por un total de siete palabras que ejemplifican dicha regla o patrón. Dichas listas de palabras iniciales deben irse ampliando progresivamente por el niño o la niña, a medida que avanza en el capítulo, hasta que sea capaz de completar, su **objetivo de aprendizaje,** es decir, el número de palabras que se ha marcado aprender y que cumplan el patrón ortográfico que se trabaja en el capítulo (Graham, 1999).

Una vez que el ratón Terri ya ha explicado su truco, otra técnica instruccional que se emplea en este capítulo, y que la investigación nos muestra como altamente efectiva, es el **modelado.** En esta práctica los aprendices centran toda su atención en un modelo que reproduce la ortografía propia de los alumnos. Así, en el capítulo se incluyen dos tipos de vídeos: unos en los que se modela directamente la escritura correcta de la palabra, enfatizando su patrón ortográfico **(modelado ejemplar);** y otro tipo de vídeo en el que se modelan errores frecuentes, propios de la escritura infantil, pero que se corrigen finalmente **(modelado incompleto)** (Graham, 1999; Mushinski y Stormont-Spurgin, 1995). En ambos casos el modelado siempre va acompañado de **pensamiento en voz alta,** en el que explícitamente se reflexiona y recuerda la regla o patrón ortográfico, o el *truco del personaje,* utilizando el término para el alumnado. Todas estas técnicas instruccionales se complementan con diferentes actividades de carácter lúdico donde el aprendiz debe practicar la escritura o la copia de múltiples palabras que cumplan el patrón ortográfico del capítulo, en este caso concreto del fonema /rr/.

REFERENCIAS BIBLIOGRÁFICAS

Graham, S. (1999). Handwriting and spelling instruction for students with learning disabilities: A review. *Learning Disability Quarterly, 22*(2), 78-98. https://doi.org/10.2307/1511268

Haney, C. (2019). *Word study instruction to improve spelling accuracy*. Minnesota State University.

Hutcheon, G., Campbell, M. y Stewart, J. (2012). Spelling instruction through etymology - A method of developing spelling lists for older students. *Australian Journal of Educational and Developmental Psychology, 12,* 60-70.

Mushinski, D. y Stormont-Spurgin, M. (1995). Spelling interventions for students with disabilities: a review. *The Journal of Special Education, 28*(4), 488-513. https://doi.org/10.1177/002246699502800407

ALERTA SIRENAS, ¡NO ESCUCHES SU CANTO! - /RR/

¿Qué es esa dulce melodía que inunda mis oídos? Me atrapa, solo quiero ir hacia ella... ¡Espera! ¡Oh no, son sirenas! Corremos grave peligro. Las sirenas atraen a los marineros con sus cantos, les arrastran al fondo del mar y nunca jamás vuelven a ver la luz del sol. Para evitar que sus cantos te atrapen, debes poner toda tu atención en resolver los ejercicios de las siguientes páginas.

Lista de palabras del ratón Terri

Aquí tienes una lista de palabras que va a ir creciendo a medida que avances en la unidad. Será todo lo larga que tú quieras. ¿Cuántas palabras con R crees que vas a aprender a escribir a lo largo de esta unidad? Escríbelo en el siguiente recuadro.

R AL PRINCIPIO	RR EN MEDIO	R ANTES DE L, N Y S
rosa	ja**rr**a	En**r**ique
reloj	pe**rr**o	Is**r**ael

Actividad 1. ¡Cada mochuelo a su olivo!

¿Conoces a mi amigo Terri? Aunque es un ratón, escribe mejor que nadie. Escanea el QR para escuchar lo que quiere enseñarte. Después, coloca las palabras del recuadro en el escudo vikingo que les corresponda. Fíjate muy bien en la posición de la R, si está al principio o en el medio.

corro, ramo, tierra, carreta, regalo, rueda, hierro, rosquilla

....

....

....

....

¡Alucinante! Colorea el primer casco vikingo para ver cómo vas avanzando.

Añade alguna palabra más a la lista del ratón Terri.

Actividad 2. Piensa y escribe

¿Quieres ver lo que hemos aprendido gracias a Terri? Escanea el código QR. Después, escribe el nombre de cada dibujo en la línea que aparece debajo de él. Por último, une cada dibujo con el casco vikingo que le corresponda.

¡Sigue así! Colorea los dos cascos vikingos para ver tu avance.

Añade alguna palabra más a la lista del ratón Terri.

Actividad 3. Adivina la letra

Cuando escribimos, a veces nos equivocamos, pero es muy importante corregirse.
Escanea el código QR para ver cómo se hace. Después, completa las palabras que aparecen debajo escribiendo «r» o «rr».

Ve___uga.	___aya.
Guita___a.	___inoceronte.
___opa.	Bu___ito.
___emo.	Hie___o.
___isa.	Ba___iga.

¡Lo has hecho genial! Colorea los tres cascos vikingos para ver cómo vas avanzando.

Añade alguna palabra más a la lista del ratón Terri.

Actividad 4. Palabras en familia

Creo que Terri tiene algo más que enseñarnos... Escanea el código QR para descubrirlo. Luego fíjate en las palabras que aparecen debajo. ¡Qué desorden! Coloca cada una en la caja que le corresponda.

Israel, enredo, israelita, alrededor, enredadera, alrededores, israelí, desenredar, enredado

....

....

....

....

¡Alucinante! Colorea los cuatro cascos vikingos para ver cómo vas avanzando.

Añade alguna palabra más a la lista del ratón Terri.

Actividad 5. ¿Una r o dos?

¿Quieres ver cómo aprenden los alumnos de Terri? Escanea el código QR. Después de ver el vídeo, escribe la letra que les falta a las siguientes palabras. ¡Ojo! En algunas palabras solo debes poner una «r», pero en otras tendrás que poner dos.
Acuérdate del truco de Terri.

A____uga.	En____iqueta.
Ca____omato.	Son____isa.
En____oscar.	To____e.
A____oyo.	En____ojecer.
Des____atizar.	Ba____anco.

¡Estupendo! Colorea los cinco cascos vikingos para ver cómo vas avanzando.

Añade alguna palabra más a la lista del ratón Terri.

Actividad 6. Cada cual a su lugar

Las lecciones de Terri siempre funcionan. Escanea el código QR para comprobarlo. Después, escribe cada una de las palabras que aparecen debajo en el recuadro que les corresponde.

Ricardo, honrado, regla, barrera, cerradura, enrojecido, sonrosado, carrera, radio, rombo, alrededor, morro, rojo, enraizar, terremoto

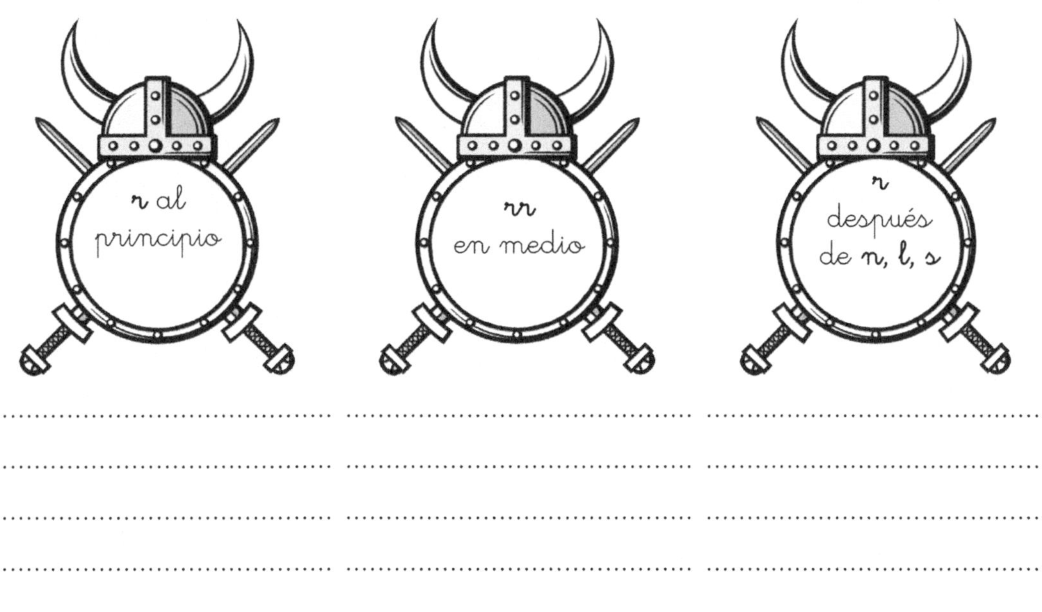

....	....	....
....	....	....
....	....	....
....	....	....
....	....	....

¡Genial! Colorea los seis cascos vikingos para ver cómo vas avanzando.

Añade alguna palabra más a la lista del ratón Terri.

¿Recuerdas la lista de palabras del ratón Terri? La has ido rellenando a medida que avanzabas. Escribe aquí todas las palabras de la lista de las que te acuerdes. ¿Cuántas has escrito? Indícalo en el recuadro que hay más abajo. ¿Son más de las que te habías propuesto aprender al principio de la unidad? ¿O son menos?

¡Lo hemos conseguido! Gracias a tu esfuerzo y concentración, nuestros marineros están a salvo. Mira qué lejos quedan ya las sirenas... ahora sus cantos no pueden hacernos daño. Colorea nuestro barco para que pueda seguir avanzando hacia el norte, ya estamos un paso más cerca de casa.

11. UNA TORMENTA A MEDIANOCHE - /K/

Paula López, María Arrimada, Raquel Fidalgo y Carmen Álvarez-Moreno

En este capítulo se trabajará el patrón ortográfico seguido para representar el fonema /k/, bien con las letras «c» o «qu», dependiendo del contexto de la palabra. Como regla mnemotécnica del patrón ortográfico se le presenta al aprendiz el **truco del caracol Quico,** que proporcionará, dentro de un contexto gamificado, una **enseñanza directa,** en la que el niño o la niña aprenderá que dicho fonema se escribe: con la letra «c» si va delante de las letras «a, o, u»; o con la letra «qu» si va antes de las letras «e, i». Para ello, el niño o niña contará con un listado de palabras inicial representativas del patrón ortográfico, que tendrá que ampliar de acuerdo con el número de palabras que se fije que va a aprender en este capítulo, como **objetivo de aprendizaje.** De igual forma, también en este capítulo, tras el visionado del truco del caracol Quico, el niño observará un **modelado ejemplar,** en el que se representa la escritura correcta de las palabras iniciales de la lista, reflexionando en voz alta sobre el patrón ortográfico que se aplica para su escritura (Graham, 1999; Mushinski y Stormont-Spurgin, 1995). Todo este conocimiento, el aprendiz lo pondrá en práctica en diferentes actividades de carácter lúdico de copia o escritura de palabras que cumplan el patrón ortográfico del capítulo, en este caso concreto del fonema /k/. Dichas actividades se irán reforzando progresivamente. De forma adicional, en este capítulo se utiliza una de las estrategias que la investigación ha señalado como la más eficaz para la enseñanza de la ortografía: el **estudio sistemático de estrategias** (Wanzek et al., 2006; Williams et al., 2017). El objetivo de esta técnica instruccional es generalizar las reglas ortográficas y que el niño o la niña sea capaz de recuperar las representaciones ortográficas correctas de la memoria a la hora de escribir (Sayeski, 2011), para lo cual debe seguir unos pasos muy sencillos (Reed, 2012). Primero, el niño debe **observar** atentamente la palabra modelo (por ejemplo, *puede leerla, prestar atención una por una a sus letras, repetirla en voz alta silabeándola, prestando atención a cada sílaba, etc.*). En segundo lugar, debe **memorizarla** (por ejemplo, *puede visualizarla con los ojos cerrados, repetirla en voz alta silabeándola mientras visualiza sus sílabas...*). En tercer lugar, debe **escribir** la palabra modelo, pero, cuidado, ¡sin hacer trampa! Debe tapar la palabra modelo y, sin verla, escribirla de nuevo. Por último, en cuarto lugar, el niño o la niña debe **comprobar** la palabra escrita, comparándola con el modelo para observar si está bien escrita. Si no fuera así, debería repetir la secuencia hasta conseguirlo. Realmente, a través de esta actividad, se le está proporcionando al aprendiz una estrategia básica que debe seguir siempre que se encuentre con una palabra nueva, con el fin de ir construyendo su propio almacén ortográfico, lo que le ayudará a escribir correctamente. Así, el niño o la niña debería: 1.° observar, 2.° memorizar, 3.° escribir y 4.° comprobar. La aplicación de dicha estrategia de forma sistemática le permitirá ir construyendo su propio conocimiento ortográfico. Para facilitar la memorización de la estrategia, esta se introduce a través de un avatar específico, llamado **OMEC,** que sintetiza los cuatro pasos a seguir en la estrategia (**observar, memorizar, escribir** y **comprobar**). El OMEC le acompañará a partir de ahora en su aprendizaje escritor; con él, no habrá palabra cuya ortografía se le resista.

REFERENCIAS BIBLIOGRÁFICAS

Graham, S. (1999). Handwriting and spelling instruction for students with learning disabilities: A review. *Learning Disability Quarterly, 22*(2), 78-98. https://doi.org/10.2307/1511268

Mushinski, D. y Stormont-Spurgin, M. (1995). Spelling interventions for students with disabilities: a review. *The Journal of Special Education, 28*(4), 488-513. https://doi.org/10.1177/002246699502800407

Reed, D. K. (2012). *Why teach spelling?* Center on Instruction.

Sayeski, K. L. (2012). 4Effective spelling instruction for students with learning disabilities. *Intervention in School and Clinic, 47*(2), 75-81. https://doi.org/10.1177/1053451211414191

Wanzek, J., Vaughn, S., Wexler, J., Swanson, E. A., Edmonds, M. y Kim, A. H. (2006). A synthesis of spelling and reading interventions and their effects on the spelling outcomes of students with LD. *Journal of Learning Disabilities, 39*(6), 528-543. https://doi.org/10.1177/00222194060390060501

Williams, K. J., Walker, M. A., Vaughn, S. y Wanzek, J. (2017). A synthesis of reading and spelling interventions and their effects on spelling outcomes for students with learning disabilities. *Journal of Learning Disabilities, 50*(3), 286-297. https://doi.org/10.1177/ 0022219415619753

UNA TORMENTA A MEDIANOCHE - /C/ Y /Q/

¡Todos a cubierta! Contramaestre, dé la voz de alarma. Oficial del puente de mando, no suelte el timón. Se ha desatado una terrible tormenta a medianoche. ¿Ves esas olas? ¿Notas cómo se tambalea el barco? Tenemos que salir de aquí antes de que las olas rompan el mástil de mesana, si no lo hacemos estaremos perdidos. Rápido, pasa a la siguiente página, no tenemos tiempo que perder. Dos de nuestros hombres ya han caído por la borda, en tus manos está el salvarnos a todos...

Lista de palabras del caracol Quico

Aquí tienes una lista de palabras que va a ir creciendo a medida que avances en la unidad. Será todo lo larga que tú quieras. **¿Cuántas palabras con los sonidos CA, CO, CU, QUE y QUI crees que vas a aprender a escribir a lo largo de esta unidad?** Escríbelo en el siguiente recuadro.

CA, CO, CU	QUE, QUI
camino	**que**mar
comida	**qui**eto
cuerno	

Actividad 1. ¡Cada mochuelo a su olivo!

En uno de mis viajes conocí al caracol Quico, sabe muchísimas palabras con C y Q. Escanea el código QR para escuchar lo que quiere enseñarte. Luego, coloca las palabras del recuadro en el escudo vikingo que les corresponda.
Fíjate muy bien en si se escriben con C o con QU.

cometa, banquete, quinoa, cuento, caramelo, máquina, quince, calabaza

....

....

....

....

¡Alucinante! Colorea el primer barco vikingo para ver cómo vas avanzando.

Añade alguna palabra más a la lista del caracol Quico.

Actividad 2. Piensa y escribe

¿Quieres ver lo que hemos aprendido gracias a Quico? Escanea el código QR. Después, escribe el nombre de cada dibujo en la línea que aparece debajo de él. Por último, une cada dibujo con el casco vikingo que le corresponda.

¡Eres un hacha! Colorea los dos barcos vikingos para ver tu avance.

Añade alguna palabra más a la lista del caracol Quico.

Actividad 3. Adivina la letra

La tormenta se ha llevado algunas de las letras de estas palabras. Complétalas escribiendo la letra «c» o la letra «q» según corresponda. Y recuerda el truco de Quico: la letra «q» se escribe seguida de la «u» cuando queremos que suene «que» o «qui».

Mante___illa.	___orona.
___ími___a.	Bo___adillo.
Re___uerdo.	Ta___illa.
___ios___o.	___olores.
Ma___eta.	___aballo.

¡Fantástico! Colorea los tres barcos vikingos para ver cómo vas avanzando.

Añade alguna palabra más a la lista del caracol Quico.

Actividad 4. La bebida vikinga

Los vikingos adoramos el auténtico ron del norte. Pero es difícil de preparar y la receta es tan antigua que algunas letras se han borrado. ¿Puedes ayudarnos a recuperarlas? Necesitamos un poco de diversión en este barco. Completa la receta con las letras «c» o «q» según corresponda.

Para hacer una ___opa de ron, lo primero
es tener un buen ___orazón.
Luego ponle mante___illa y el bigote de
una ___isquilla, una piz___a de ___o___o
y de ___úr___uma solo un po___o.
Añade un ___ubo de agua helada y de ese
lí___ido tur___esa, solo la ___antidad
ade___uada.
___a___ahuetes, que sean ocho. Y ___on
todo eso... ¡Al horno como un biz___ocho!
Sírvelo fres___ito, puedes usar una ___opa
o un vasito.
Mas jamás lo tomes con ___uchara.
¡De un solo trago, valiente! Aun___e la
mezcla sepa rara.

¡Bien! Colorea los cuatro barcos vikingos para ver cómo vas avanzando.

Añade alguna palabra más a la lista del caracol Quico.

Actividad 5. Palabras encadenadas

A ver qué tal funciona esa cabecita... En cada palabra, rodea la sílaba «ca, que, qui, co, cu». Luego escribe debajo una palabra que empiece por (o contenga) la sílaba que has rodeado. Por ejemplo, si en la palabra «vaca» rodeas la sílaba «ca», debajo debes escribir una palabra que empiece por «ca» o contenga la sílaba «ca». Acuérdate del truco de Quico.

Enrique	Cocodrilo
________	________
Tocado	Mosquito
________	________
Cucurucho	Búsqueda
________	________
Esquina	Roca
________	________
Pecas	Quemadura
________	________

¡Brillante! Colorea los cinco barcos vikingos para ver cómo vas avanzando.

Añade alguna palabra más a la lista del caracol Quico.

Actividad 6. Busca y encontrarás

En esta sopa de letras se han perdido 8 palabras que contienen las sílabas «ca, que, qui, co, cu». Encuéntralas y anótalas en las líneas que hay debajo de la sopa de letras.

C	A	B	A	L	L	O	R	M
U	L	X	V	N	L	Z	H	C
L	E	R	G	T	B	J	L	A
E	Q	U	I	M	O	N	O	R
B	U	W	C	U	S	Q	H	A
R	I	P	O	F	V	M	Z	C
A	P	Y	C	A	S	C	O	O
C	O	S	H	L	Ñ	D	R	L
D	Q	U	E	S	I	T	O	F

1. .... 2. ....

3. .... 4. ....

5. .... 6. ....

7. .... 8. ....

¡Alucinante! Colorea los seis barcos vikingos para ver cómo vas avanzando.

Añade alguna palabra más a la lista del caracol Quico.

Actividad 7. Libera a OMEC

Los piratas tienen loros, ¿verdad? Pues yo también tengo un pájaro, se llama OMEC. ¡Pero está enjaulado y no soy capaz de romper los barrotes! Para ayudarme, sigue los pasos que me ha enseñado OMEC, son muy sencillos, solo debes recordar las cuatro letras de su nombre OMEC.

Con la O… OBSERVA bien la primera palabra de las seis que aparecen debajo, léela varias veces con atención.

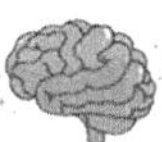

Luego tápala con un trocito de papel y con la letra M… MEMORIZA la palabra. Para ello… imagínatela y léela de nuevo en tu mente prestando atención a sus partes.

Después con la E… ESCRÍBELA en la línea que hay debajo de tu trocito de papel.

Por último, con la letra C… COMPRUEBA. Levanta tu papel y verifica si la palabra que has escrito está bien.

Ya sabes cuáles son todos los pasos de OMEC. Ahora es el momento de ponerlos en práctica.
Cada vez que escribas bien una palabra, colorea un barrote de la jaula de OMEC. Así conseguirás liberarlo y podrá volar por los océanos.

Soy OMEC, ¡necesito tu ayuda!

Observa
Memoriza
Escribe
Comprueba
Camisa
Raqueta
1. ____________
2. ____________
Paquete
Esquimal
3. ____________
4. ____________
Cometa
Cuerda
5. ____________
6. ____________

¡Muchas gracias! ¡Lo has conseguido!

¡Alucinante! Colorea los siete barcos vikingos para ver tu avance.

Añade alguna palabra más a la lista del caracol Quico.

¿Recuerdas la lista de palabras del caracol Quico? La has ido rellenando a medida que avanzabas. Escribe aquí todas las palabras de la lista de las que te acuerdes. ¿Cuántas has escrito? Indícalo en el recuadro que hay más abajo. ¿Son más de las que te habías propuesto aprender al principio de la unidad? ¿O son menos?

¡Eres un auténtico lobo de mar! Has logrado salir de la tormenta, las aguas vuelven a estar en calma. Mira el mapa, ya estamos un paso más cerca de casa. Colorea nuestro barco para que pueda seguir avanzando.

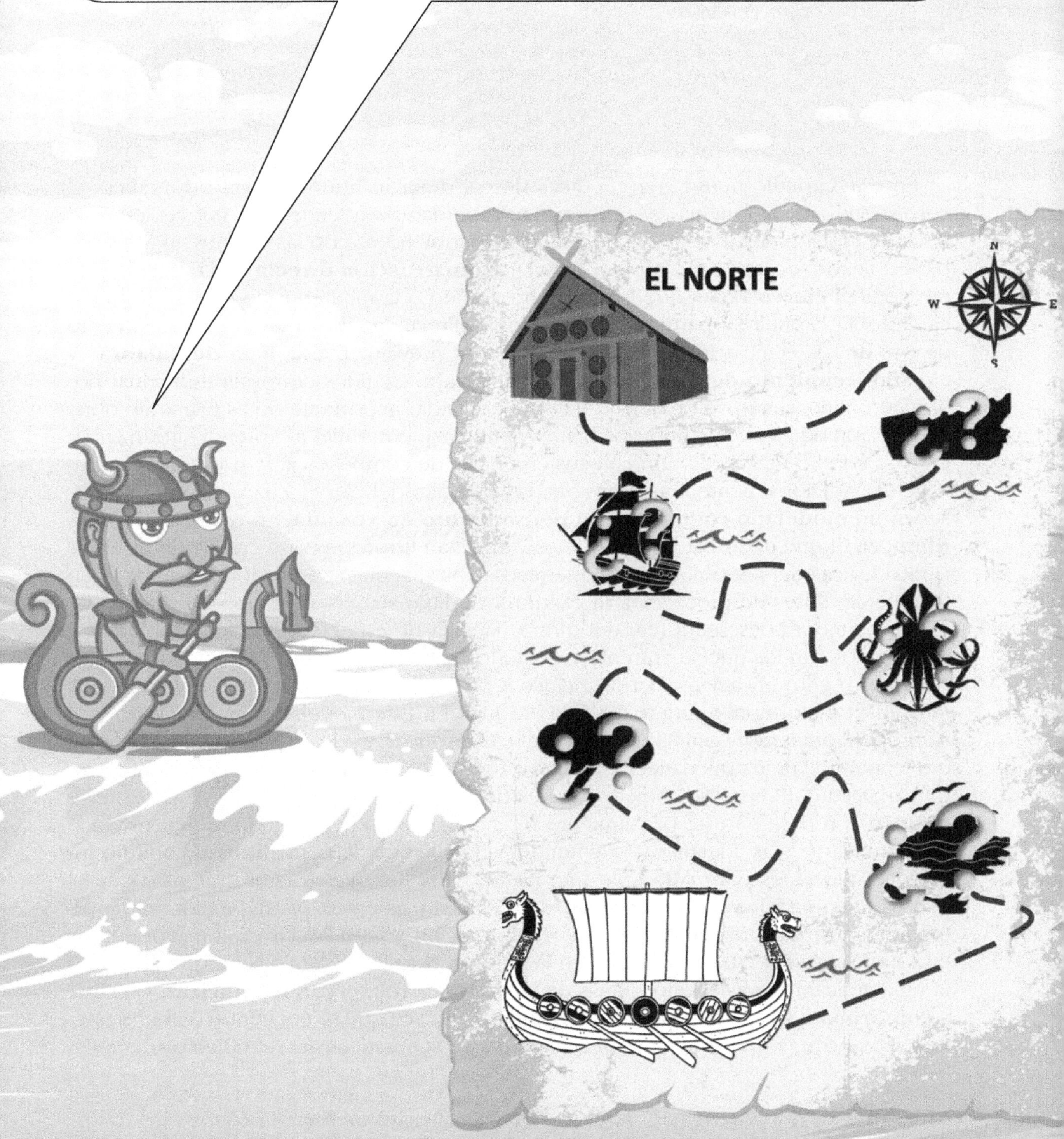

12. ¡PELIGRO! DEMASIADOS TENTÁCULOS - /Z/

María Arrimada, Raquel Fidalgo, Carmen Álvarez-Moreno y Paula López

En este capítulo nuestros aprendices descubrirán un nuevo patrón ortográfico, el correspondiente al fonema /z/. Así, en este capítulo aprenderán a escribir las letras «z» o «c», en función de la vocal a la que se una: escribiendo z con las vocales «a», «o» y «u», o escribiendo «c» con las vocales «e» o «i». Dicha **instrucción directa** de la regla la proporciona el **ciervo Zozo,** que acompañará al niño o la niña en todo el desarrollo del capítulo. El capítulo, a partir de la instrucción directa, continúa con el planteamiento de dos de las técnicas instruccionales trabajadas previamente: la **lista de palabras** y el **establecimiento de objetivos de aprendizaje,** elegidos de forma individual por el niño o niña, según su capacidad y autoeficacia. Lo importante no es fijarse un objetivo de aprendizaje muy ambicioso, sino realista, que permita al aprendiz alcanzar su logro. Con ello mejorarán también sus creencias de competencia y, por ende, su motivación. Adicionalmente, tras el visionado del truco del ciervo Zozo, se pasará a observar un **modelado cognitivo con pensamiento en voz alta,** en este caso **incompleto,** en el que de forma intencional se verbalizan errores en la escritura de palabras características del patrón ortográfico; errores sobre los que se reflexiona, y se corrigen finalmente, antes de proceder a la escritura de las palabras. Este tipo de modelado, más próximo a la escritura real del niño o la niña de esta edad, y a los problemas y dificultades con los que se enfrenta y cómo los resuelve, cuenta con evidencias empíricas de su gran eficacia, superior incluso a otros tipos de modelado (Graham, 1999; Mushinski y Stormont-Spurgin, 1995). Pero ¡ojo! En este modelado incompleto nunca se proporcionan representaciones ortográficas erróneas, es decir, palabras mal escritas, que el niño o la niña pueda leer y memorizar erróneamente, esto sería totalmente contraproducente. El error se comete a través del pensamiento en voz alta, y se resuelve también con base en este pensamiento intencional. Solo tienes que visionar el vídeo que se incluye más adelante y lo entenderás fácilmente. Para finalizar, el capítulo introduce nuevamente a OMEC, ya que, no en vano, la investigación nos dice que el **estudio sistemático de estrategias** es la técnica más eficaz para la mejora de la ortografía (Wanzek et al., 2006; Williams et al., 2017). De aquí se deriva el mayor énfasis en esta técnica que se proporciona en este libro. Nuestro objetivo sería que el niño o la niña aplicara estos sencillos pasos de la estrategia (**observar, memorizar, escribir** y **comprobar**) siempre, de forma intencional, cada vez que se encuentre con una nueva palabra con la que ampliar su sistema, no solo semántico, sino también ortográfico.

REFERENCIAS BIBLIOGRÁFICAS

Graham, S. (1999). Handwriting and spelling instruction for students with learning disabilities: A review. *Learning Disability Quarterly, 22*(2), 78-98. https://doi.org/10.2307/1511268

Mushinski, D. y Stormont-Spurgin, M. (1995). Spelling interventions for students with disabilities: A review. *The Journal of Special Education, 28*(4), 488-513. https://doi.org/10.1177/002246699502800407

Reed, D. K. (2012). *Why Teach Spelling?* Center on Instruction.

Sayeski, K. L. (2012). Effective spelling instruction for students with learning disabilities. *Intervention in School and Clinic, 47*(2), 75-81. https://doi.org/10.1177/1053451211414191

Wanzek, J., Vaughn, S., Wexler, J., Swanson, E. A., Edmonds, M. y Kim, A. H. (2006). A synthesis of spelling and reading interventions and their effects on the spelling outcomes of students with LD. *Journal of Learning Disabilities, 39*(6), 528-543. https://doi.org/10.1177/00222194060390060501

Williams, K. J., Walker, M. A., Vaughn, S. y Wanzek, J. (2017). A synthesis of reading and spelling interventions and their effects on spelling outcomes for students with learning disabilities. *Journal of Learning Disabilities, 50*(3), 286-297. https://doi.org/10.1177/0022219415619753

¡PELIGRO! DEMASIADOS TENTÁCULOS - /Z/ Y /C/

¡Por todos los dioses de Asgard! Creí que los calamares gigantes eran una leyenda... pero mira: el peligroso Kraken ha atrapado nuestro barco entre sus tentáculos. ¡Es hora de enfrentarse a él! Una vez más, solo tu esfuerzo y tu trabajo evitarán que sirvamos de merienda a este bicho del abismo. Pasa la página, rápido, ya veo su inmensa boca y sus dientes afilados.

Lista de palabras del ciervo Zozo

Aquí tienes una lista de palabras que va a ir creciendo a medida que avances en la unidad. Será todo lo larga que tú quieras. ¿Cuántas palabras con los sonidos ZA, ZO, ZU, CE y CI crees que vas a aprender a escribir a lo largo de esta unidad? Escríbelo en el siguiente recuadro.

ZA, ZO, ZU	CE, CI
zapato	**ci**ervo
zorro	
zumo	

Actividad 1. ¡Cada mochuelo a su olivo!

Te presento a mi buen amigo, el ciervo Zozo. Escanea el código QR para conocerle y escuchar lo que quiere enseñarte. Luego, coloca las palabras del recuadro en el escudo vikingo que les corresponda. Fíjate muy bien en si se escriben con C o con Z.

zuecos, cisne, zorro, zoo, cemento, zapato, cepillo, ciruela

....

....

....

....

¡Enhorabuena! Colorea el primer cuerno vikingo para ver cómo vas avanzando.

Añade alguna palabra más a la lista del ciervo Zozo.

Actividad 2. Piensa y escribe

¿Quieres ver lo que hemos aprendido gracias a Zozo? Escanea el código QR. Después, escribe el nombre de cada dibujo en la línea que aparece debajo de él. Por último, une cada dibujo con el casco vikingo que le corresponda.

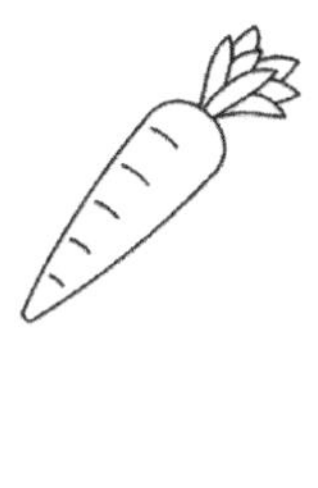

1._______________ 2._______________ 3._______________

4._______________ 5._______________

6._______________ 7._______________ 8._______________

¡Eres buenísimo! Colorea los dos cuernos vikingos para ver tu avance.

Añade alguna palabra más a la lista del ciervo Zozo.

Actividad 3. Adivina la letra

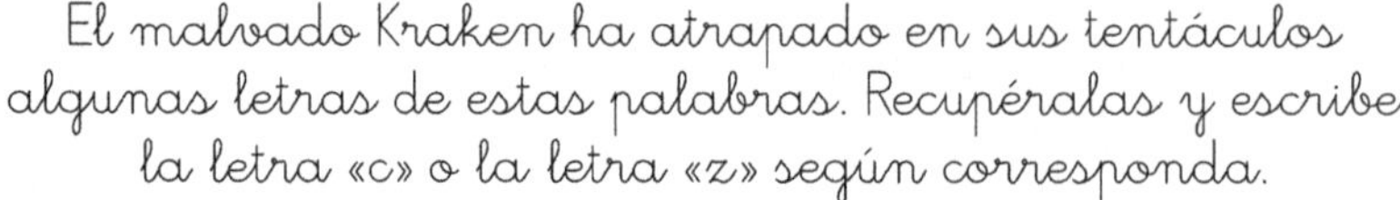
El malvado Kraken ha atrapado en sus tentáculos
algunas letras de estas palabras. Recupéralas y escribe
la letra «c» o la letra «z» según corresponda.

A___ul.	___ielo.
Cal___etín.	Bra___o.
Pi___arra.	Eri___o.
___igüeña.	___ere___as.
A___úcar.	Co___ina.

¡Alucinante! Colorea los tres cuernos vikingos para ver cómo vas avanzando.

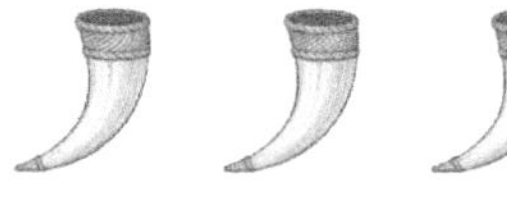

Añade alguna palabra más a la lista del ciervo Zozo.

Actividad 4. Receta de los dioses

¿Te acuerdas de la receta para preparar un buen ron? Pues no hay ron que se precie sin un buen trozo de carne para acompañarlo. ¿Quieres saber cómo preparar la carne? Completa la receta con las letras «c» o «z» según corresponda.

¿Quieres co___inar un buen ___erdo?
Lee atentamente, a ver si me acuerdo.
Ponlo en una ca___uela, con dos hojitas de
___ilantro de la planta de mi abuela.
Añade mucho a___úcar y ___umo de
___ere___a. ¡Vamos, que no te entre la
pere___a!
Déjalo co___cer un rato, echa ___inco
___anahorias y un buen tro___o de
boniato.
Pica man___ana y ___ebolla muy fina.
¡Verás qué olor en la co___ina!
___inco minutos en el ca___o, a fuego
lento, y sírvelo en el momento.
Con un peda___o de ma___apán sabe
deli___ioso, ¡esta receta te hará famoso!

¡Fantástico! Colorea los cuatro cuernos vikingos para ver cómo vas avanzando.

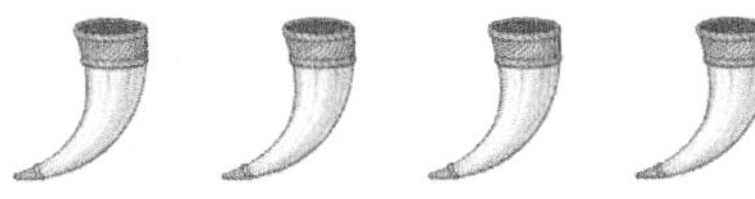

Añade alguna palabra más a la lista del ciervo Zozo.

Actividad 5. Palabras encadenadas

¿Jugamos a las palabras encadenadas? En cada palabra, rodea la sílaba «za, ce, ci, zo, zu». Luego escribe debajo una palabra que empiece por (o contenga) la sílaba que has rodeado. Por ejemplo, si en la palabra «cine» rodeas la sílaba «ci», debajo debes escribir una palabra que empiece por «ci» o contenga la sílaba «ci».

Pozo	Cabeza
__________	__________
Dulce	Marzo
__________	__________
Noticia	Pezuña
__________	__________
Vecino	Buzo
__________	__________
Cereales	Cazadora
__________	__________

¡Increíble! Colorea los cinco cuernos vikingos para ver tu avance.

Añade alguna palabra más a la lista del ciervo Zozo.

Actividad 6. Busca y encontrarás

En esta sopa de letras se han perdido 8 palabras que contienen las sílabas «za, ce, ci, zo, zu». Encuéntralas y anótalas en las líneas que hay debajo de la sopa de letras.

L	F	G	H	J	E	P	M	Q
C	A	L	A	B	A	Z	A	D
I	C	A	Ñ	O	T	A	K	F
E	X	Z	J	F	A	F	S	R
N	I	O	P	I	O	I	D	P
C	L	Q	T	C	I	R	C	O
I	S	J	V	I	Ñ	O	R	Z
A	T	E	O	N	J	T	X	O
H	C	E	J	A	S	F	W	V

1. .... 2. ....

3. .... 4. ....

5. .... 6. ....

7. .... 8. ....

¡Bárbaro! Colorea los seis cuernos vikingos para ver tu avance.

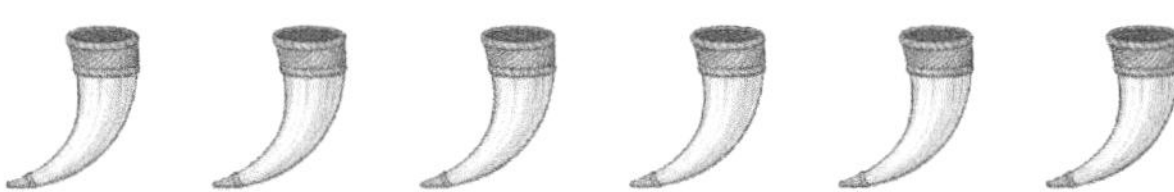

Añade alguna palabra más a la lista del ciervo Zozo.

Actividad 7. Libera a OMEC

¿Recuerdas a OMEC, mi pequeño loro?
OMEC se ha comido la receta de los dioses y Harald le ha castigado encerrándolo en su jaula.
Necesitamos seguir el truco de su nombre para poder liberarlo. ¡Vamos a recordarlo!

Con la O... OBSERVA bien la primera palabra de las seis que aparecen debajo, léela varias veces con atención.

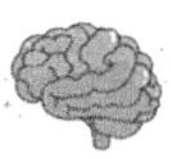

Luego tápala con un trocito de papel y con la letra M... MEMORIZA la palabra. Para ello... imagínatela y léela de nuevo en tu mente prestando atención a sus partes.

Después con la E... ESCRÍBELA en la línea que hay debajo de tu trocito de papel.

Por último, con la letra C... COMPRUEBA. Levanta tu papel y verifica si la palabra que has escrito está bien.

Ya has recordado cuáles son todos los pasos de OMEC.
Ahora es el momento de ponerlos en práctica.
Cada vez que escribas bien una palabra, colorea un barrote de la jaula de OMEC. Así conseguirás liberarlo y podrá devolvernos la receta de los dioses.

Soy OMEC, ¡necesito tu ayuda!

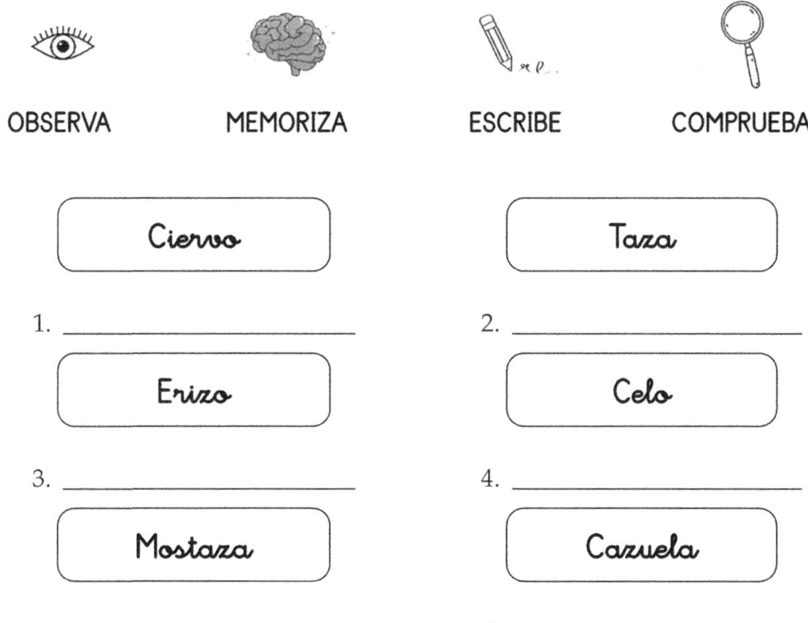

¡Lo has conseguido! Por tu ayuda, te devuelvo la receta de los dioses.

¡Espectacular! Colorea los siete cuernos vikingos para ver tu avance.

Añade alguna palabra más a la lista del ciervo Zozo.

¿Recuerdas la lista de palabras del ciervo Zozo? La has ido rellenando a medida que avanzabas. Escribe aquí todas las palabras de la lista de las que te acuerdes. ¿Cuántas has escrito? Indícalo en el recuadro que hay más abajo. ¿Son más de las que te habías propuesto aprender al principio de la unidad? ¿O son menos?

¡Debo de estar soñando, nunca había conocido a alguien tan valiente! Ni los mejores guerreros vikingos habrían conseguido vencer a semejante monstruo y tú lo has hecho en un visto y no visto. ¡Y mira el mapa! Casi hemos atravesado el mar Infinito. Colorea nuestro barco para que pueda seguir avanzando.
EL NORTE

13. ¡AL ABORDAJE! - /J/

Raquel Fidalgo, Carmen Álvarez-Moreno, Paula López y María Arrimada

El presente capítulo trabaja la representación ortográfica correspondiente al fonema /j/, representado por las letras «j» o «g» en función del contexto de la palabra. En este capítulo se sigue el mismo patrón instruccional de anteriores capítulos. Se comienza así, por la **instrucción directa,** en este caso a través del truco de la jirafa Genara; posteriormente el **listado de palabras y el establecimiento de objetivos;** seguido del **modelado,** en este caso ejemplar, de la lista de palabras. No obstante, en este capítulo se incluye una nueva práctica instruccional, avalada científicamente como eficaz en la mejora de la ortografía, **las analogías de palabras** (Evans et al., 2014; Shippen et al., 2003). Existen diferentes formas de concretar las analogías, en este caso se ha optado por el establecimiento de analogías entre palabras que forman parte de la misma familia (Mushinski y Stormont-Spurgin, 1995; Wanzek et al., 2006). El uso de analogías es especialmente útil para que el niño o la niña, ante palabras cuyo patrón ortográfico desconoce, establezca para su escritura analogías con palabras similares que le permitan escribir correctamente la palabra. Por ejemplo, *si el niño o la niña tiene que escribir la palabra «relojero», que no ha escrito nunca y que no conoce, se encontraría con la dificultad de no saber qué letra poner para representar el fonema /j/, si la letra «g» o «j». Ante esta dificultad, para su resolución, siguiendo una estrategia de establecer analogías, el niño o la niña debería buscar palabras similares a «relojero» de las que conozca su escritura. Así, podría pensar en la palabra «reloj» que conoce y de la que tiene claramente establecido su patrón ortográfico, sabiendo que termina en «j». A partir de dicha palabra, por analogía, sabría escribir finalmente y de modo correcto la palabra «relojero» con «j».* Para que el aprendiz adquiera esta estrategia de establecer analogías entre palabras, en primer lugar, se le presenta un **modelado cognitivo** en el que, en voz alta, se presenta el razonamiento para escribir una palabra desconocida. En este modelado, el escritor presta una atención especial en el razonamiento a la analogía a nivel ortográfico entre esa palabra desconocida y otra u otras de su misma familia y que ya conoce, para, a partir de dicho razonamiento, resolver el problema ortográfico y escribir correctamente la palabra. Una vez visionado el modelado, el niño o la niña practicará el establecimiento de analogías entre palabras de la misma familia. Así, se le presentan tareas en las que aparece destacada la palabra origen de la familia, relacionada con el patrón ortográfico del capítulo y, junto a ella, diferentes opciones de palabras de la misma familia o no que la palabra de origen, teniendo el niño que identificar las palabras que forman parte de la misma familia a través de analogías.

REFERENCIAS BIBLIOGRÁFICAS

Evans, A., Arrow, A. y Greaney, K. (2014). A brief analogy strategy-based intervention supports the development of invented spelling and decoding. *Kairaranga, 15*(2) 7-16.

Mushinski, D. y Stormont-Spurgin, M. (1995). Spelling interventions for students with disabilities: A review. *The Journal of Special Education, 28*(4), 488-513. https://doi.org/10.1177/002246699502800407

Shippen, M. E., Reilly, A. y Dunn, C. (2003). The effects of the intensity of spelling instruction for elementary students at risk for school failure. *Journal of Direct Instruction, 8*(1), 19-28.

Wanzek, J., Vaughn, S., Wexler, J., Swanson, E. A., Edmonds, M. y Kim, A. H. (2006). A synthesis of spelling and reading interventions and their effects on the spelling outcomes of students with LD. *Journal of Learning Disabilities, 39*(6), 528-543. https://doi.org/10.1177/00222194060390060501

¡AL ABORDAJE! - /J/ Y /G/
Holaa... ¿estás ahí? No vas a creer el lío en el que nos hemos metido. Corre, súbete al mástil de proa y mira por el catalejo. ¿Los ves? Son esos malditos piratas, los ladrones más temidos del mar Infinito. Juro por los nueve mundos que algún día veré arder esa bandera de la calavera. Pero ahora no podemos enfrentarnos a ellos. Nuestro viaje es largo y los marineros están cansados. Pasa la página, trabaja duro y tal vez logremos pasar inadvertidos.

Lista de palabras de la jirafa Genara

Aquí tienes una lista de palabras que va a ir creciendo a medida que avances en la unidad. Será todo lo larga que tú quieras. ¿Cuántas palabras con los sonidos JA, JE, JI, JO, JU, GE, GI crees que vas a aprender a escribir a lo largo de esta unidad? Escríbelo en el siguiente recuadro.

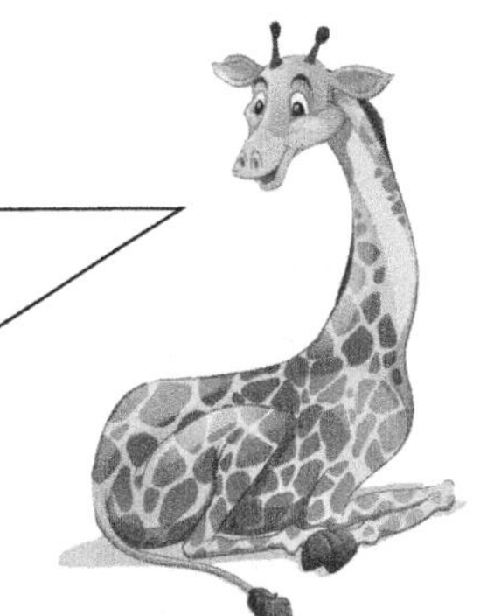

JA, JE, JI, JO, JU	GE, GI
Jaula	**Ge**nio
Jefe	**Gi**rasol
Jinete	
Joroba	
Juan	

Actividad 1. ¡Cada mochuelo a su olivo!

¿Conoces a la jirafa Genera? Escanea el código QR para escuchar lo que quiere enseñarte. Luego, coloca las palabras del recuadro en el escudo vikingo que les corresponda. Fíjate muy bien en si se escriben con JA, JE, JI, JO, JU.

mejilla, joroba, jungla, jinete, traje, jarra, espejo, pijama, judías, paje

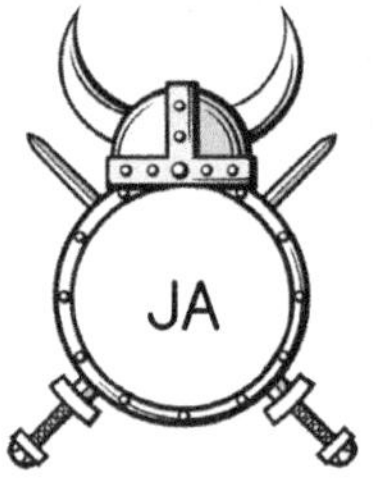

¡Bravísimo! Colorea el primer martillo vikingo para ver cómo vas avanzando.

Añade alguna palabra más a la lista de la jirafa Genara.

Actividad 2. ¡Dale al coco!

¿Quieres ver las palabras que sabe Genara con la J? Escanea el código QR. ¿Y tú? ¿Cuántas palabras sabes? En cada recuadro, mira la palabra que aparece como ejemplo y escribe otras dos que empiecen por, o contengan, las sílabas ja, je, ji, jo, ju según corresponda.

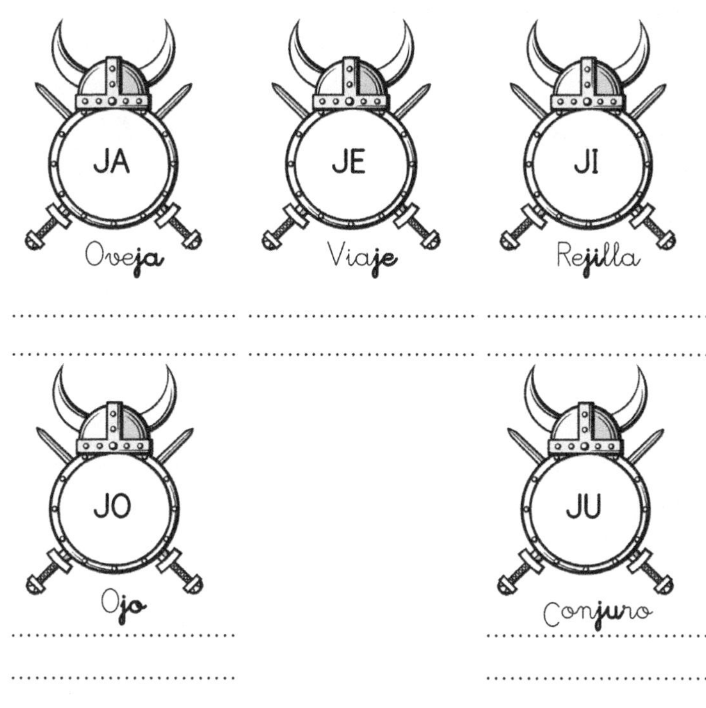

JA	JE	JI
Ove**ja**	Via**je**	Re**ji**lla
....	....	....
....	....	....

JO	JU
O**jo**	Con**ju**ro
....	....
....	....
....	....

¡Cómo molas! Colorea los dos martillos vikingos para ver cómo vas avanzando.

Añade alguna palabra más a la lista de la jirafa Genara.

Actividad 3. Cada oveja con su pareja

¡Genara quiere enseñarte un nuevo truco! Escanea el código QR y escucha atentamente. Después, escribe las palabras que aparecen debajo en el escudo que corresponda.

jabalí, geranio, jurado, ingenioso, dibujo, mujer, magia, cojín

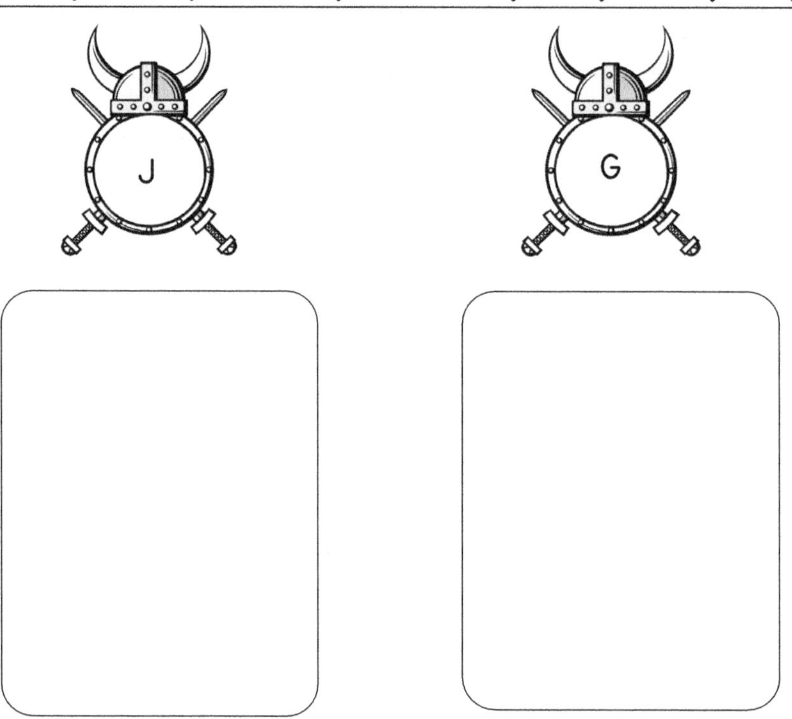

¡Alucinante! Colorea los tres martillos vikingos para ver cómo vas avanzando.

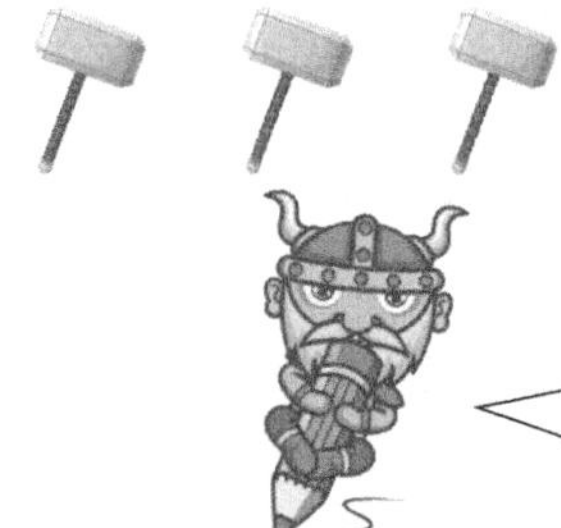

Añade alguna palabra más a la lista de la jirafa Genara.

Actividad 4. Cabeza pensante

Los alumnos de Genara a veces se equivocan, pero siempre corrigen sus errores. Escanea el código QR para ver cuánto han aprendido. Después, escribe el nombre de los dibujos que aparecen debajo y únelo con el casco de la J o de la G según corresponda.

¡Alucinante! Colorea los cuatro martillos vikingos para ver tu avance.

Añade alguna palabra más a la lista de la jirafa Genara.

Actividad 5. Palabras parecidas

¿Sabes lo que son las familias de palabras? Escanea el código QR para descubrirlo.

¡Mira esto! Es una guía para nuestro viaje, con muchos ejemplos de familias de palabras con JA, JE, JI, JO, JU, GE, GI. Échale un ojo y... ¡no la pierdas! Tal vez la necesites más adelante.

GUÍA DE VIAJE		
JA	JAbón	jabonera, jabonería, enjabonar, jaboncito, jabonoso.
	JArdín	jardinero, jardinería, jardincito
JE	JEfe	jefatura, jefazo, subjefe, jefecillo
	ReloJ	relojero, relojería, relojes
JI	JIrafa	jirafa, jirafita, jirafona
JO	JOya	joyero, joyería, joyita, enjoyado
JU	JUrar	jurado, juramento, jura
	JUsto	justicia, justiciero, injusticia, injusto, ajusticiar
	JUgar	juguete, juguetería, juguetón, juguetito, juguetear
GE	conGElar	congelador, congelación, congelamiento, congelante, anticongelante
	veGEtal	vegetariano, vegetación, vegetar
GI	viGIlar	vigilado, vigilante, vigía, vigilancia
	coleGIo	colegiado, colegial, colegiata, colegiar, colegito

Actividad 6. ¡Al rescate!

¿Ya sabes lo que son las familias de palabras? Ahora, mira la palabra escrita en el barco. Salva del naufragio a las palabras de la familia de «congelar» que están en el agua, escribiéndolas en el barco. ¡Ojo! Solo debes salvar a las palabras de la familia de «congelar».

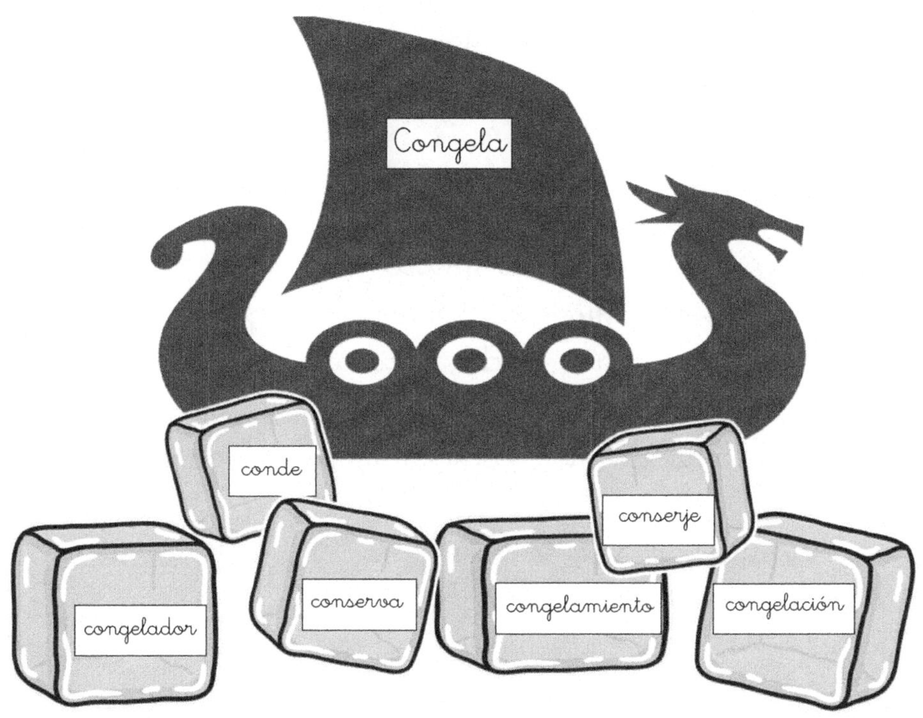

¡Buen trabajo! Colorea los cinco martillos vikingos para ver tu avance.

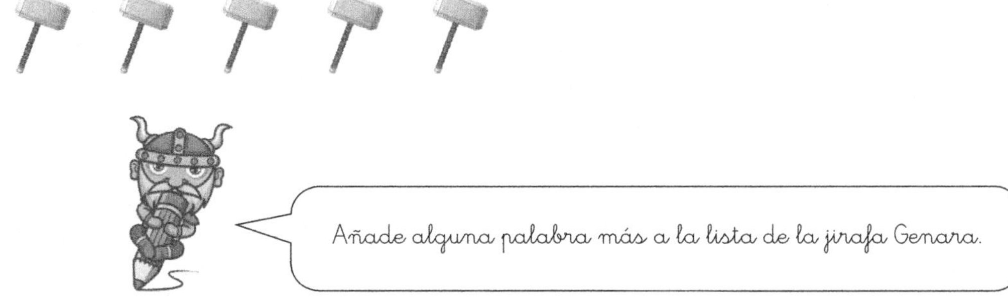

Actividad 7. Tu familia de palabras

¡Crea tu propia familia de palabras! Mira la palabra que aparece en el recuadro e intenta pensar en palabras de su misma familia. Para ayudarte, utiliza las pistas que aparecen debajo adivinando la palabra que falta. Si no te sale, pide ayuda a un adulto o consulta tu guía de viaje.

Vigilar

1. Por las noches, hay un ____________________ en el museo.
2. Si algo o alguien está muy protegido para que no le pase nada, decimos que está ____________________.
3. En el patio de mi colegio han puesto cámaras de ____________________.
4. La persona que se sube a un sitio alto, como una torre, para ver lo que ocurre a lo lejos, es un ____________________.

¡Alucinante! Colorea los seis martillos vikingos para ver tu avance.

Añade alguna palabra más a la lista de la jirafa Genara.

Actividad 8. ¡Sálvese quien pueda!

Ya sabes lo que son las familias de palabras. Haz clic en el código QR para aprender una nueva. Después, salva a las palabras de la familia de «justo» escribiéndolas dentro de la casa. ¡Ojo! Solo debes salvar a las palabras de la familia de «justo».

¡Estupendo! Colorea los siete martillos vikingos para ver tu avance.

Añade alguna palabra más a la lista de la jirafa Genara.

Actividad 9. ¡Me gustan las familias!

¡Crea tu propia familia de palabras! Mira la palabra que aparece en el recuadro e intenta pensar en palabras de su misma familia. Para ayudarte, utiliza las pistas que aparecen debajo adivinando la palabra que falta. Si no te sale, pide ayuda a un adulto o consulta tu guía de viaje.

Jardín

1. La persona que cuida el jardín es un ____________________.
2. Un jardín muy pequeño es un ____________________.
3. A mi tía le encanta la ____________________. ¡Tiene un jardín precioso!

¡Estupendo! Colorea los ocho martillos vikingos para ver cómo vas avanzando.

Añade alguna palabra más a la lista de la jirafa Genara.

Actividad 10. Libera a OMEC

¡Los piratas han atrapado a mi pequeño loro OMEC y lo han encerrado en una jaula muy segura! Necesitamos seguir el truco de su nombre para poder liberarlo. ¡Vamos a recordarlo!

Con la O... OBSERVA bien la primera palabra de las seis que aparecen debajo, léela varias veces con atención.

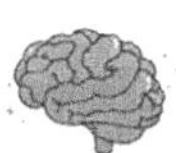

Luego tápala con un trocito de papel y con la letra M.... MEMORIZA la palabra. Para ello... imagínatela y léela de nuevo en tu mente prestando atención a sus partes.

Después con la E... ESCRÍBELA en la línea que hay debajo de tu trocito de papel.

Por último, con la letra C ... COMPRUEBA. Levanta tu papel y verifica si la palabra que has escrito está bien.

Ya has recordado cuáles son todos los pasos de OMEC. Ahora es el momento de ponerlos en práctica. Cada vez que escribas bien una palabra, colorea un barrote de la jaula de OMEC. Cuando estén todos, la jaula se abrirá y OMEC escapará de los piratas.

Soy OMEC, ¡necesito tu ayuda!

OBSERVA
MEMORIZA
ESCRIBE
COMPRUEBA
Ciervo
Taza
1.
2.
Erizo
Celo
3.
4.
Mostaza
Cazuela
5.
6.

¡Lo has conseguido! Gracias a tu ayuda, he escapado de los piratas.

¡Eres todo un hacha! Colorea los nueve martillos vikingos para ver tu progreso.

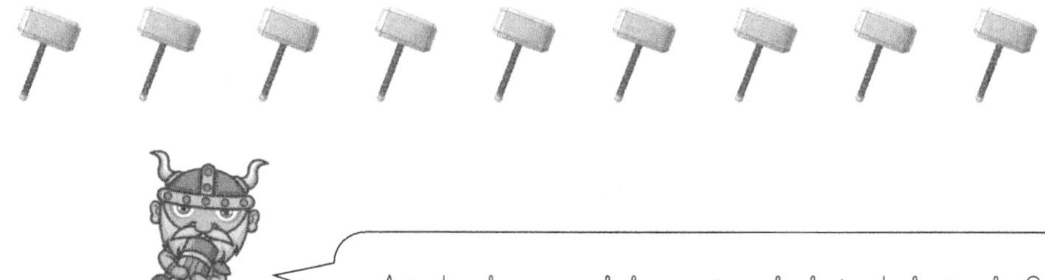

Añade alguna palabra más a la lista de la jirafa Genara.

¿Recuerdas la lista de palabras de la jirafa Genara? La has ido rellenando a medida que avanzabas. Escribe aquí todas las palabras de la lista de las que te acuerdes. ¿Cuántas has escrito? Indícalo en el recuadro que hay más abajo. ¿Son más de las que te habías propuesto aprender al principio de la unidad? ¿O son menos?

¡Que me parta un rayo si alguna vez había visto algo así! Has sido astuto y silencioso y, gracias a ti, hemos dejado atrás a los piratas. Esos malvados no volverán a molestarnos. Es hora de echar un ojo al mapa, ya debe quedarnos poquito... Colorea nuestro barco para que pueda seguir avanzando.

14. ATRAVIESA EL MURO DE HIELO - /G/

Carmen Álvarez-Moreno, Paula López, María Arrimada y Raquel Fidalgo

En este capítulo se trabajará el patrón ortográfico correspondiente al fonema /g/, que se presentará de forma lúdica a través del truco del pingüino Gugui, que, a su vez, explicará también la diéresis. Con este capítulo, nuestros pequeños escritores finalizan esta segunda etapa en su viaje escritor centrada en el aprendizaje de la ortografía. A través de los diferentes capítulos de esta parte se han trabajado las reglas y patrones ortográficos característicos del aprendizaje de la escritura en los primeros cursos de la Educación Primaria. Sin embargo, aún son muchos los retos que el aprendizaje de la ortografía les depara. Por ello, es importante que las diferentes técnicas y estrategias instruccionales, todas ellas de eficacia probada para la mejora de la ortografía (Graham, 1999; Mushinski y Stormont-Spurgin, 1995), que se han presentado a lo largo de estos capítulos se sigan trabajando de forma combinada a la hora de estudiar nuevos patrones ortográficos. Así, en el presente capítulo se hace una recapitulación de las siguientes técnicas instruccionales: en primer lugar, la **instrucción directa,** en este caso nuevamente a través del avatar del pingüino Gugui, cuyo nombre sirve como regla mnemotécnica para representar los diferentes grafemas del fonema /g/. Tras esta explicación se presenta el modelado de la **lista de palabras y el establecimiento de objetivos,** seguidos de la estrategia más efectiva para el aprendizaje de las representaciones ortográficas, el **estudios sistemático de estrategias,** que, en este manual, hemos concretado a través de la **regla mnemotécnica** del OMEC. Se trata del nombre de la mascota del vikingo Gunnar, pero que, en realidad, sintetiza los cuatro pasos clave que debe seguir el niño o la niña para ir construyendo paulatinamente su memoria ortográfica, en la que se almacenan todas las representaciones ortográficas de las palabras que vamos adquiriendo a lo largo de nuestra experiencia con la escritura. Esta memoria ortográfica es clave en el rendimiento ortográfico del niño o la niña, y también en el logro de una competencia escrita, puesto que el activar directamente la representación visual ortográfica de una palabra durante la escritura, en lugar de tener que aplicar reglas de transformación de fonemas en grafemas, libera recursos cognitivos en el niño o la niña. Así, estos recursos pueden destinarse a otros procesos cognitivos que se desarrollan durante la escritura y que veremos en la siguiente parte del presente manual.

REFERENCIAS BIBLIOGRÁFICAS

Graham, S. (1999). Handwriting and spelling instruction for students with learning disabilities: A review. *Learning Disability Quarterly, 22*(2), 78-98. https://doi.org/10.2307/1511268

Mushinski, D. y Stormont-Spurgin, M. (1995). Spelling interventions for students with disabilities: a review. *The Journal of Special Education, 28*(4), 488-513. https://doi.org/10.1177/002246699502800407

ATRAVIESA EL MURO DE HIELO - /G/, /GU/ Y /GÜ/

¡Brrrrr, maldición! Hace un frío que pela. Ni las mejores pieles vikingas pueden soportar estas temperaturas. Y no me extraña porque... ¿has visto lo que se alza frente a nosotros? Es el Gran Muro de Hielo, lo único que nos separa de nuestro hogar. Algunos han tratado de escalarlo, pero todos han caído al mar en el intento. Solo rodeándolo podremos llegar al otro lado. Si sobrevivimos al frío, claro está... ¿contamos contigo? Pasa la página, concéntrate y ayúdanos a rodear esta inmensa mole blanca.

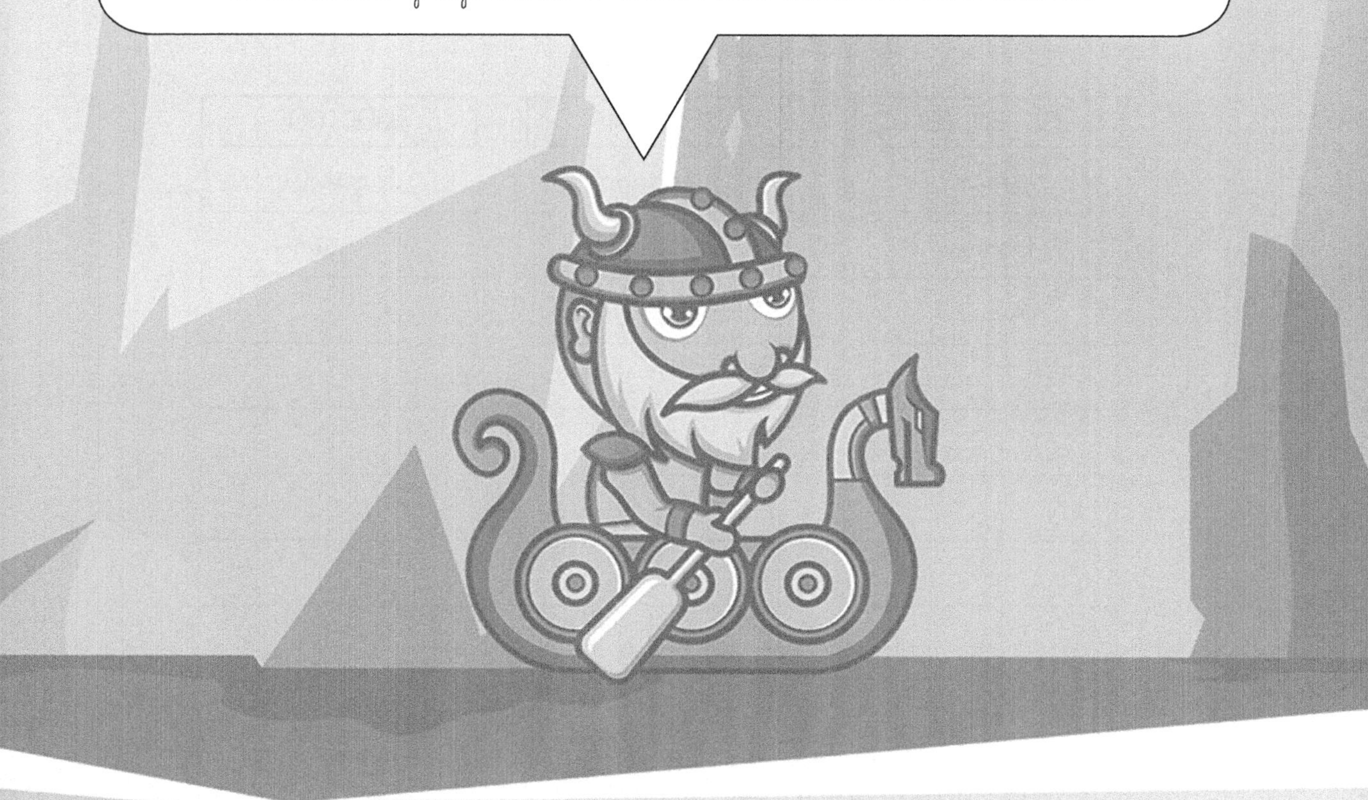

Lista de palabras del pingüino Gugui

Aquí tienes una lista de palabras que va a ir creciendo a medida que avances en la unidad. Será todo lo larga que tú quieras. **¿Cuántas palabras con los sonidos GA, GO, GU, GUE, GUI, GÜE, GÜI crees que vas a aprender a escribir a lo largo de esta unidad?** Escríbelo en el siguiente recuadro.

GA, GO, GU	GUE, GUI	GÜE, GÜI
Gato	**Gue**pardo	Ci**güe**ña
Gorila	**Gui**tarra	Pin**güi**no
Guante		

Actividad 1. ¡Cada mochuelo a su olivo!

¿Cómo podrá escribir el pingüino Gugui con tanto frío? Escanea el código QR para averiguarlo y escucha lo que quiere enseñarte. Luego, coloca las palabras del recuadro en el escudo vikingo que les corresponda. Fíjate muy bien en si se escriben con GA, GO, GU o con GUE, GUI.

gallo, guitarra, guepardo, gusano, guisante, gorila, guerrero, gustar

....

....

....

....

¡Fantástico! Colorea el primer vaso vikingo para ver cómo vas avanzando.

Añade alguna palabra más a la lista del pingüino Gugui.

Actividad 2. ¿Cómo se llaman?

¿Quieres ver lo que hemos aprendido gracias a Gugui? Escanea el código QR. Después, escribe el nombre de cada dibujo en la línea que aparece debajo de él. Por último, une cada dibujo con el casco vikingo que le corresponda.

¡Eres buenísimo! Colorea los dos vasos vikingos para ver tu avance.

Añade alguna palabra más a la lista del pingüino Gugui.

Actividad 3. Adivina la letra

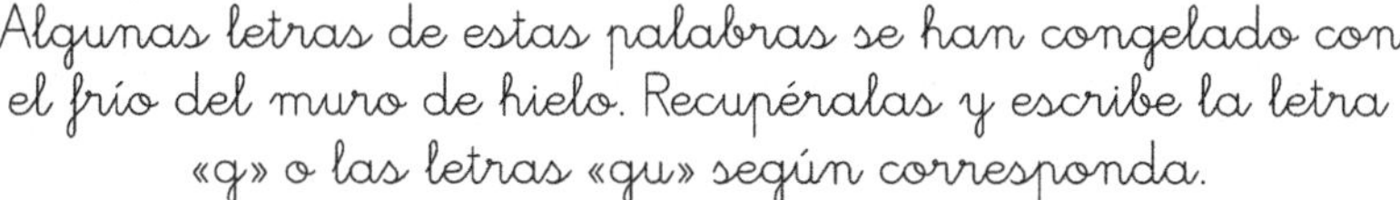
Algunas letras de estas palabras se han congelado con el frío del muro de hielo. Recupéralas y escribe la letra «g» o las letras «gu» según corresponda.

___orro.	___indilla.
___alleta.	Hambur___esa.
Ju___etes.	Fue___o.
Espa___etis.	Ami___os.
Can___uro.	Lechu___a.

¡Eres una máquina! Colorea los tres vasos vikingos para ver cómo vas avanzando.

Añade alguna palabra más a la lista del pingüino Gugui.

Actividad 4. Palabras en familia

Creo que Gugui tiene algo más que enseñarnos... Escanea el código QR para descubrirlo. Luego fíjate en las palabras que aparecen debajo. ¡Qué desorden! Coloca cada una en la caja que le corresponda.

desagüe, pingüino, vergüenza, pedigüeño, lengüetazo, piragüista, antigüedad, bilingüismo, ungüento, cigüeña

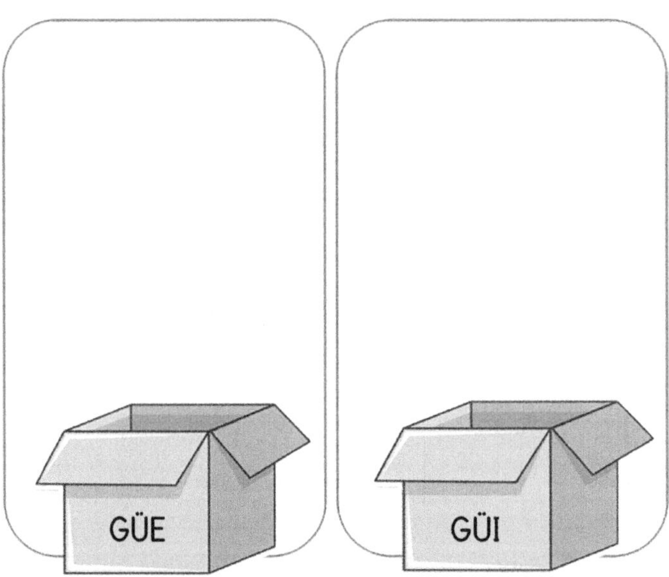

¡Estupendo! Colorea los cuatro vasos vikingos para ver cómo vas avanzando.

Añade alguna palabra más a la lista del pingüino Gugui.

Actividad 5. La canción vikinga

¡Cómo me gusta el sonido güe, güi! Escanea el código QR para ver cómo se escriben las palabras que llevan estos sonidos. Después, completa la canción vikinga con las letras «g», «gu» o «gü» según corresponda. Cuando esté completa... ¡cántala como tú quieras!

Viva el valiente vikin___o, nave___ando en su ___alera. Su hacha de ___erra en una mano, en la otra su bandera. No solo es un ___errero, también toca la ___uitarra, y se duerme cada noche, con el canto de la ci___arra. Cruzando el la___o infinito, ha visto mil animales: un pin___ino nari___udo, dos ci___eñas i___uales, tres an___ilas de colores y cuatro oru___as especiales. De tanto ver cosas raras, ya ha perdido la ver___enza, come ___iso de ___allina y se peina con una trenza. Tiene un un___ento mágico, para curar las heridas, y por eso nuestro ami___o ¡ya ha vivido siete vidas!

¡Fantástico! Colorea los cinco vasos vikingos para ver cómo vas avanzando.

Añade alguna palabra más a la lista del pingüino Gugui.

Actividad 6. Palabras encadenadas

¿Jugamos a las palabras encadenadas? En cada palabra, rodea la sílaba «ga, gue, gui, go, gu, güe, güi». Luego escribe debajo una palabra que empiece por (o contenga) la sílaba que has rodeado. Por ejemplo, si en la palabra «gorro» rodeas la sílaba «go», debajo debes escribir una palabra que empiece por «go» o contenga la sílaba «go».

Bilingüe	Tortuga	Guiño
______	______	______
Canguro	Gominola	Manguera
______	______	______
Lechuga	Piragüista	Persigue
______	______	______
	Pegatina	
	______	

¡Increíble! Colorea los seis vasos vikingos para ver tu avance.

Añade alguna palabra más a la lista del pingüino Gugui.

Actividad 7. Revoltijo

¡Menudo revoltijo! En esta sopa de letras se han perdido 8 palabras que contienen las sílabas «GA, GO, GU, GUE, GUI, GÜE ,GÜI». Encuéntralas y anótalas en las líneas que hay junto a la sopa de letras.

P	Z	R	Q	S	C	L	K	M
M	M	P	G	U	I	S	O	A
A	N	R	F	T	G	V	X	G
N	P	I	N	G	Ü	I	N	O
G	D	C	Q	I	E	S	P	H
U	T	Y	V	S	Ñ	Ñ	U	W
E	H	G	O	M	A	B	L	U
R	Ñ	B	T	Y	W	F	G	R
A	B	A	G	U	D	O	A	Y

1. .... 2. ....

3. .... 4. ....

5. .... 6. ....

7. .... 8. ....

¡Espectacular! Colorea los siete vasos vikingos para ver tu avance.

Añade alguna palabra más a la lista del pingüino Gugui.

Actividad 8. Libera a OMEC

¿Recuerdas a OMEC, mi pequeño loro? Ya sabes que OMEC es algo travieso, ¡pero esta vez no ha sido su culpa! Hace tanto frío en estos mares que los barrotes de su jaula se han congelado, y ahora no podemos abrirla. ¡Pobrecito, está atrapado! Pero no te preocupes, su nombre guarda un secreto... Nos enseña el truco para liberarlo.

Con la O... OBSERVA bien la primera palabra de las seis que aparecen debajo, léela varias veces con atención.

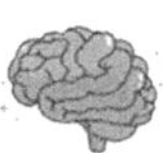

Luego tápala con un trocito de papel y con la letra M... MEMORIZA la palabra. Para ello... imagínatela y léela de nuevo en tu mente prestando atención a sus partes.

Después con la E... ESCRÍBELA en la línea que hay debajo de tu trocito de papel.

Por último, con la letra C... COMPRUEBA. Levanta tu papel y verifica si la palabra que has escrito está bien.

Ya has recordado cuáles son todos los pasos de OMEC. Ahora es el momento de ponerlos en práctica. Cada vez que escribas bien una palabra, colorea un barrote de la jaula de OMEC. Cuando todos los barrotes estén llenos de color, el hielo se derretirá y OMEC será libre.

Soy OMEC, ¡necesito tu ayuda!

OBSERVA
MEMORIZA
ESCRIBE
COMPRUEBA
Gallo
Agosto
1. ____________________
2. ____________________
Madriguera
Guillermo
3. ____________________
4. ____________________
Vergüenza
Pingüino
5. ____________________
6. ____________________

¡Lo lograste! Gracias a ti el hielo se ha derretido y soy libre otra vez.

¡Espectacular! Colorea los ocho vasos vikingos para ver tu avance.

Añade alguna palabra más a la lista del pingüino Gugui.

¿Recuerdas la lista de palabras del pingüino Gugui? La has ido rellenando a medida que avanzabas. Escribe aquí todas las palabras de la lista de las que te acuerdes. ¿Cuántas has escrito? Indícalo en el recuadro que hay más abajo. ¿Son más de las que te habías propuesto aprender al principio de la unidad? ¿O son menos?

¡Estamos en casa! Sacad el mejor vino de mi bodega y organizaremos un festín en tu honor. Eres tan fiero, astuto y valiente como el dios Thor. Gracias a ti hemos logrado rodear el muro de hielo y llegar sanos y salvos a nuestro hogar. No sabes las ganas que tengo de dormir a pierna suelta horas y horas, hasta que mis ronquidos hagan temblar todo el poblado. Tú puedes decorar nuestro pueblo como más te guste, ahora esta también es tu casa. Espero verte pronto amigo, ha sido un placer cruzar el mar Infinito a tu lado.
EL NORTE
N
W
E
S

15. TU META: UN CUENTO DE CALIDAD

Raquel Fidalgo, María Arrimada, Carmen Álvarez-Moreno y Paula López

Llegados a este punto, y gracias a tu ayuda, tu pequeño aprendiz ya ha superado las dos primeras metas del largo viaje de aprender a escribir: no solo conoce las letras y sabe trazarlas con precisión y fluidez, sino que también domina algunas de las reglas ortográficas más importantes del español. Sin embargo, de poco sirven las letras, palabras u oraciones si no se integran en un texto completo, organizado, coherente y con una buena estructura. Bienvenido a la última etapa de nuestro viaje: el dominio de la composición textual. A lo largo de estas páginas, el niño/a aprenderá diversas estrategias que le permitirán generar ideas y organizarlas en torno a una estructura coherente, respondiendo a los llamados procesos cognitivos de orden superior de la escritura (Berninger y Winn, 2006; Gregg y Steinberg, 2017; Hayes y Flower, 1980). Pero ¡atención!, esta estructura no es igual para todos los textos, sino que dependerá de la tipología textual. Ya sabes, no es lo mismo escribir una receta de cocina que un ensayo sobre bioquímica. ¿Adivinas con qué tipología textual está más familiarizado tu pequeño/a? Estamos casi seguras de que la respuesta es el cuento o, dicho de forma técnica, el texto narrativo. Este es, sin duda, uno de los géneros textuales más manejados por los niños/as en las primeras edades, tanto en el contexto familiar en el ámbito de lecturas compartidas, como en la propia escuela, al recogerse explícitamente en el currículum (Real Decreto 157/2022, de 1 de marzo, por el que se establecen la ordenación y las enseñanzas mínimas de la Educación Primaria). Sin embargo, lo que ya no es nada común en nuestras aulas es su enseñanza siguiendo uno de los enfoques más efectivos para el dominio de la composición textual: la **instrucción estratégica y autorregulada** (Graham y Harris, 2018; Graham et al., 2012; Koster et al., 2015). Te sorprenderá, pero, pese a ser uno de los enfoques instruccionales más eficaces para la mejora de la composición escrita de los niños/as, su uso en las aulas no es muy frecuente (Sánchez et al., 2021), y menos aún en las primeras etapas, donde tradicionalmente el énfasis se ponía en el trabajo de los procesos de bajo nivel: caligrafía y ortografía; de ahí la innovación y aportación de la enseñanza de la composición escrita que se propone en este manual. De modo general, la instrucción estratégica y autorregulada parte de la idea de que al niño/a le resultará más sencillo escribir textos de calidad si se le proporcionan estrategias explícitas que le permitan autorregular su proceso de escritura (Fidalgo et al., 2018; Fidalgo y García, 2008). Es decir, se enseña al niño/a una serie de pasos a seguir que debe recordar y aplicar cuando escribe un texto de una tipología concreta. En este volumen, en concreto, para la enseñanza de la escritura de textos narrativos se ha utilizado como **estrategia la *máquina de escribir de la extraterrestre Solara,*** a quien tu pequeño/a conocerá al final de este capítulo. Así, las piezas de la máquina se han asociado a las diferentes partes principales del cuento, como **regla mnemotécnica:** los **interruptores de la máquina con la introducción;** el **dispositivo de control con el desarrollo;** y, por último, la **cúpula de la nave con la conclusión.** A cada una de esas partes de la nave el niño/a asociará los diferentes elementos del cuento (interruptores-introducción: cuándo ocurre, dónde ocurre, quiénes son los personajes; dispositivo de control-desarrollo: qué ocurre, cómo se sienten los personajes; y, finalmente, cúpula-conclusión: cómo acaba el cuento) del texto narrativo (véase tabla 15.1). La complejidad de la estrategia de la máquina de escribir extraterrestre hace que esta se trabaje de forma secuencial: en primer lugar, de forma parcial, para la introducción, desarrollo y conclusión de los cuentos, y posteriormente, de forma global, abarcando la escritura completa del texto narrativo, de acuerdo con la secuencia que se describe a continuación.

ESTRUCTURA DEL PROGRAMA DE INSTRUCCIÓN EN COMPOSICIÓN TEXTUAL

En concreto, este bloque de composición textual se estructura en cuatro capítulos (además del capítulo introductorio que estás leyendo en estos momentos). Los capítulos 16, 17 y 18 se focalizan, cada uno de ellos, en una parte de la estrategia de la máquina de escribir extraterrestre, en concreto: el capítulo 16 presentará la parte de la estrategia asociada a los interruptores de la nave, ligados a la escritura de la introducción de los cuentos; el capítulo 17 se centrará en la parte de la estrategia ligada a los dispositivos de control, que enseñarán al niño/a cómo escribir el desarrollo de un cuento; y, por último, el capítulo 18, que presentará la parte de la estrategia ligada a la cúpula de la nave, que enseñará al niño cómo escribir la conclusión de un cuento. El capítulo 19, por su parte, actúa como recopilación de los tres capítulos anteriores. En él, se incluye una práctica final centrada en la escritura completa de un texto narrativo con diferentes niveles de apoyo, aplicando la estrategia aprendida en los tres capítulos anteriores. La tabla 15.1 recoge de forma esquemática la estructura del bloque de composición textual.

En cada capítulo, la enseñanza se estructura siguiendo la secuencia instruccional característica de la **instrucción estratégica y autorregulada,** junto con otras técnicas y actividades de instrucción empíricamente validadas que se explicarán específicamente en cada capítulo, y todo ello nuevamente dentro de un contexto gamificado. Por último, al igual que sucedía en la parte de ortografía, es muy posible también aquí que, cuando el niño/a realice las actividades de composición textual en los diferentes capítulos, cometa algún error en la aplicación de la estrategia. Un elemento del cuento olvidado, alguno que se incluye en la parte de la historia que no le corresponde... para eso te tiene a ti. Como guía de su aprendizaje escritor es muy importante que

TABLA 15.1

Estructuración Programa de Instrucción en Composición Textual

CAPÍTULO	PARTE DEL TEXTO NARRATIVO A TRABAJAR	ELEMENTOS	ESTRATEGIA
Capítulo 16	Introducción	¿Cuándo ocurre? ¿Dónde ocurre? ¿Quiénes son los personajes?	Interruptores de la máquina de escribir
Capítulo 17	Desarrollo	¿Qué ocurre? ¿Cómo reaccionan los personajes?	Dispositivo de control de la máquina de escribir
Capítulo 18	Conclusión	¿Cómo acaba?	Cúpula creadora de la máquina de escribir
Capítulo 19	Historia completa	Todos los anteriores	Máquina completa

sepas **cómo corregir los errores de tu hijo/a.** Si has leído los capítulos anteriores, ya te haces una idea. Si has empezado por este bloque, aprovechamos para explicártelo. De acuerdo con la investigación más actual, es preferible que la corrección sea indirecta, es decir, que ayudes al niño/a a identificar su error, a reflexionar sobre él y a corregirlo. Trata de recurrir a lo que la investigación denomina **retroalimentación indirecta.** Veamos un ejemplo: si tu aprendiz ha escrito la introducción para su cuento y se ha olvidado de indicar en ella cuándo ocurre el cuento podrías, por ejemplo, invitarle a pensar en los interruptores de la máquina de escribir (así, *mira bien esta introducción que has escrito. ¿Cuántos interruptores tenía la máquina de escribir de Solara? ¡Muy bien, tres! ¿Y cómo se llamaban? Ahora mira tu introducción y comprueba si has escrito algo para cada uno de los tres interruptores...*).

Ahora sí, ya estás listo para reparar, junto a tu hijo/a, la máquina de escribir de Solara. Recuerda que tú eres el mejor escritor que tu hijo/a conoce, demuéstrale que puedes echarle una mano. Leed juntos la historia de la siguiente página.

REFERENCIAS BIBLIOGRÁFICAS

Berninger, V. W. y Winn, W. (2006). Implications of advancements in brain research and technology for writing development, writing instruction, and educational evolution. En C. A. MacArthur, S. Graham y J. Fitzgerald (eds.), *Handbook of writing research* (pp. 96-114). The Guildford Press.

Fidalgo, R. y García, J. N. (2008). *Instrucción de la autorregulación y el autoconocimiento en la composición escrita*. Davinci.

Fidalgo, R., Harris, K. R. y Braaksma, M. (2018). *Design principles for teaching effective writing*. Brill Editions.

Graham, S. y Harris, K. R. (2018). Evidence-based writing practices: a meta-analysis of existing meta-analysis. En R. Fidalgo, K. R. Harris y M. Braaksma (eds.), *Design principles for teaching effective writing: Theoretical and empirical grounded principles* (pp. 13-37). Brill Editions.

Graham, S., McKeown, D., Kiuhara, S. y Harris, K. R. (2012). A meta-analysis of writing instruction for students in the elementary grades. *Journal of Educational Psychology, 104*(4), 879-896. https://doi.org/10.1037/a0029185

Gregg, L. W. y Steinberg, E. R. (2017). *Cognitive processes in writing*. Routledge.

Hayes, J. R. y Flower, L. S. (1980). Identifying the organization of writing processes. En L. W. Gregg y E. R. Steinberg (eds.), *Cognitive processes in writing: an interdisciplinary approach* (pp. 3-30). Lawrence Erlbaum Associates.

Koster, M., Tribushinina, E., De Jong, P. F. y Van den Bergh, H. (2015). Teaching children to write: A meta-analysis of writing intervention research. *Journal of Writing Research, 7*(2), 249-274. https://doi.org/10.17239/jowr-2015.07.02.2

Real Decreto 157/2022, de 1 de marzo, por el que se establecen la ordenación y las enseñanzas mínimas de la Educación Primaria (*BOE,* núm. 52).

Sánchez-Rivero, R., Alves, R., Limpo, T. y Fidalgo, R. (2021). Análisis de una encuesta sobre la enseñanza de la escritura en la educación obligatoria: prácticas y variables del profesorado. *Revista Española de Pedagogía, 79*(279), 321-340. https://doi.org/10.22550/REP79-2-2021-01

¡Hola! Mi nombre es Solara y necesito tu ayuda. ¿Quieres saber más de mí y cómo puedes ayudarme? Escanea el código QR para escuchar mi historia.

Ayudar

¿Ya lo tienes? ¡Mantén los ojos bien abiertos, nuestra búsqueda solo acaba de empezar! Para encontrar las partes de mi máquina de escribir, tendrás que resolver las pruebas que aparecen en las páginas siguientes. Y recuerda: al acabar cada página, colorea las naves espaciales, las estrellas y las lunas que aparecen en pequeñito. Así sabrás que estamos un paso más cerca de lograrlo.

16. PRIMER PASO: ENCUENTRA LOS INTERRUPTORES

María Arrimada, Carmen Álvarez-Moreno, Paula López y Raquel Fidalgo

En este capítulo se trabajará la primera parte de los textos narrativos: la introducción. Esta sitúa el marco general en el que se desarrolla la historia, presentando el momento y el lugar en el que esta ocurre, así como sus personajes. El objetivo de este capítulo es que el/la aprendiz no solo identifique qué es una introducción de calidad, y qué partes debe tener toda introducción, sino que además sea capaz de lograr su escritura. Para ello, la secuencia instruccional que se sigue en este capítulo se fundamenta en la **instrucción estratégica y autorregulada** (Fidalgo et al., 2018; Harris y Graham, 2018), y se resume en tres componentes principales aplicados de forma secuencial: **instrucción directa, modelado** y **emulación.**

En el primer componente, la **instrucción directa,** el objetivo es que el niño o niña adquiera un conocimiento, que denominamos declarativo, sobre qué es la introducción textual y qué características o elementos debe tener para ser una buena introducción de un cuento. Para facilitar la adquisición de este conocimiento, se le proporciona al aprendiz la **estrategia de la máquina de escribir extraterrestre vinculada a la parte de los interruptores de dicha máquina,** que actuará como **regla mnemotécnica** que le ayuda a memorizar los diferentes elementos que debe tener una buena introducción. Esta regla parte de los tres interruptores de la máquina de escribir, que, a su vez, ayudan al escritor a recordar los tres elementos de la introducción: cuándo, dónde y quién. Para ello, el aprendiz visualizará una animación gamificada en la que se presenta la parte de la estrategia de la máquina relacionada con la introducción. Sin embargo, no basta con que el niño o niña adquiera dicho conocimiento de la estrategia, sino que debe poder aplicarlo de forma eficaz identificando los tres elementos trabajados en diferentes ejemplos de introducciones. Para ello, se plantean diversas tareas en formato gamificado, donde el aprendiz, a la vez que memoriza las partes de la estrategia, las aplica en el reconocimiento de ejemplos de modelos textuales de cada una de ellas. Al mismo tiempo, la instrucción directa se complementa con otras técnicas empíricamente validadas como el **análisis de modelos textuales ejemplares** (Graham y Harris, 2018; Graham et al., 2012; Koster et al., 2015).

Una vez que el aprendiz ha adquirido y domina este conocimiento declarativo, se pasa al segundo componente de la instrucción estratégica y autorregulada: el **modelado cognitivo de la estrategia;** componente que la investigación señala como la pieza clave para la eficacia de la instrucción estratégica y autorregulada (Fidalgo et al.,

2015). Cuando el aprendiz ya conoce y tiene automatizada la estrategia de los interruptores de la máquina para la introducción, en este componente de modelado se busca que el aprendiz sepa cómo aplicar dicha estrategia de forma eficaz a la escritura de su cuento. Así, lo que se le proporciona en este componente es un conocimiento procedimental sobre cómo escribir una introducción de calidad siguiendo la estrategia de los interruptores de la máquina de escribir. Para ello, el aprendiz observará dos tipos de vídeos (uno ejemplar y otro incompleto, errores que posteriormente se resuelven), en los que un escritor, utilizando el pensamiento en voz alta, aplica la estrategia de los interruptores de la máquina al propio proceso de escritura, y, por lo tanto, modela la planificación y redacción de la introducción de un texto narrativo. Durante el modelado, el escritor verbaliza, en forma de autoinstrucciones, autopreguntas y autorreflexiones, los pasos de la estrategia (en este caso marcados por los interruptores de la máquina de escribir). A su vez, se proporciona un pensamiento autorregulado durante todo el proceso de escritura, que guía a la persona en el uso de la estrategia y en la generación de creencias motivacionales y de autoeficacia adaptativas hacia la tarea (por ejemplo: *lo primero que debe hacer... el segundo interruptor... voy a leer por si se me olvida algo..., si me esfuerzo lo haré genial... con la estrategia de los interruptores voy a hacer una introducción genial...*). Es muy importante que, durante la observación de los vídeos de modelado, como guía del aprendizaje escritor de tu niño o niña, enfatices que lo importante es que preste mucha atención, no a lo que se escribe en el vídeo, sino a lo que piensa el escritor, a las instrucciones, preguntas y afirmaciones que se hace a sí mismo. En definitiva, la atención debe estar en el pensamiento del escritor y no en el propio contenido de la introducción que escribe. Recuerda enfatizar esto a tu hijo o hija.

Finalmente, el capítulo concluye con el tercer componente de la instrucción estratégica y autorregulada: la **emulación** o **práctica,** en la que el niño o niña pone en práctica todo lo que ha aprendido previamente. Así, se le pedirá que escriba su propia introducción siguiendo la estrategia de los interruptores de la máquina de escribir. En esta emulación o práctica se proporcionan diferentes ayudas o andamiajes en los propios materiales, pero también tú, como guía en el proceso, puedes proporcionar todas las ayudas que necesite tu pequeño o pequeña aprendiz. La práctica puede ir desde una escritura más o menos colaborativa, a una escritura independiente por parte del niño o niña; lo importante es que en ella aplique de forma correcta y eficiente la estrategia de escritura de los interruptores de la máquina de escribir. Si es así, el pequeño aprendiz será capaz de escribir unas introducciones geniales. ¡Adelante, comienza la búsqueda del primer componente de la máquina escritora extraterrestre!

REFERENCIAS BIBLIOGRÁFICAS

Fidalgo, R., Harris, K. R. y Braaksma, M. (2018). *Design principles for teaching effective writing: Theorical and empirical grounded principles.* Brill Editions.

Fidalgo, R., Torrance, M., Rijlaarsdam, G., Van den Bergh, H. y Álvarez, M. (2015). Strategy-focused writing instruction: Just observing and reflecting on a model benefits 6th grade students. *Contemporary Educational Psychology, 41,* 37-50. https://doi.org/10.1016/j.cedpsych.2014.11.004

Graham, S. y Harris, K. R. (2018). Evidence-based writing practices: A meta-analysis of existing meta-analysis. En R. Fidalgo, K. R. Harris y M. Braaksma (eds.), *Design principles for teaching effective writing: Theoretical and empirical grounded principles* (pp. 13-37). Brill Editions.

Graham, S., McKeown, D., Kiuhara, S. y Harris, K. R. (2012). A meta-analysis of writing instruction for students in the elementary grades. *Journal of Educational Psychology, 104*(4), 879-896. https://doi.org/10.1037/a0029185

Koster, M., Tribushinina, E., De Jong, P. F. y Van den Bergh, H. (2015). Teaching children to write: A meta-analysis of writing intervention research. *Journal of Writing Research, 7*(2), 249-274. https://doi.org/10.17239/jowr-2015.07.02.2

PRIMER PASO: ENCUENTRA LOS INTERRUPTORES (LA INTRODUCCIÓN DE TU CUENTO)

Ya conoces mi historia, ¿verdad? Estoy convencida de que, con tu ayuda, lograré reunir todas las piezas de mi máquina de escribir.
Pero no hay que correr: iremos paso a paso, pieza a pieza.
Ahora es el turno de la primera.
Escanea el código QR y te contaré un poquito más sobre los interruptores de mi máquina.
¿Has entendido cómo es la introducción de los cuentos? Pasa la página para comprobarlo.

Actividad 1. ¿Qué significa?

¿Has entendido bien la explicación de los tres interruptores de mi máquina? ¡Demuéstramelo! Lee la pregunta que aparece debajo y rodea la respuesta correcta. Después, escribe el nombre de cada interruptor en el recuadro que hay sobre él.

¿A qué parte del cuento nos recuerdan los tres interruptores?

Intención	Introducción	Imaginación

¡Impresionante! Colorea la primera nave espacial para ver cómo vas avanzando.

Actividad 2. Cada oveja con su pareja

¡Mira cuántos trocitos de cuento! ¿Sabrías decir si corresponden al cuándo, al dónde o al quién? Léelos atentamente y une cada uno de ellos con el interruptor que corresponda.

En un país muy lejano

El delfín Serafín

Hace miles de años

La bruja Cirila

En una ciudad encantada

Un caluroso día de verano

¡Espectacular! Colorea las dos naves espaciales para ver tu avance.

Actividad 3. Observa y aprende

Un buen cuento debe estar bien escrito desde el principio. Escanea el código QR para ver cómo es una buena introducción. Después, fíjate en la introducción que aparece debajo. Rodea en color rojo el cuándo, en color azul el dónde y en color verde el quién. ¿Esta introducción tiene todas las partes? Si es así, colorea el emoticono con el dedo hacia arriba. Si no las tiene, colorea el emoticono con el dedo hacia abajo.

En el planeta Plom, hace miles de años, vivía un marciano con tres ojos y un pelo en su nariz.

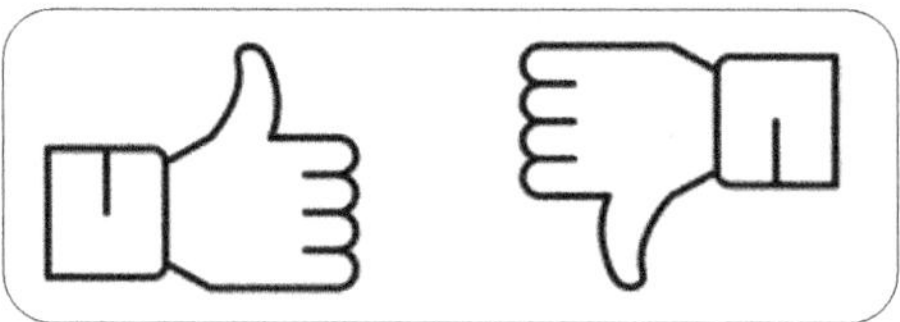

¡Alucinante! Colorea las tres naves espaciales para ver cómo vas avanzando.

Actividad 4. Así se escribe

¡Parece que no se te da nada mal esto de la introducción! Ya sabes que un buen cuento empieza con una buena introducción y que, dentro de ella, ha de escribirse cuándo ocurre el cuento, dónde ocurre y quién es el personaje. Pero aún no has visto a nadie escribir una buena introducción. Escanea el código QR que aparece debajo y mira atentamente el vídeo.

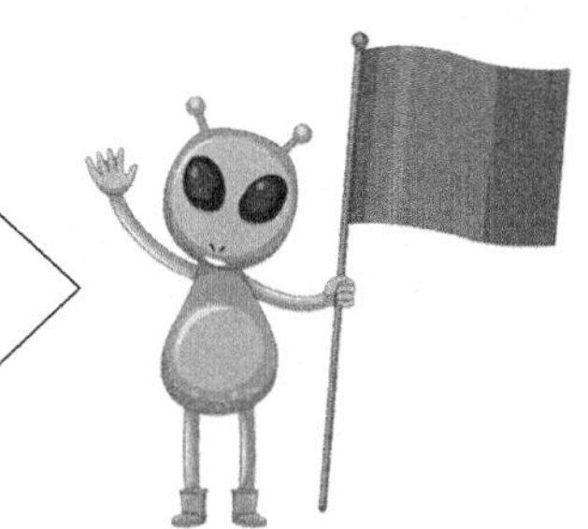

¡Eres una maravilla! Colorea las cuatro naves espaciales para ver cómo vas avanzando.

Actividad 5. Si me confundo, me corrijo

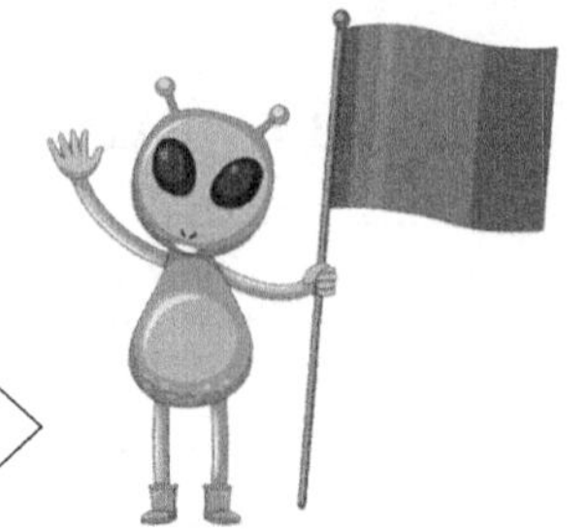

Me ha llegado un vídeo con la introducción de un nuevo cuento. Creo que la escritora estaba un poco despistada al principio, a veces metía la pata... menos mal que acabó corrigiendo sus errores. ¿Puedes echar un ojo al vídeo, a ver si crees que lo ha hecho bien? Escanea el código QR de la derecha.

¡Buena observación! Colorea las cinco naves espaciales para ver cómo vas avanzando.

Actividad 6. Empieza tu cuento

Ha llegado la hora de la verdad. ¿Te atreves a demostrar todo lo que has aprendido? Aquí vas a empezar a escribir tu propio cuento, uno inventado. Piensa y escribe la introducción de tu cuento. Para recordar sus partes, ayúdate de los tres interruptores de mi máquina.

¿Cuándo?

¿Dónde?

¿Quién?

INTRODUCCIÓN

¡Mira lo que tengo aquí! Gracias a todo tu esfuerzo, hemos logrado encontrar y arreglar las primeras piezas de mi máquina de escribir, los tres interruptores que me recuerdan cómo debe ser la introducción de los cuentos. Decóralos como quieras, tienen que quedar preciosos para cuando reconstruyamos la máquina. Y, si es que te atreves, continúa en la siguiente página para ayudarme a recuperar el resto de las piezas.

17. SEGUNDO PASO: ENCUENTRA EL DISPOSITIVO DE CONTROL

Carmen Álvarez-Moreno, Paula López, Raquel Fidalgo y María Arrimada

Este capítulo se focaliza en la segunda parte de los textos narrativos: el desarrollo. Una vez que se ha proporcionado la introducción que presenta el marco general en el que se desarrolla la historia, mostrando el momento, el lugar en el que esta ocurre y los personajes, la segunda parte de los cuentos es el desarrollo, que incluye los sucesos que dan continuidad a la historia y las reacciones de los personajes ante ellos. Al igual que en el anterior capítulo, el objetivo de este es que el/la aprendiz no solo identifique qué es un desarrollo de calidad, reconociendo los elementos del mismo, sino que además sea capaz de escribir de forma correcta el desarrollo de un cuento.

En este capítulo se sigue nuevamente la **instrucción estratégica y autorregulada,** como secuencia instruccional del capítulo (Fidalgo et al., 2018; Harris y Graham, 2018). Así, el capítulo se inicia con la **instrucción directa.** A través de la visualización del vídeo inicial, el aprendiz descubrirá la parte de **estrategia de la máquina de escribir extraterrestre vinculada al dispositivo de control de la máquina,** que responde mnemotécnicamente a los elementos del desarrollo del cuento (se parte del dispositivo de control de la máquina con sus dos botones, que recuerdan las dos partes del desarrollo de un cuento: qué sucede y cómo responden los personajes). El primer paso es que el aprendiz domine la estrategia y sus partes, es decir, que, de forma automatizada, recuerde dichos elementos. Para ello, se incluirán diferentes prácticas de memorización. Sin embargo, no basta con ello: el aprendiz, además, deberá aplicar dicho conocimiento a la hora de identificar los elementos del desarrollo en diferentes tareas, así como visualizar el **análisis de modelos textuales** ejemplares, en este caso del desarrollo de un cuento (Graham y Harris, 2018; Graham et al., 2012; Koster et al., 2015).

Posteriormente, siguiendo la secuencia instruccional, el pequeño o pequeña escritor/a visualizará vídeos cortos en los que se modela con pensamiento en voz alta la estrategia del dispositivo de control para la escritura del desarrollo de un cuento. Nuevamente, se presentan dos tipos de modelado: ejemplar e incompleto. En el modelado ejemplar se ejemplifica con pensamiento en voz alta la planificación y escritura correcta, sin errores, del desarrollo del cuento. En el modelado incompleto, de forma intencional, se incluyen errores frecuentes que cometen los aprendices en la escritura de los textos. Dichos errores son identificados durante el proceso de escritura y corregidos de forma explícita por el escritor durante el modelado. En este sentido, cabe hacer una aclaración. Puede que ya en el anterior capítulo te hayas preguntado... *¿Por qué mostrarle al niño o la niña una forma de escribir que no es la correcta? Si queremos que aprenda a escribir de forma correcta... ¿qué sentido tiene enseñarle errores o formas incorrectas de hacer las cosas?* Pues bien, aunque te pueda parecer extraño, de los errores también se aprende y la investigación nos dice que cada tipo de modelado tiene su función. Así, el ejemplar le proporciona al aprendiz un criterio que puede utilizar para evaluar, posteriormente, su propio proceso de escritura, le proporciona lo que denominamos el estándar de ejecución (Zimmerman y Kitsantas, 2002). Por su parte, el incompleto le proporciona ejemplos que le muestran cómo resolver problemas o lagunas en el proceso de escritura y, lo que es más importante, ayuda al aprendiz a identificarse con el modelo. Lo normal es que los niños o las niñas al inicio cometan errores, se les olviden cosas clave de la estrategia..., es decir, que su práctica se parezca más a la incompleta que a la ejemplar. Por ello, lo que ha demostrado la evidencia científica es que el modelado incompleto puede ser altamente efectivo para alumnado que presenta problemas o dificultades en su composición escrita (Braaksma et al., 2002). A su vez, esta mayor similitud con el modelo puede llevar a que, de forma indirecta, este modelado incompleto incremente la motivación del/de la aprendiz, sus creencias de autoeficacia, es decir, sus sentimientos de competencia y de capacidad para desarrollar la tarea. Ya sabes, el típico *si él ha podido hacerlo, yo también puedo hacerlo* (Braaksma et al., 2002). Esto es clave, porque no olvidemos que el primer requisito para hacer algo es pensar que puedes hacerlo (Bandura, 1986). Así, el capítulo concluye, precisamente, con la emulación o práctica, el tercer componente de la instrucción estratégica y autorregulada. En él, el aprendiz pone en práctica todo lo que ha aprendido previamente; entonces, se le pedirá que continúe con la escritura de su propio cuento y que, a partir de la introducción escrita en el capítulo anterior, siguiendo la estrategia del dispositivo de control de la máquina de escribir, escriba el desarrollo de su cuento. En esta práctica, al igual que sucede en los modelados cognitivos que se presentan a lo largo de estos capítulos, la planificación textual solo se realiza a través del pensamiento, pensar antes de escribir. Así, se ha omitido expresamente de la práctica, al igual que sucedía en el modelado, cualquier toma de notas o esquema o borrador previo al texto como producto de la planificación; todo ello con el fin de ajustar el programa a las características evolutivas de esta edad.

Y ahora sí, ¡adelante, el dispositivo de control os espera!

REFERENCIAS BIBLIOGRÁFICAS

Bandura, A. (1986). Observational learning. En A. Bandura (ed.), *Social foundation of thougb and action: A social cognitive theory*. Prentice-Hall.

Braaksma, M. A. H., Rijlaarsdam, G. y Van den Bergh, H. (2002). Observational learning and the effects of model-observer similarity. *Journal of Educational Psychology, 94*(2), 405-415. https://doi.org/10.1037/0022-0663.94.2.405

Fidalgo, R., Harris, K. R. y Braaksma, M. (2018). *Design principles for teaching effective writing: Theorical and empirical grounded principles*. Brill Editions.

Fidalgo, R., Torrance, M., Rijlaarsdam, G., Van den Bergh, H. y Álvarez, M. (2015). Strategy-focused writing instruction: Just observing and reflecting on a model benefits 6th grade students. *Contemporary Educational Psychology, 41,* 37-50. https://doi.org/10.1016/j.cedpsych.2014.11.004

Graham, S. y Harris, K. R. (2018). Evidence-based writing practices: A meta-analysis of existing meta-analysis. En R. Fidalgo, K. R. Harris y M. Braaksma (eds.), *Design principles for teaching effective writing: Theoretical and empirical grounded principles* (pp. 13-37). Brill Editions.

Graham, S., McKeown, D., Kiuhara, S. y Harris, K. R. (2012). A meta-analysis of writing instruction for students in the elementary grades. *Journal of Educational Psychology, 104*(4), 879-896. https://doi.org/10.1037/a0029185

Koster, M., Tribushinina, E., De Jong, P. F. y Van den Bergh, H. (2015). Teaching children to write: A meta-analysis of writing intervention research. *Journal of Writing Research, 7*(2), 249-274. https://doi.org/10.17239/jowr-2015.07.02.2

Zimmerman, B. J. y Kitsantas, A. (2002). Acquiring writing revision and self-regulatory skill through observation and emulation. *Journal of Educational Psychology, 94*(4), 660-668. https://doi.org/10.1037/0022-0663.94.4.660

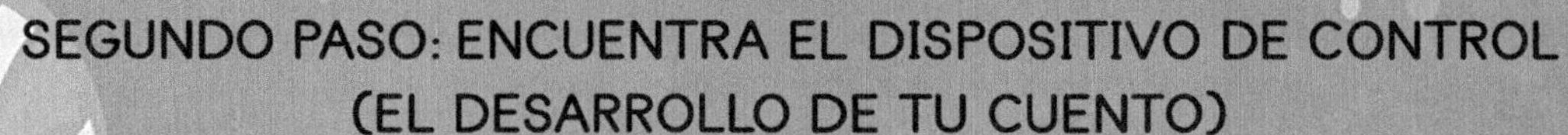

SEGUNDO PASO: ENCUENTRA EL DISPOSITIVO DE CONTROL (EL DESARROLLO DE TU CUENTO)

Ya tenemos la primera pieza de mi máquina de escribir extraterrestre, pero... ¡aún queda mucho camino por recorrer! Debo buscar la segunda pieza de mi máquina de escribir. Haz clic en el código QR y te contaré un poquito más sobre el dispositivo de control de mi máquina.
¿Has entendido cómo es el desarrollo de los cuentos? Pasa la página para comprobarlo.

Actividad 1. ¿Qué significa?

¿Has entendido bien la explicación de los dos botones del dispositivo de control de mi máquina? ¡A ver si es verdad! Lee la pregunta que aparece debajo y rodea la respuesta correcta. Después, escribe el nombre de cada botón en el recuadro que hay sobre él.

¿A qué parte del cuento nos recuerdan los dos botones del dispositivo de control?

Desafío **Diamante** **Desarrollo**

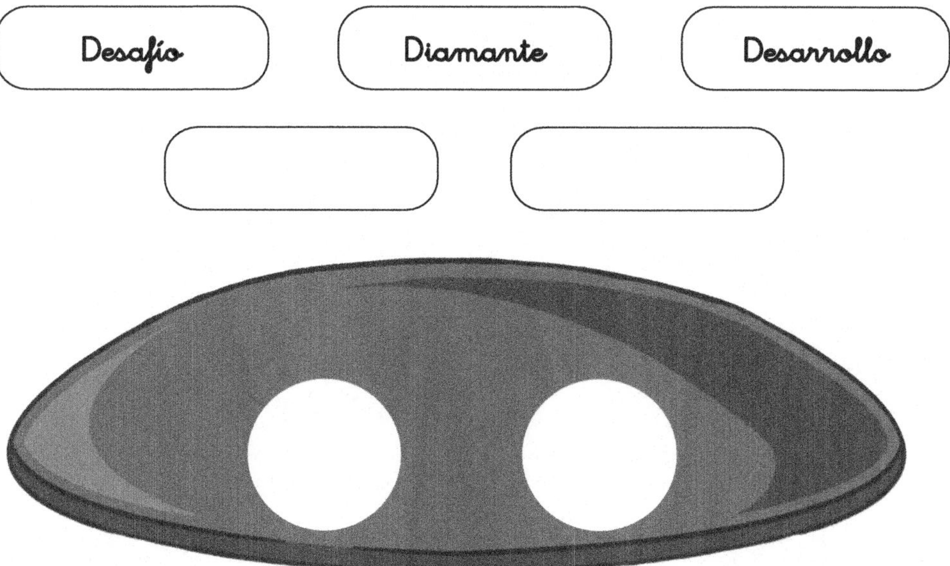

¡Impresionante! Colorea la primera estrella del espacio para ver cómo vas avanzando.

Actividad 2. Cada cual en su lugar

¡Esto sí que es un auténtico jaleo! Todas las partes del desarrollo están mezcladas. Lee cada fragmento y únelo con el botón que corresponda, de los dos que hay en el dispositivo de control.

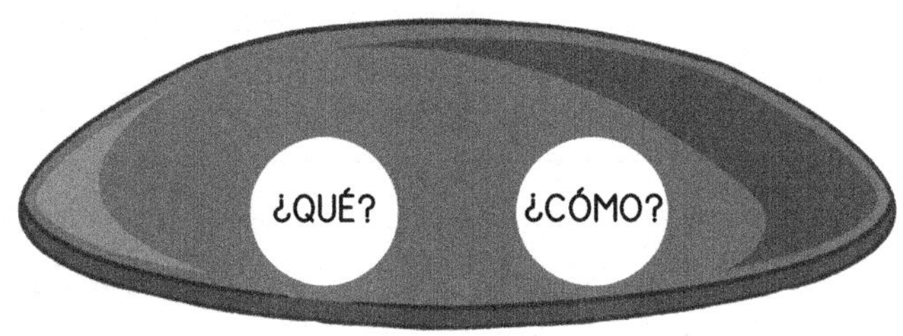

El volcán empezó a escupir lava

Se oyó un ruido muy fuerte, como un trueno

Salió volando por los aires

El ratón se sentía tranquilo

Estaba muy sorprendido con la noticia

Se puso tan triste que se le caían las lágrimas

¡Tú sí que vales! Colorea las dos estrellas del espacio para ver cómo vas avanzando.

Actividad 3. ¿Está bien escrito?

¡Ponte en los zapatos de tu profesor! Ahora, tú pones la nota. Escanea el código QR para ver cómo es un buen desarrollo. Después, fíjate en el desarrollo que aparece debajo, es la historia del marciano que vivía en el planeta Plom. Rodea en color rojo los trocitos que correspondan al qué y en color azul los que correspondan al cómo. ¿Este desarrollo tiene todas las partes? Si es así, colorea el emoticono con el dedo hacia arriba. Si no las tiene, colorea el emoticono con el dedo hacia abajo.

El marciano se sentía triste porque era diferente, los otros marcianos solo tenían un ojo. Una mañana, una nave enemiga se acercaba, pero nadie podía verla, porque con un solo ojo no se ve muy bien. Nadie, excepto nuestro marciano, que pudo dar la voz de alarma, aunque estaba muy asustado.

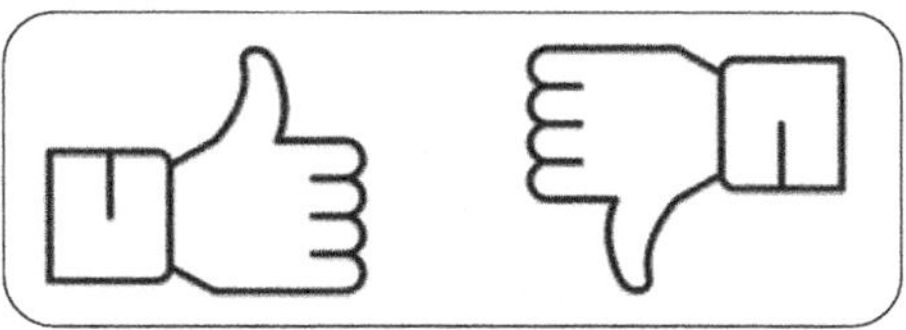

¡Por todos los astros de la Vía Láctea, lo has hecho genial! Colorea las tres estrellas del espacio para ver cómo vas avanzando.

Actividad 4. Así se escribe

¡Poca gente entiende el desarrollo de los cuentos tan bien como tú! Ya sabes que un buen cuento debe tener un buen desarrollo y que, dentro de él, ha de escribirse qué ocurre en el cuento y cómo se sienten los personajes. Pero aún no has visto a nadie escribir un buen desarrollo, ¿a que no? Escanea el código QR que aparece debajo y mira atentamente el vídeo.

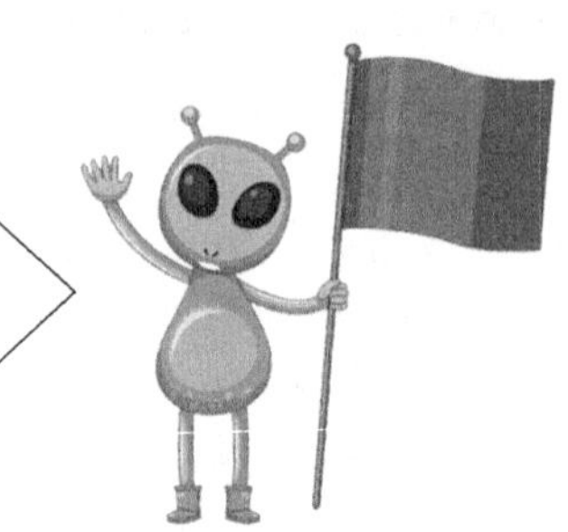

¡Buen trabajo, colega! Colorea las cuatro estrellas del espacio para ver cómo vas avanzando.

Actividad 5. Si me confundo, me corrijo

He recibido un vídeo con el desarrollo de un nuevo cuento. Lo he visto ya varias veces y la verdad es que la escritora, al principio, se hace un poco de lío. Pero, gracias a que recuerda el dispositivo de control de mi máquina, enseguida corrige sus errores. Escanea el código QR, mira el vídeo y fíjate muy bien en cómo lo hace.

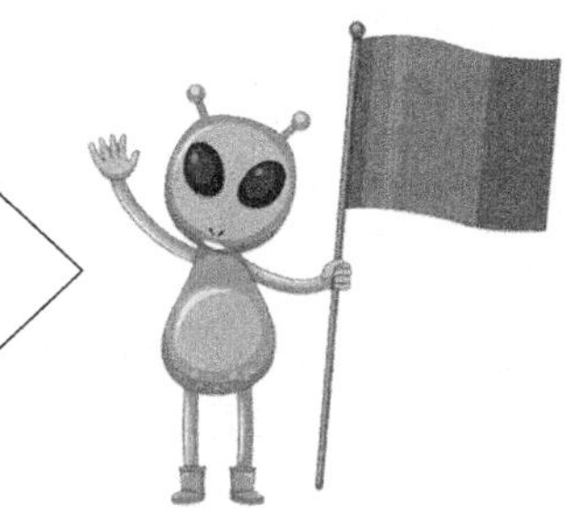

¡Qué bien te fijas! Colorea las cinco estrellas del espacio para ver cómo vas avanzando.

Actividad 6. Continúa tu cuento

¿Recuerdas que estabas escribiendo tu propio cuento? Debajo, copia la introducción que escribiste al final del capítulo 16. Después... ¡es hora de demostrar cuánto sabes del desarrollo! Continúa tu cuento escribiendo un buen desarrollo en la pauta correspondiente. Para recordar sus partes, ayúdate de los dos botones del dispositivo de control de mi máquina.

INTRODUCCIÓN

DESARROLLO

¿QUÉ?

¿CÓMO?

¿Has visto esto? Has trabajado como nunca y, gracias a ti, hemos recuperado y arreglado el dispositivo de control de mi máquina de escribir con sus dos botones, que me recuerdan cómo debe ser el desarrollo de un cuento. Lo he colocado sobre los interruptores que ya teníamos. Decóralos como quieras, tienen que quedar preciosos para que la máquina vuelva a funcionar. ¿Todavía te quedan fuerzas? Échame una mano para encontrar y arreglar la última pieza de mi máquina. Empieza a buscarla en la página siguiente.
¿QUÉ?
¿CÓMO?
¿Cuándo?
¿Dónde?
¿Quién?

18. TERCER PASO: ENCUENTRA LA CÚPULA CREADORA

Paula López, Raquel Fidalgo, María Arrimada y Carmen Álvarez-Moreno

En este capítulo el aprendiz va a trabajar la tercera y última parte de los cuentos: la conclusión. Es importante que el aprendiz comprenda que la conclusión va mucho más allá de las típicas frases hechas como: *colorín colorado..., fueron felices y comieron perdices..., etc.* La conclusión es una parte clave en el cuento, ya que determina el cierre de la historia, la solución a los sucesos planteados al personaje. En este capítulo, como en los dos anteriores, la práctica de enseñanza empíricamente validada, y que fundamenta la elaboración del capítulo, es la **instrucción estratégica y autorregulada** (Fidalgo et al., 2018; Graham y Harris, 2018). Así, la secuencia de enseñanza comienza con la **instrucción directa** sobre la última parte de la **estrategia** de la máquina de escribir de la extraterrestre Solara, con la C: la **cúpula creadora,** que remite mnemotécnicamente a la última parte de los cuentos, con la **letra C,** la **conclusión.** Dentro de esta cúpula de conclusión está la última pieza de los cuentos, la bombilla de cómo acaba la historia. En este primer componente de instrucción directa, el niño/a adquiere un conocimiento declarativo sobre la tercera parte del cuento: la conclusión. La estructura de enseñanza que se sigue en el capítulo se repite nuevamente, pero en este caso focalizada en el último elemento del cuento. Así, se parte de la enseñanza directa de la estrategia a partir de su presentación en una animación digital. En segundo lugar, se facilita su memorización y aplicación a través de diferentes actividades prácticas de identificación de los elementos de la conclusión desarrolladas en un contexto gamificado, o a través de **modelados de análisis de ejemplos textuales** de conclusiones ejemplares que el aprendiz visualizará en los recursos digitales del capítulo.

Una vez que el aprendiz ha adquirido ese conocimiento declarativo sobre cuál es la última parte de un cuento y qué características debe tener una conclusión de calidad, está preparado para afrontar el segundo objetivo: lograr un conocimiento procedimental, que remite al cómo escribir una conclusión. El aprendiz logra dicho **conocimiento procedimental** a través de los dos siguientes componentes instruccionales: **modelado cognitivo de la estrategia,** nuevamente de tipo ejemplar e incompleto, y **práctica y emulación de la estrategia.** En este sentido, el visionado de los vídeos de modelado permitirá al niño/a realizar un aprendizaje por observación de un escritor que aplica de forma autorregulada la estrategia de la cúpula creadora de la máquina de escribir. ¡Recuerda que debes guiar la atención del aprendiz hacia el pensamiento en voz alta del escritor! El modelado es clave en el aprendizaje (Fidalgo et al., 2015), toda la capacidad cognitiva del niño/a está centrada en aprender, en la observación de ese modelo, en cómo aplica la estrategia, enfatizando su carácter autorregulado. Solo tras esta observación, el aprendiz afrontará la escritura de la conclusión de su cuento, en la que se pide que emule, es decir, que imite lo que acaba de observar. Así, en este capítulo finaliza la escritura del cuento que previamente ha iniciado (introducción capítulo 16) y elaborado (desarrollo capítulo 17) en los dos capítulos anteriores.

Y ahora sí, ¡a por la cúpula creadora!

REFERENCIAS BIBLIOGRÁFICAS

Fidalgo, R., Harris, K. R. y Braaksma, M. (2018). *Design principles for teaching effective writing: Theorical and empirical grounded principles*. Brill Editions.

Fidalgo, R., Torrance, M., Rijlaarsdam, G., Van den Bergh, H. y Álvarez, M. (2015). Strategy-focused writing instruction: Just observing and reflecting on a model benefits 6th grade students. *Contemporary Educational Psychology, 41,* 37-50. https://doi.org/10.1016/j.cedpsych.2014.11.004

Graham, S. y Harris, K. R. (2018). Evidence-based writing practices: A meta-analysis of existing meta-analysis. En R. Fidalgo, K. R. Harris y M. Braaksma (eds.), *Design principles for teaching effective writing: Theoretical and empirical grounded principles* (pp. 13-37). Brill Editions.

¡Por Plutón y por Urano, por fin encuentro a un humano! Mi nombre es Solara y viajo por todo el espacio con la misión de escribir cuentos de cada mundo que visito. Para ello, tengo... o más bien tenía una máquina de escribir con la más avanzada tecnología extraterrestre, que me ayudaba a recordar las partes de un cuento. Y digo «tenía» porque mi llegada a la Tierra ha sido un completo desastre. Hubo turbulencias y me estrellé en este lugar. Ahora, la máquina se ha roto y sus piezas están desperdigadas, vete tú a saber por dónde. ¡Y yo no puedo recordar las partes de un cuento! Si no logro encontrar todas las piezas y montar de nuevo mi máquina de escribir, jamás podré escribir una historia sobre este mundo. ¿Me ayudarás a encontrarlas? Busca en esta página la palabra «ayudar» y coloréala para demostrarme que eres de fiar.

Ayudar

¿Ya lo tienes? ¡Mantén los ojos bien abiertos, nuestra búsqueda solo acaba de empezar! Para encontrar las partes de mi máquina de escribir, tendrás que resolver las pruebas que se muestran en las páginas siguientes. Y recuerda: al acabar cada página, colorea las naves espaciales que aparecen en pequeñito. Así sabrás que estamos un paso más cerca de lograrlo.

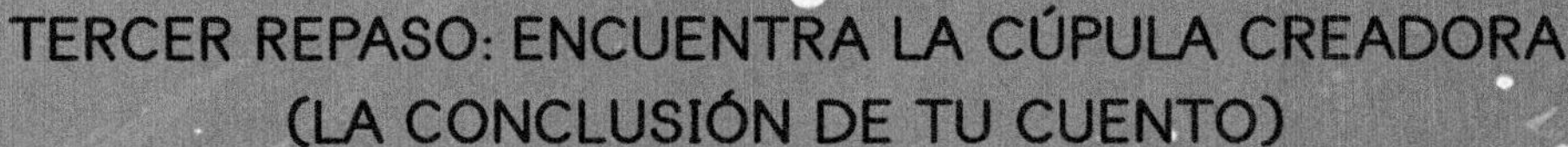

TERCER REPASO: ENCUENTRA LA CÚPULA CREADORA (LA CONCLUSIÓN DE TU CUENTO)

¡Estamos a punto de completar la misión!
Ya tenemos casi todas las piezas de mi máquina para escribir cuentos perfectos: los interruptores, el dispositivo de control... pero aún falta la última pieza: la cúpula creadora.
¿Quieres descubrir para qué sirve esta pieza tan especial?
Escanea el código QR y te revelaré un poquito más sobre su mágico funcionamiento.
¿Has entendido cómo es la última parte de los cuentos?
¡Pasa la página y compruébalo!

Actividad 1. ¿Qué significa?

¿Has entendido bien la explicación de la cúpula creadora de mi máquina y la bombilla que hay dentro de ella? ¡A ver si es verdad! Lee la pregunta que aparece debajo y rodea la respuesta correcta. Después, escribe el nombre de la bombilla en el recuadro que hay sobre él.

¿A qué parte del cuento nos recuerda la cúpula?

Confianza **Contar** **Conclusión**

¡Espectacular! Colorea la primera luna del espacio para ver cómo vas avanzando.

Actividad 2. Nada fuera de su sitio

¡Algún extraterrestre desordenado anda suelto por ahí! Ha mezclado un montón de trozos de cuentos diferentes. ¿Puedes encontrar solo aquellos trozos que corresponden a la conclusión? Rodéalos y únelos con la bombilla «¿cómo acaba?».

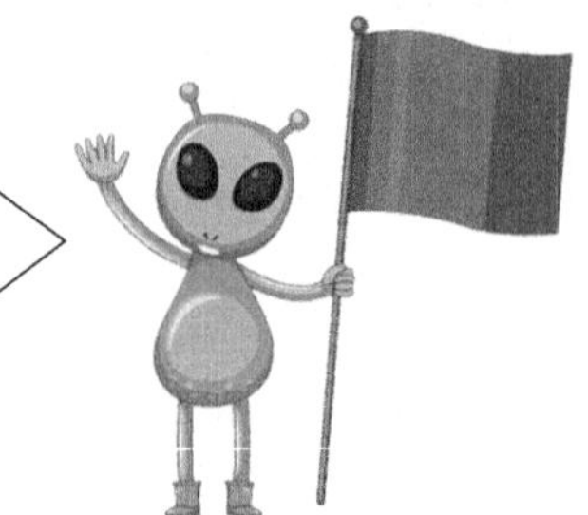

Por fin, el valiente rey derrotó a los dragones y todos los habitantes del reino vivieron felices y a salvo

Tenía miedo, se le pusieron los pelos de punta

De pronto, algo salió de entre los árboles

Al final, todos vivieron felices y nadie volvió a pasar hambre

Al final, el pequeño oso aprendió la lección y nunca más volvió a escaparse de su hogar

Un hermoso día de primavera

¡Eso ha sido alucinante! Colorea las dos lunas del espacio para ver cómo vas avanzando.

Actividad 3. Corrige y vencerás

¡A corregir se ha dicho! Escanea el código QR para ver cómo es una buena conclusión. Después, fíjate en la conclusión que aparece debajo, es el final de la historia del marciano que vivía en el planeta Plom. Elige un color y subraya toda la conclusión. ¿Crees que es una buena conclusión? Si tu respuesta es que sí, colorea el emoticono con el dedo hacia arriba. Si crees que no, colorea el emoticono con el dedo hacia abajo.

Al final, el planeta del marciano se salvó del ataque y nuestro amigo jamás volvió a sentirse diferente. Era único, y eso lo hacía muy especial.

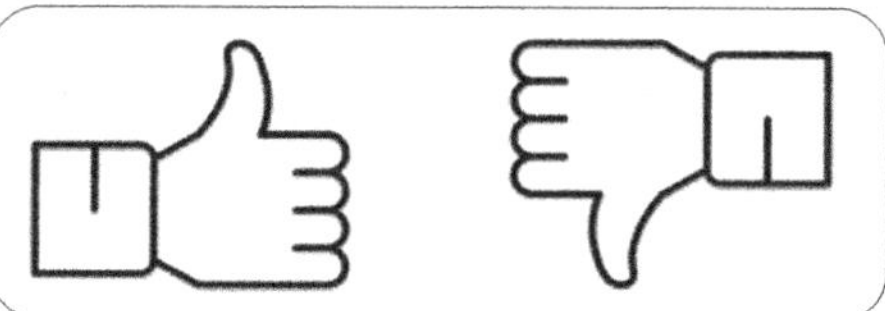

¡Por todos los planetas del universo, lo has hecho genial! Colorea las tres lunas del espacio para ver cómo vas avanzando.

Actividad 4. Así se escribe

¡Vaya, eres un crack! ¡Qué bien se te da esto de la conclusión! Ya sabes que un buen cuento debe terminar con una buena conclusión y que, dentro de ella, debemos escribir cómo acaba el cuento, cómo se soluciona el problema. Pero aún no has visto a nadie escribir una buena conclusión, ¿a que no? Escanea el código QR que aparece debajo y mira atentamente el vídeo.

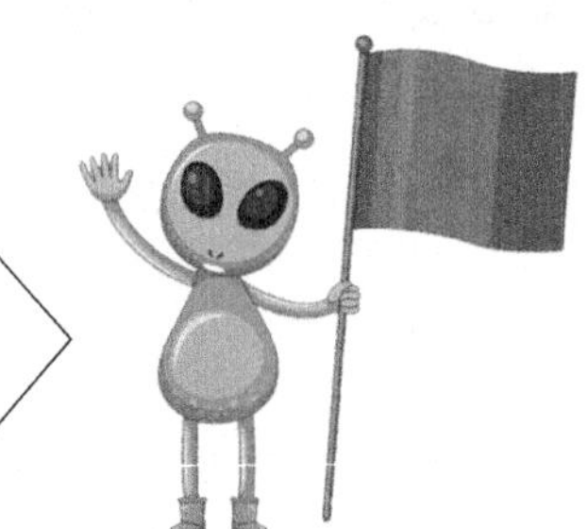

¡Bien hecho! Colorea las cuatro estrellas del espacio para ver cómo vas avanzando.

Actividad 5. ¡Siempre alerta!

He recibido un vídeo con la conclusión de un nuevo cuento y parece que a la escritora le ha costado un poco concentrarse y hacerlo bien. ¡Menos mal que al final lo ha conseguido! Escanea el código QR y fíjate muy bien en el vídeo, te ayudará para cuando escribas tus propias conclusiones.

¡Lo has hecho perfecto! Colorea las cinco lunas del espacio para ver cómo vas avanzando.

Actividad 6. Continúa tu cuento

¿Recuerdas que estabas escribiendo tu propio cuento? Debajo, copia la introducción y el desarrollo que escribiste al final del capítulo 17. Después... ¡es hora de demostrar qué tal se te da la conclusión! Continúa tu cuento escribiendo una buena conclusión en la pauta correspondiente. Para recordar cómo es, ayúdate de la bombilla que hay en el interior de la cúpula creadora de mi máquina.

INTRODUCCIÓN

DESARROLLO

CONCLUSIÓN

¿CÓMO ACABA?

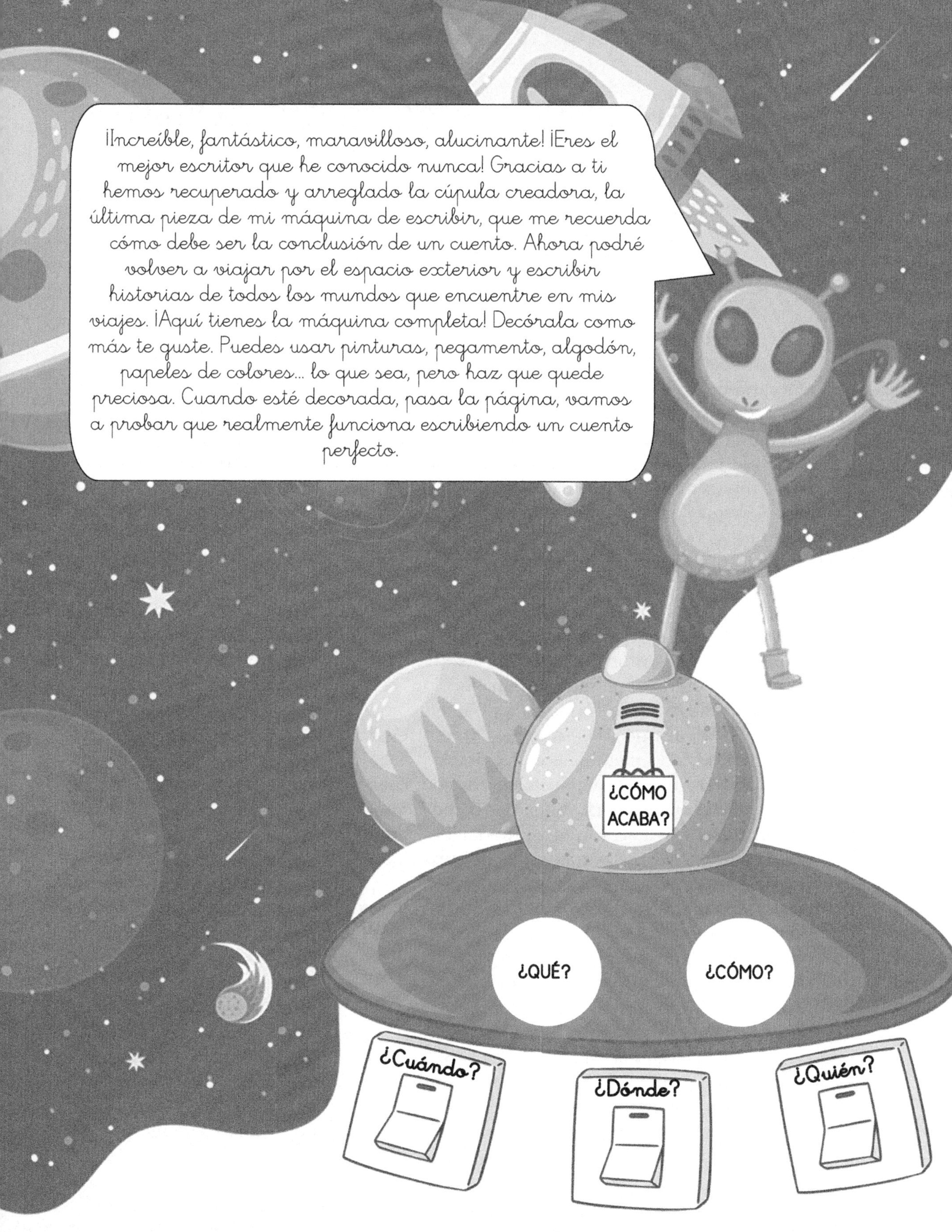
¡Increíble, fantástico, maravilloso, alucinante! ¡Eres el mejor escritor que he conocido nunca! Gracias a ti hemos recuperado y arreglado la cúpula creadora, la última pieza de mi máquina de escribir, que me recuerda cómo debe ser la conclusión de un cuento. Ahora podré volver a viajar por el espacio exterior y escribir historias de todos los mundos que encuentre en mis viajes. ¡Aquí tienes la máquina completa! Decórala como más te guste. Puedes usar pinturas, pegamento, algodón, papeles de colores... lo que sea, pero haz que quede preciosa. Cuando esté decorada, pasa la página, vamos a probar que realmente funciona escribiendo un cuento perfecto.
¿CÓMO ACABA?
¿QUÉ?
¿CÓMO?
¿Cuándo?
¿Dónde?
¿Quién?

19. APRENDIENDO A ESCRIBIR CUENTOS

Raquel Fidalgo, María Arrimada, Carmen Álvarez-Moreno y Paula López

Si vuestro viaje escritor a través del libro os ha traído hasta aquí, quiere decir que el pequeño aprendiz ya domina la estrategia de planificación y escritura de cuentos, de *la máquina de escribir de la extraterrestre Solara*. A través de los tres capítulos anteriores el/la aprendiz ha adquirido el conocimiento declarativo y procedimental sobre las tres partes de la estrategia de escritura, relacionadas con las partes de la máquina de Solara: los interruptores de su máquina que le ayudan a escribir la introducción de los cuentos; el dispositivo de control de su máquina que le ayuda a escribir el desarrollo de su cuento; y, por último, la cúpula creadora, con la que finaliza su máquina y que le ayuda a escribir la conclusión de su cuento. Sin embargo, ha adquirido dichos conocimientos de forma fragmentada, como partes independientes entre sí, dentro de un todo. Dada la gran complejidad de la estrategia y con el fin de adaptar este tipo de instrucción a la edad del niño/a y su competencia, tanto general a nivel atencional, como propiamente escritora, en este libro se ha optado por fragmentar esta estrategia en tres partes diferenciadas: para la introducción, el desarrollo y la conclusión. Dichas partes se han trabajado de forma independiente y correlativa siguiendo la secuencia instruccional de la instrucción estratégica y autorregulada (Fidalgo et al., 2018): instrucción directa, modelado y emulación o práctica. Dicha división y parcelación, tan necesaria, ha supuesto el presentar modelados parciales del proceso de escritura de un texto, correspondientes a la planificación y redacción de la introducción, del desarrollo y de la conclusión. De esta forma, el modelado se combina con la práctica de escritura de cada una de las partes estructurales del texto narrativo modeladas. Esta secuenciación y parcelación de la estrategia en sus tres partes principales es sumamente necesaria de acuerdo con las características evolutivas del aprendiz a estas edades iniciales del aprendizaje escritor; sin embargo, no por ello deja de ser irreal, puesto que cuando el aprendiz se enfrente a la tarea escritora de escribir un cuento, deberá afrontar la escritura completa del mismo. Es por eso que toma una especial atención e interés el capítulo que aquí se presenta. En este, el aprendiz afrontará la escritura completa de un cuento, aplicando la estrategia completa de la máquina de escribir de Solara.

Un aspecto crítico en la eficacia de este tipo de instrucción viene dado por la capacidad del niño/a para que, una vez interiorizada la estrategia de escritura (objetivo logrado en los tres capítulos previos), el aprendiz sea capaz de ponerla en práctica de forma efectiva en la escritura de su texto. Para lograr este reto, tu labor como guía va a ser clave. Deberás acompañarle en este proceso de escritura y proporcionarle las ayudas y andamiajes necesarios para que aplique correctamente la estrategia y logre la correcta escritura del texto. Además de tu ayuda y andamiaje como guía de la escritura de tu hijo/a en las tareas de escritura del texto que se plantean en este capítulo, también se incluyen diferentes **niveles de andamiaje.** Las hojas para la escritura del cuento incluyen diferentes ayudas en forma de una guía externa que le recuerden al aprendiz los elementos estructurales a incluir en la hoja de redacción del texto. Pero... ¡cuidado! Si de verdad quieres ayudar a tu hijo/a, dichas ayudas deben ir disminuyendo progresivamente, dicho andamiaje debe ir de más a menos, hasta que por fin desaparezca. Será en ese momento cuando el aprendiz haya interiorizado completamente la estrategia, y sea capaz de aplicarla de forma autorregulada, ajustándola a la tarea y sus demandas. Así, en el capítulo se presentan dos niveles de ayuda, de mayor a menor andamiaje. Y tú también, como guía, no debes olvidar que tu ayuda debe ir progresivamente disminuyendo, hasta desaparecer.

A su vez, otra estrategia instruccional validada empíricamente que se utiliza en este capítulo son las **listas de control.** De esta forma, al final de cada práctica de escribir un cuento, Solara presenta una lista de control al aprendiz, en la que debe realizar una autoevaluación de su texto, analizando cada uno de los elementos estructurales que ha conseguido lograr en la escritura de su cuento y, en caso de evaluación negativa, proceder a su revisión. Al igual que ocurre con la escritura del texto, aquí también tienes un papel clave como guía a la hora de aplicar la lista de control de forma correcta por parte del aprendiz. No obstante, recuerda: el objetivo es que finalmente el niño/a sea capaz de autoevaluarse de forma independiente, por lo que tu andamiaje y ayuda debe ir disminuyendo progresivamente. Esta lista de control también supone a su vez una tarea de **refuerzo y motivación** hacia la tarea para el niño/a, puesto que no hay nada más motivante para un aprendiz que ser consciente de los logros y metas que va alcanzando progresivamente. El ir observando cómo sus cuentos mejoran progresivamente, consiguiendo cada vez cuentos de mayor calidad, es lo que motivará al aprendiz a seguir utilizando esta estrategia y generalizando su uso, en futuros contextos, más allá de las páginas del presente libro. Y ahora sí, vamos adelante con la última etapa en este viaje escritor.

REFERENCIAS BIBLIOGRÁFICAS

Fidalgo, R., Harris, K. R. y Braaksma, M. (2018). *Design principles for teaching effective writing: Theorical and empirical grounded principles.* Brill Editions.

¡Por Plutón y por Urano, por fin encuentro a un humano! Mi nombre es Solara y viajo por todo el espacio con la misión de escribir cuentos de cada mundo que visito. Para ello, tengo... o más bien tenía una máquina de escribir con la más avanzada tecnología extraterrestre, que me ayudaba a recordar las partes de un cuento. Y digo «tenía» porque mi llegada a la Tierra ha sido un completo desastre. Hubo turbulencias y me estrellé en este lugar. Ahora, la máquina se ha roto y sus piezas están desperdigadas, vete tú a saber por dónde. ¡Y yo no puedo recordar las partes de un cuento! Si no logro encontrar todas las piezas y montar de nuevo mi máquina de escribir, jamás podré escribir una historia sobre este mundo. ¿Me ayudarás a encontrarlas? Busca en esta página la palabra «ayudar» y coloréala para demostrarme que eres de fiar.

Ayudar

¿Ya lo tienes? ¡Mantén los ojos bien abiertos, nuestra búsqueda solo acaba de empezar! Para encontrar las partes de mi máquina de escribir, tendrás que resolver las pruebas que se muestran en las páginas siguientes. Y recuerda: al acabar cada página, colorea las naves espaciales que aparecen en pequeñito. Así sabrás que estamos un paso más cerca de lograrlo.

APRENDIENDO A ESCRIBIR CUENTOS

¡Lo conseguimos! Ya tenemos todas las piezas de mi maravillosa máquina para crear cuentos. ¿Recuerdas cuáles son? Escanea el código QR que aparece aquí debajo para refrescar la memoria. Luego, observa el dibujo de la máquina: verás que aparecen los nombres de sus partes, pero falta algo muy importante... A la derecha de cada una, escribe qué parte del cuento representa. Por último, piensa en todos los elementos que necesita un buen cuento y ponles nombre a los tres interruptores, los dos botones del dispositivo de control y la bombilla escondida en la cúpula creadora. ¡Dale vida a tu máquina con tu imaginación!

Partes de la máquina de los cuentos

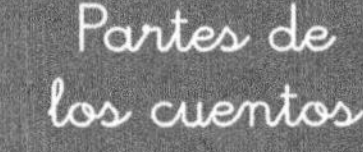

Cúpula creadora

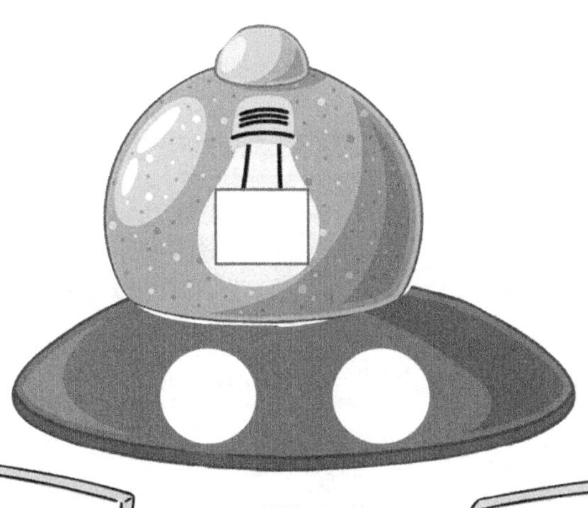

Dispositivo de control

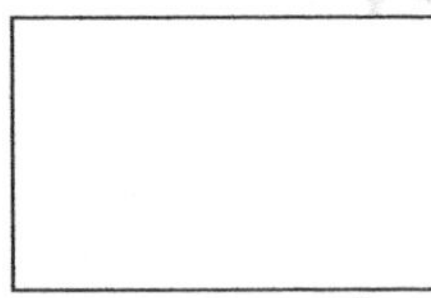

Interruptores

Actividad 1. Mi cuento con ayuda

¡Vamos a probar si mi máquina funciona! Es tu turno para escribir un cuento completo. Pero, por ser la primera vez que pruebas mi máquina, necesitarás un poco de ayuda. Escribe tu cuento en la pauta de escritura utilizando las pistas que te da la máquina.

¿Cuándo?

¿Dónde?

¿Quién?

INTRODUCCIÓN

DESARROLLO

¿QUÉ?

¿CÓMO?

CONCLUSIÓN

¿CÓMO?

Actividad 1. Mi cuento con ayuda

¡Espectacular! Has hecho un supercuento.
Ahora, vamos a repasar las partes de la máquina de los cuentos. Lee las preguntas que aparecen a continuación para ver si has puesto todas las partes en tu cuento.
Rodea ✓ si lo tiene, y rodea ✗ si no lo tiene.
Si alguna parte no está, corrígela en tu cuento.

COMPRUEBA TU CUENTO

¿Cuándo?	¿He puesto cuándo ocurre mi cuento?	✓ ✗
¿Dónde?	¿He puesto dónde ocurre mi cuento?	✓ ✗
¿Quién?	¿He puesto quién es el personaje de mi cuento?	✓ ✗
¿Qué?	¿He puesto qué le pasa a mi personaje?	✓ ✗
¿Cómo?	¿He puesto cómo se siente mi personaje con las cosas que le pasan?	✓ ✗
¿Cómo acaba?	¿He puesto cómo acaba mi cuento?	✓ ✗

Actividad 2. ¡Ya sé escribir cuentos perfectos!

¡Ha llegado la hora de la verdad! ¿Eres capaz de escribir un cuento completo sin ninguna pista? Ya conoces la máquina, acuérdate de ella. Pero ¡ojo! No vale que mires las páginas anteriores, tiene que estar en tu cabeza. Inventa un cuento y escríbelo en la pauta de escritura que aparece debajo. ¡Estoy segura de que lo harás genial!

¡Alucino estrellas de colores! Menudo cuento.
Ahora, vamos a repasar las partes de la máquina de los cuentos. Lee las preguntas que aparecen a continuación para ver si has puesto todas las partes en tu cuento.
Rodea ✔ si lo tiene, y rodea ✖ si no lo tiene.
Si alguna parte no está, corrígela en tu cuento.

COMPRUEBA TU CUENTO

¿Cuándo?	¿He puesto cuándo ocurre mi cuento?	✔ ✖
¿Dónde?	¿He puesto dónde ocurre mi cuento?	✔ ✖
¿Quién?	¿He puesto quién es el personaje de mi cuento?	✔ ✖
¿Qué?	¿He puesto qué le pasa a mi personaje?	✔ ✖
¿Cómo?	¿He puesto cómo se siente mi personaje con las cosas que le pasan?	✔ ✖
¿Cómo acaba?	¿He puesto cómo acaba mi cuento?	✔ ✖

¡Creo que nunca había visto un cuento tan perfecto! ¡Está claro que mi máquina funciona y que tú sabes usarla mejor que nadie! Ha sido un placer trabajar contigo, nunca olvidaré lo que has hecho por mí. Ahora debo irme, hay muchos mundos esperando que escriba historias sobre ellos. Pero me voy tranquila, en la Tierra se queda el mejor escritor que haya conocido en muchos milenios. ¡Sí, tú! ¿De quién creías que estaba hablando? ¡Siempre estaré en deuda contigo! ¡Hasta pronto colega!

20. COMPRUEBA TU APRENDIZAJE: ¡VAMOS A POR EL RETO!

Rubén Díaz-Tejedor y María Arrimada

Hacer un seguimiento del progreso de tu pequeño aprendiz es vital para saber en qué puedes echarle una mano, ¿no crees? Esta monitorización o seguimiento es esencial; por una parte, permite hacer más visible el avance en el dominio escritor de tu hijo o hija, y por otra, permite detectar en qué áreas de las trabajadas y evaluadas mejora más y en cuales menos. A todos nos gusta ver cómo avanzan las cosas, ¿no es cierto? Además, si necesita ayuda en alguna tarea de escritura, serás el primero en darte cuenta. Recuerda: un buen seguimiento es clave para trabajar con tu hijo durante esos primeros años, cuando mejor asimila los nuevos aprendizajes.

Pero... *¿qué es la monitorización?* Se trata de un sistema de evaluaciones repetidas a través de tareas breves, aplicadas con frecuencia y que implican la puesta en marcha de las habilidades que pretendemos evaluar, en este caso la escritura (Jiménez et al., 2019). En este capítulo te ofrecemos un sistema de monitorización que combina el formato digital como elemento motivador, con el formato en papel y lápiz. ¿Quieres conocer a la pulga Pixi? A lo mejor su historia te ayuda a monitorizar el progreso escritor de tu hijo o hija.

En el sistema de monitorización que se propone en este capítulo se ha creado un *breakout* para guiar la historia de *La pulga Pixi y el reloj del tiempo,* utilizando las TIC y la propia historia de Pixi como elementos motivadores. No siempre a los pequeños aprendices les resulta muy motivador el escribir un cuento; por ello, plantear dicha tarea en el contexto gamificado de un *breakout* hace que la posible «tediosa» tarea de escribir se convierta en un reto muy motivante para el niño o la niña. Concretamente, un *breakout* es un recurso educativo digital utilizado para guiar actividades a través de plataformas o recursos interactivos. En este caso la plataforma utilizada permite crear una serie de interactividades para que el usuario pueda ir avanzando en la historia de manera autónoma hasta llegar a las actividades de monitorización propiamente dichas: la escritura de un texto.

Para poder utilizar este sistema de monitorización, el niño o la niña debe acceder, con un dispositivo electrónico, al *breakout* a través del QR que se recoge en el presente capítulo. Una vez dentro, el aprendiz solo necesita prestar mucha atención a la trama que se plantea en el *breakout* y tener la plantilla de escritura del texto que se recoge al final del capítulo y un bolígrafo o lapicero para poder completar el reto que se le propone. Por otra parte, tú como guía del aprendizaje escritor del niño o la niña, para corregir los textos que escriba, solo necesitarás la hoja de puntuaciones que viene al final de este capítulo y haber leído previamente los capítulos 21, 22 y 23 de este manual para saber cómo corregir la caligrafía, la ortografía y la calidad de un texto.

Las tareas incluidas en este *breakout* son cuatro y todas ellas consisten en la escritura de un texto narrativo a partir de una imagen. El niño o la niña debería ir completando las diferentes tareas propuestas a medida que va avanzando en la ejecución del presente libro. Por ejemplo, la primera tarea antes de iniciar el libro (para ver el punto de partida del viaje), la segunda cuando haya recorrido el primer tercio del libro, la tercera cuando el viaje ya haya avanzado dos tercios del libro y, la última, al alcanzar el puerto al final de este viaje escritor.

En relación al funcionamiento del *breakout,* la pantalla principal os dará la opción de elegir entre iniciar la historia (cuando vayáis a hacer la primera tarea) y continuar la historia (cuando vayáis a hacer cualquiera de las tres siguientes tareas). Al pulsar en «iniciar historia» avanzaréis a una pantalla que os permitirá ver un vídeo que ambientará la historia. La historia que guía todo el *breakout* la introduce a continuación la propia pulga Pixi. Esta contará que el reloj del tiempo se ha roto y que va a necesitar la ayuda de los que escuchan para poder recuperar los cuatro engranajes del reloj (uno por cada tarea). De manera intuitiva se podrá seguir toda la historia con los botones que aparecen cuando la pulga acaba de hablar o explicar lo que tenéis que hacer. Algo muy importante a la hora de hacer la tarea de monitorización propiamente dicha es controlar el tiempo. En el propio *breakout* hay un temporizador automático que sonará al acabar los 10 minutos que tiene el/la aprendiz para escribir el texto narrativo en las plantillas disponibles al final del capítulo. Durante ese tiempo es importante que no ayudes a tu hijo/a, solo deja que vea la imagen para escribir su cuento y que realice la tarea de forma individual. Por último, al finalizar cada una de las pruebas es fundamental reforzar el trabajo de tu niño o niña, por lo que puedes imprimir un reloj e ir pegando con él/ella diferentes engranajes cada vez que supere una tarea o cualquier otra cosa que se te ocurra y que vaya a funcionar con tu hijo o hija y sus intereses o gustos.

Con todo esto, seguro que vas a poder hacer un gran seguimiento del aprendizaje escritor de tu hijo o hija: cada pequeño avance cuenta, no te olvides de reforzar sus logros.

REFERENCIAS BIBLIOGRÁFICAS

Jiménez, J. E. (coord.) (2019). *Modelo de respuesta a la intervención: un enfoque preventivo para el abordaje de las dificultades específicas de aprendizaje*. Pirámide.

Hoja de puntuaciones para la corrección de la monitorización

	ORTOGRAFÍA			CALIGRAFÍA	CALIDAD
	N.º DE PALABRAS ESCRITAS	N.º DE PALABRAS ESCRITAS INCORRECTAMENTE	N.º DE PALABRAS ESCRITAS CORRECTAMENTE		
Tarea 1					
Tarea 2					
Tarea 3					
Tarea 4					

¡Vamos a escribir un cuento!

TAREA 1

¡Vamos a escribir un cuento!

TAREA 2

¡Vamos a escribir un cuento!

TAREA 3

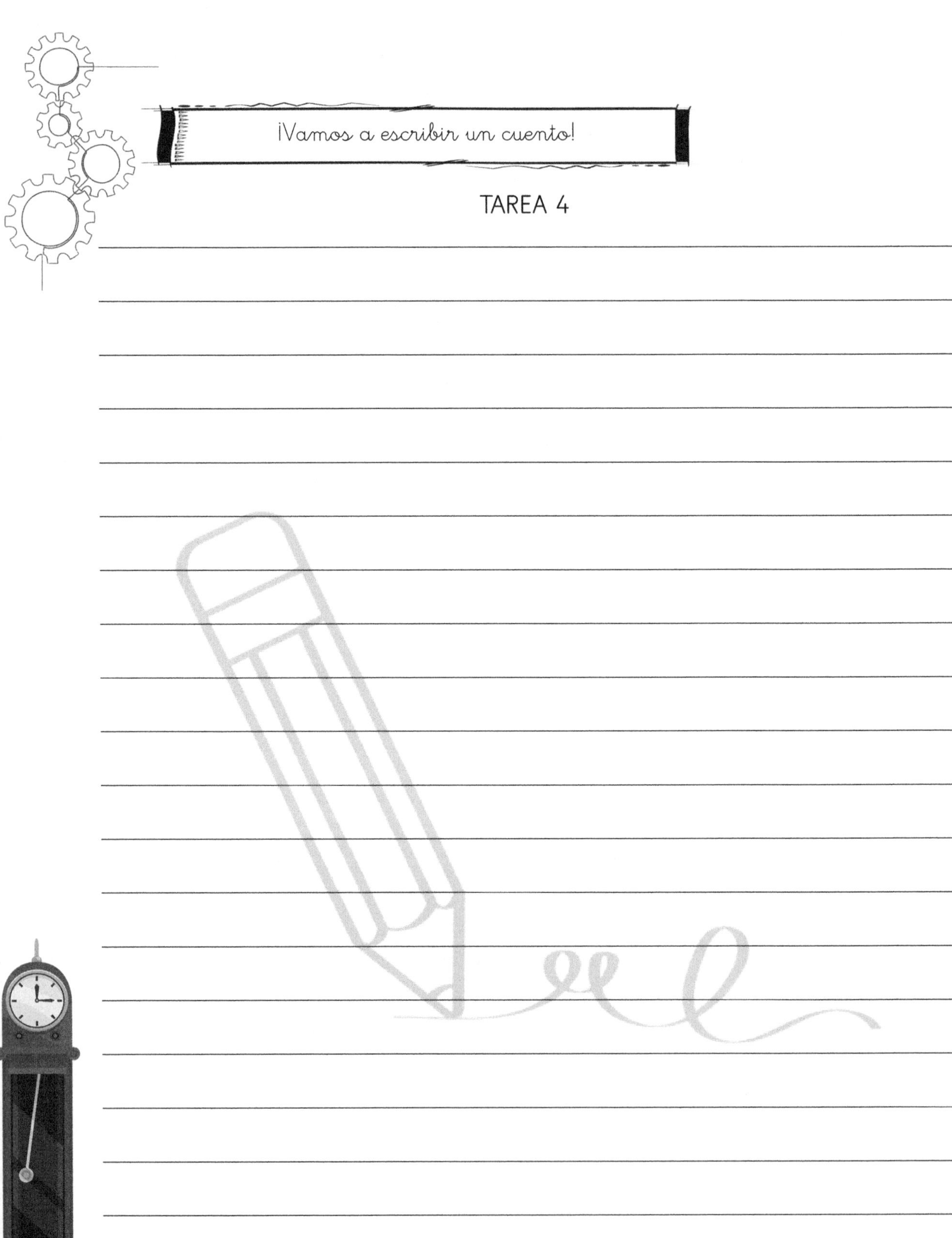
¡Vamos a escribir un cuento!

TAREA 4

21. ASÍ EVALUAMOS LA CALIGRAFÍA

María Arrimada, Sara Real Castelao y Paula López

A estas alturas del libro ya parece más que evidente que la caligrafía es una dimensión importante dentro de la escritura. Como ya hemos visto, escribir con un buen trazo ayuda a que el texto final sea mejor. Pero ¿cómo va a saber un niño pequeño o niña pequeña si su caligrafía es legible y precisa? Ahí es donde entras en juego tú: serás la persona encargada de evaluar sus trazos. Y prepárate, porque no es una tarea sencilla. Encontrarás letras escritas del revés, de diferentes tamaños o superpuestas, trazos temblorosos, algunos muy largos y otros tal vez demasiado cortos, círculos sin cerrar, palabras que no siguen la línea de escritura... a veces incluso da la sensación de que el texto se asemeja a una montaña rusa. Qué locura, ¿verdad? Cualquiera que vaya a evaluar la caligrafía de un texto necesita una guía, un sistema de evaluación fácil de entender y de aplicar. Entre los muchos métodos que existen, en este capítulo te presentamos uno sencillo que puedes utilizar en casa o en el colegio en forma de escala de puntuaciones. ¡Échale un vistazo y pon a prueba tus habilidades como evaluador!

¿CÓMO EVALUAR LA CALIGRAFÍA EN LOS PRIMEROS CURSOS DE EDUCACIÓN PRIMARIA?

Mira bien el texto que quieres evaluar. Tal vez el niño o la niña haya escrito tres o cuatro palabras o tal vez su texto ocupe más de una página. ¡A estas edades todo es posible! Tendrás que fijarte en las dos primeras líneas del texto (unas 10 palabras aproximadamente). Ellas te servirán de referencia para evaluar la caligrafía. ¡Ojo! Aquí hay dos aspectos importantes a tener en cuenta:

- Primero: recuerda que estás evaluando caligrafía, es decir, el trazo de las letras. Por tanto, aunque las letras escritas por el niño o la niña no formen palabras, igualmente se dará una puntuación en caligrafía.
- Segundo, a veces la calidad del trazo cambia a lo largo del texto: niños o niñas que empiezan haciendo una letra preciosa que luego empeora o al revés, trazos que van mejorando a medida que avanza el texto. En este caso, fíjate en las dos líneas con mejor caligrafía, independientemente de su posición en el texto.

Una vez que hayas localizado las dos primeras líneas de texto, tu evaluación tendrá en cuenta dos dimensiones del trazo:

- **Precisión:** se refiere al grado en que cada trazo se identifica con la letra a la que corresponde. De este modo, si puedes asociar fácilmente un trazo realizado por el niño o la niña con la letra que le corresponde, sin confundirlo con otras letras, dicho trazo es preciso. Por el contrario, si te resulta difícil saber exactamente qué letra estaba intentando escribir el niño o la niña al realizar un trazo determinado, dicho trazo resulta impreciso.
- **Regularidad:** se refiere al grado en que los segmentos que componen una letra han sido trazados correctamente. Es decir, hay letras de distintos tamaños, o utilizan el mismo tamaño para letras mayúsculas y minúsculas o para letras que deberían ocupar distinto espacio, los trazos, son temblorosos, escriben sin seguir una línea recta (por ejemplo, letras «volando» y otras apoyadas en la pauta), las letras están inclinadas o superpuestas, o están invertidas, los trazos añadidos u omitidos... estos son ejemplos de irregularidades. Es importante considerar que los trazos largos al final de la letra (por ejemplo, una «a» con la línea que la une con la siguiente letra demasiado larga) no deben ser considerados como irregularidades porque reflejan el intento de los niños o las niñas de unir unas letras con otras. Las letras mayúsculas solo se consideran irregulares por tamaño (por ejemplo, cuando son igual de grandes que las minúsculas), pero no por estar intercaladas en el texto.

Si has entendido lo que significan estas dos dimensiones, es el momento de puntuar el texto con una puntuación del 0 al 4 utilizando la siguiente escala. Ten en cuenta que, en la escala, encontrarás diferentes descriptores para cada puntuación. En el caso de la puntuación 0, dichos descriptores son excluyentes, basta con que se cumpla uno de ellos. En el caso del resto de puntuaciones, será necesario que se cumplan al menos dos de los descriptores señalados.

PUNTUACIÓN	INDICADORES
0	La mayoría de las marcas escritas en el papel no se identifican con letras. Pueden ser dibujos o trazos aleatorios. Es posible que algunos de estos trazos se asemejen a letras, pero la mayoría no lo hacen. Se incluyen aquí también los textos en los que el niño o la niña solo traza una o dos letras y las repite continuamente a lo largo del texto (por ejemplo, Aaaaa; ucccuuuuccuuuccc).
1	La mayoría de las marcas escritas en el papel pueden identificarse como letras específicas (independientemente del contexto). Sin embargo, la mayoría de ellas están formadas con un trazo bien impreciso (es posible detectar que se trata de una letra, pero resulta difícil identificar de cuál se trata), muy irregular (se identifica de qué letra se trata, pero presenta alguna de las irregularidades anteriormente descritas), o ambos. Esto conlleva una escritura ilegible.

PUNTUACIÓN	INDICADORES
2	La mayoría de las marcas escritas en el papel pueden identificarse como letras específicas (independientemente del contexto). La mayoría de estas letras son precisas (por ejemplo, se identifica de qué letra se trata) pero trazadas de forma irregular (ver los aspectos considerados irregulares anteriormente). El tamaño de las letras es consistente (por ejemplo, sin grandes variaciones entre letras) a lo largo del texto, pero, o bien las letras son tan pequeñas que resulta difícil saber si son precisas o no, o son demasiado grandes. La escritura es legible, aunque irregular, y el texto en su conjunto no da sensación de orden.
3	La mayoría de las marcas escritas en el papel pueden identificarse como letras específicas (independientemente del contexto). Al menos la mitad de estas letras son precisas y regulares.
4	Todas las marcas incluidas en las dos primeras líneas (o 10 primeras palabras) del texto pueden identificarse fácilmente con letras específicas (puede haber una marca, de forma muy excepcional, que no se identifique con una letra). La gran mayoría de letras son precisas y regulares. Pueden existir algunas irregularidades, pero estas están muy poco presentes. El texto en su conjunto da sensación de orden y limpieza.

PONTE A PRUEBA

Ya sabes que no existe teoría sin una buena práctica. Por eso, ahora que conoces un sistema para evaluar la caligrafía, tal vez sea hora de aplicarlo. ¿Quieres intentarlo? A continuación, te mostramos cinco textos escritos por niños y niñas de 1.º de Educación Primaria. Usa la escala anterior para asignar a cada uno de ellos una puntuación en caligrafía entre 0 y 4 puntos.

Texto 1

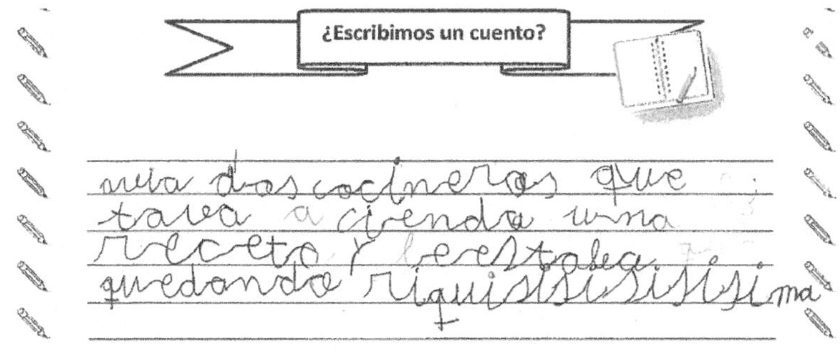

Puntuación (de 0 a 4):

Texto 2

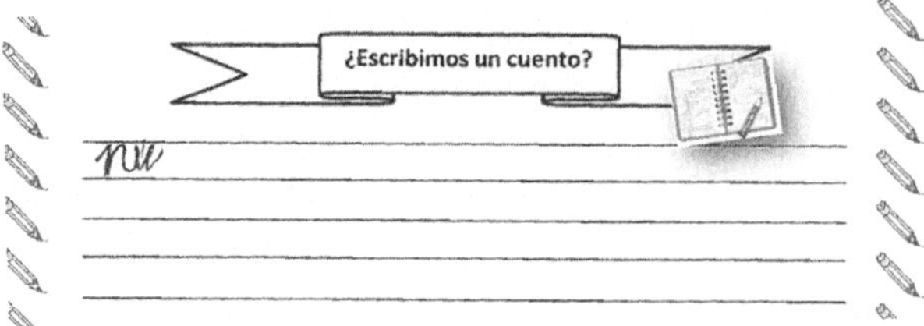

Puntuación (de 0 a 4):

Texto 3

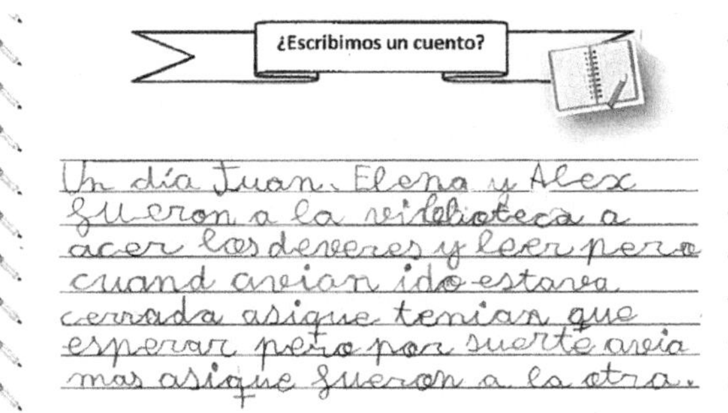

Puntuación (de 0 a 4):

Texto 4

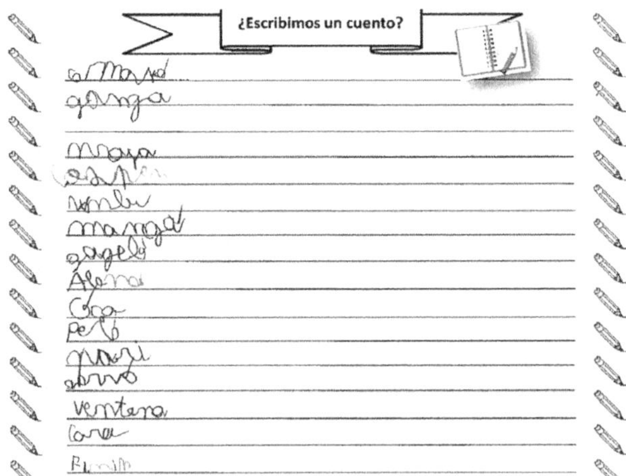

Puntuación (de 0 a 4):

Texto 5

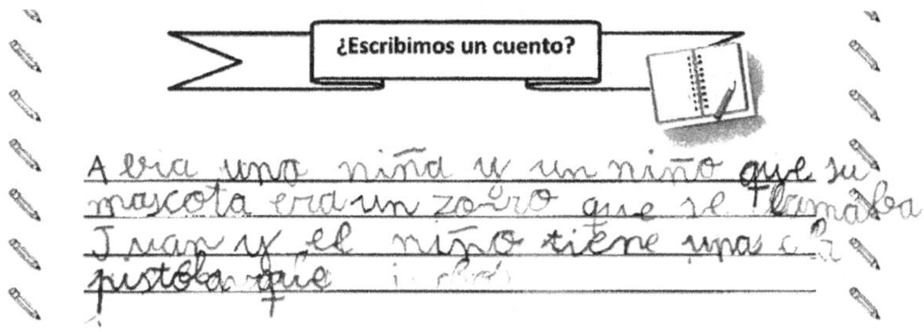

Puntuación (de 0 a 4):

SOLUCIONES

Texto 1

Puntuación (de 0 a 4): 2

Justificación

- Todos los trazos en las dos primeras líneas pueden identificarse como letras específicas, no son dibujos ni trazos aleatorios.
- Además, la mayoría de los trazos son precisos, es decir, se identifica con facilidad a qué letra corresponden. No obstante, hay algunos ejemplos de trazos imprecisos: la «d» de «dos» (segunda palabra, primera línea) podría confundirse con una «a» por la escasa longitud del trazo vertical; la «o» final de «aciendo» (segunda línea, segunda palabra) podría confundirse con una «a».
- Se encuentran diversas irregularidades en el trazo: la inconsistencia en el tamaño de las letras (por ejemplo, la «i» de «cocineros» es demasiado grande, mientras que la «d» de «dos» y la «t» de «tava» son demasiado pequeñas); aunque en general se sigue la pauta, esto se rompe en algunos casos, como la «r» de «cocineros» o la «a» de «aciendo», que aparecen suspendidas en el aire, o las sílabas «coci», que atraviesan la pauta hacia abajo; existen trazos omitidos, como la «o» final de «aciendo», en la que no se cierra por completo el círculo.
- La escritura es perfectamente legible, aunque el texto, en su conjunto, no da sensación de orden.

Texto 2

Puntuación (de 0 a 4): 0

Justificación

- El texto se compone únicamente de dos letras, que, si bien son reconocibles, no son suficientes para puntuar la caligrafía.

Texto 3

Puntuación (de 0 a 4): 4

Justificación

- Todos los trazos de las dos primeras líneas son precisos, es decir, se identifica con claridad a qué letra corresponde cada uno de ellos, siendo la escritura perfectamente legible.
- Además, todas las letras presentan un trazo regular. El tamaño de las letras es consistente a lo largo de las dos líneas a evaluar, diferenciándose claramente entre letras mayúsculas y minúsculas y letras ascendentes, descendentes y neutras. La escritura es recta y guiada por la pauta, con todas las letras apoyadas sobre ella. Todas las letras de las dos primeras líneas tienen la cantidad correcta de trazos, sin ninguno añadido ni omitido. El trazo es firme y seguro, no tembloroso.
- El texto en su conjunto transmite sensación de orden y limpieza.

Texto 4

Puntuación (de 0 a 4): 1

Justificación

- En su gran mayoría, las marcas trazadas a lo largo del texto son reconocibles como letras, no se confunden con dibujos.
- Aunque algunos trazos son precisos, es decir, se identifica con claridad a qué letra corresponden (por ejemplo, la letra «g»), la mayoría no lo son, siendo muy fácil asociar un mismo trazo a más de una letra. Por ejemplo: los trazos de la primera palabra, a excepción de la «m», son irreconocibles; la segunda «e» de «ventena» podría confundirse fácilmente con una «a» o con una «o»; en la tercera palabra los trazos podrían corresponder indistintamente a letras «m», «n», «a» y cualquier letra con un trazo vertical descendiente; la «n» y la «p» se confunden con frecuencia; los trazos de la cuarta palabra empezando por el final son irreconocibles, a excepción de la combinación «rr»; el último trazo de «gagel» podría ser una «b» o una «l».
- Además, el trazo es completamente irregular, lo que se aprecia especialmente en la presencia de un trazo tembloroso.
- En general, la escritura es casi por completo ilegible.

Texto 5

Puntuación (de 0 a 4): 3

Justificación

- Todos los trazos incluidos en las dos primeras líneas se identifican con letras, no son confundibles con dibujos.
- Además, prácticamente todos los trazos de estas dos primeras líneas son regulares, es decir, se identifica con claridad a qué letra corresponden. Únicamente encontramos como excepción la «b» de «abía» (primera palabra) que, por su tamaño, podría confundirse con una «v».
- Pese a que los trazos son bastante regulares, se detectan algunas irregularidades que impiden otorgar a este texto la puntuación de 4: alguna inconsistencia aislada en el tamaño de las letras (por ejemplo, la «i» y la «a» finales de «abia» tienen el mismo tamaño que las dos letras iniciales, pese a que la primera es mayúscula y la segunda es ascendente; la última «o» de «zorro» es excesivamente grande); algunas letras aisladas no se apoyan sobre la pauta, como la «a» de «mascota» o la última «o» de «zorro»; se encuentran trazos confusos como el trazo casi horizontal de la «a» en «una» (segunda palabra), que no se corresponde/se ajusta al trazo correcto de esta letra.

¡Enhorabuena!

Si has logrado puntuar correctamente estos cinco ejemplos de textos, ya estás listo o lista para poder evaluar los progresos de tu niño o niña en este recorrido hacia el dominio de la escritura. Cada pequeño avance representa una etapa superada en este largo camino hacia la meta final. Por eso, ¡no olvides reconocer y reforzar cada uno de estos logros en esta emocionante aventura de aprender a escribir!

22. ASÍ EVALUAMOS LA ORTOGRAFÍA

Sara Real Castelao, Paula López y María Arrimada

¿Podemos evaluar la ortografía de un niño o una niña que está empezando a escribir como si fuera un adulto? Está claro que no. Pero tampoco se trata de aceptar cualquier forma de escribir. Aplicar las normas ortográficas, poco a poco y con ayuda, es parte del aprendizaje. Cuando un niño o una niña que está empezando a escribir nos muestra su texto, como escritores que ya manejamos las reglas ortográficas, es imposible no preguntarnos: ¿por qué separa unas palabras y otras no?, ¿qué reglas de ortografía debería estar usando ya?, ¿es normal que no use las tildes?... Estas serían solo algunas de los interrogantes que nos haríamos si el propio niño o la niña u otro adulto nos pregunta si el escrito está bien, es decir, debemos saber si lo escrito es adecuado para su edad.

En las próximas páginas te contaremos cómo saber si un niño/a que empieza a escribir está usando las reglas ortográficas que se esperan en la primera etapa de aprendizaje. Existen muchos procedimientos para evaluar la ortografía, solo tenemos que pensar en todas las correcciones recibidas durante años en la escuela por las «faltas», pero aquí queremos ofrecerte algo distinto: una guía sencilla, clara y pensada para cualquier contexto, tanto en casa como en la escuela. El objetivo es ayudarte a observar y valorar los primeros textos de tu pequeño escritor de forma justa y adecuada, para que puedas brindarle el apoyo que necesite y, sobre todo, para que siga motivado a escribir cada vez más y mejor.

¿CÓMO EVALUAR LA ORTOGRAFÍA EN LOS PRIMEROS CURSOS DE EDUCACIÓN PRIMARIA?

Antes de empezar a evaluar, detente un momento a observar bien el texto que tienes delante. Tal vez el niño o la niña ha escrito un cuento que empieza así: *eraseunavez, hera se unabec* o incluso *abiaunabec*. Y es que cuando los pequeños escritores se inician en esta terea, poner por escrito lo que piensan les cuesta mucho (¡muchísimo!) esfuerzo. Por eso, vamos a ver qué aspectos debemos tener en cuenta para valorar estos primeros textos de forma justa y adecuada en lo que se refiere a la ortografía.

Para hacerlo, vamos a fijarnos en dos cosas muy sencillas pero muy útiles: cuántas palabras ha escrito y cuántas ha escrito correctamente. Esas dos medidas nos permitirán saber cómo va subiendo el «termómetro ortográfico» del niño/a en sus primeros pasos como escritor.

NÚMERO DE PALABRAS ESCRITAS

Antes de fijarnos en los detalles ortográficos, hay algo importante que debemos tener en cuenta: la extensión del texto. No es lo mismo escribir una frase corta que atreverse con todo un cuento. Cuanto más se escribe, más posibilidades hay de que aparezcan errores, y no sería justo valorar de la misma manera a quien se ha animado a llenar un folio entero que a quien ha escrito solo una línea. Por eso, el primer paso para evaluar la ortografía es saber **cuántas palabras ha escrito.**

Ahora bien, contar palabras en los textos de niños o niñas que están empezando a escribir no siempre es tarea fácil. A veces están todas pegadas, otras veces no se entiende bien lo que han escrito... Así que vamos a repasar algunas claves para saber cómo hacer este recuento:

1. ¿Qué se cuenta como palabra?

- ➪ **Se cuenta toda palabra escrita, esté bien o mal escrita:** en esta evaluación lo importante es reconocer la intención del niño o la niña de escribir una palabra, incluso si hay errores ortográficos.
- ➪ **Cuando las palabras están pegadas, se separan para contarlas.** Es muy habitual que escriban frases como «habíaunavez» o «unaniñaquevivíaenelbosque» todo seguido. En esos casos, debes contar cada palabra que reconoces. Por ejemplo: «habíaunavez» = 3 palabras: *había*, *una*, *vez*.

2. ¿Qué no se cuenta?

- ➪ **No se cuentan las palabras tachadas:** si el niño o la niña borra o tacha una palabra, esa no se incluye en el total.
- ➪ **Los números escritos con número no cuentan como palabras.** «Una semana más tarde» = 4 palabras. Pero si pone «1 semana más tarde», solo se cuentan 3 palabras (el número en cifra no cuenta).
- ➪ **No se cuentan palabras que no son reconocibles como tales.** Si hay dibujos, garabatos o simplemente el folio está en blanco, no se contabiliza nada.

  Si ha escrito letras, pero sin formar palabras comprensibles (como «hagv htafum hffkkay»), se cuenta como 0 palabras.

3. ¿Y si hay mezcla de palabras legibles e ilegibles?

- ➪ **Solo se cuentan las palabras legibles.** Por ejemplo: «Había una vez una niña ghy hajaj Marina».

  Aquí se contarían 6 palabras: las cinco primeras + «Marina». Las dos palabras ininteligibles no se cuentan.

4. Casos especiales para tener en cuenta

- **Separación incorrecta de contracciones como «al» o «del»:** si el niño o la niña escribe «a el parque» en lugar de «al parque», entonces «a el» se cuenta como una sola palabra escrita con error ortográfico.
- **Omisiones de palabras:** a veces los niños o niñas se saltan palabras que deberían estar. Por ejemplo: «se fue casa» en lugar de «se fue a casa».

  En este caso, no se añade la palabra omitida al conteo, ni se considera error ortográfico, ya que no podemos saber si sabría escribirla bien.

  Por ejemplo: «se fue casa» = 3 palabras y 0 errores.

Con estas normas ya podéis contar cuántas palabras ha escrito el niño o la niña de forma ajustada a su edad. Y recuerda: cada palabra es una pequeña conquista en su camino como escritor. ¡Lo importante es acompañarlo de manera adecuada mientras aprende!

Guarda este número de palabras, porque lo usaremos posteriormente.

PALABRAS ESCRITAS INCORRECTAMENTE

Una vez que ya hemos contado cuántas palabras ha escrito el niño o la niña, el siguiente paso será valorar cuántas de esas palabras presentan errores ortográficos. Es decir, cuántas están mal escritas.

Recordemos que estamos hablando de pequeños/as que están aprendiendo, así que no buscamos corregir el texto como si fueran adultos, sino observar si están usando las normas ortográficas que se espera que empiecen a aplicar a su edad. El objetivo no es poner nota, sino acompañar su desarrollo como escritores.

A continuación, te explicamos qué se considera una palabra mal escrita (es decir, una palabra con error ortográfico) y qué no.

¿Qué se considera una palabra escrita incorrectamente?

- **Palabras que no cumplen las reglas ortográficas:** cualquier palabra en la que haya letras mal colocadas, cambiadas, omitidas o en exceso.

  Por ejemplo: «komida» en lugar de «comida», «avía» en vez de «había», «cunprió» en vez de «cumplió».
- **Palabras incompletas:** si una palabra está incompleta se cuenta como un error ortográfico.

  Por ejemplo: «El lobo se los comi» → «comi» se cuenta como palabra y como error.
- **Palabras bien escritas pero que no tienen sentido en ese contexto:** cuando el niño ha escrito una palabra correcta, pero no encaja en la frase.

Por ejemplo: en la frase «La niña es encontró con su abuela», la palabra «es» está bien escrita, pero no es la que corresponde (debería ser «se»). En este caso, también se cuenta como un error.

¿Qué no se considera error ortográfico?

- **La ausencia de tildes:** no se considera error si el niño no ha puesto los acentos. En esta etapa lo más importante es que forme bien las palabras, aunque no usen tildes todavía.
- **Mayúscula:** no se considera error que no utilice mayúsculas en nombres propios o al inicio de una frase.
- **Los errores gramaticales como laísmos, leísmos o loísmos:** frases como «La dije que viniera» (en lugar de «Le dije») son errores gramaticales, no ortográficos, y por tanto no se contabilizan como errores ortográficos de escritura.
- **Palabras escritas en inglés o en otro idioma si están adaptadas fonéticamente al español:** a veces los niños o niñas usan palabras que han oído en juegos, canciones o la televisión. Si escriben, por ejemplo, «Pley Esteision» para «Play Station», no se cuenta como error. Lo importante es que hayan intentado reproducir el sonido con las letras que corresponderían en español.
- **Más de un error ortográfico en una palabra:** solo se contabilizará un error por palabra. Aunque la palabra contenga más de un error ortográfico (por ejemplo: «avia» en lugar de había), solo se contabilizará como un error.

Con esta guía podrás saber cuántas palabras están mal escritas en los textos de los pequeños escritores. Recuerda que cada error es una pista sobre lo que aún están aprendiendo, no una señal de que lo están haciendo mal. ¡Tu acompañamiento puede marcar una gran diferencia en cómo viven el proceso de aprender a escribir!

PALABRAS ESCRITAS CORRECTAMENTE: EL «TERMÓMETRO ORTOGRÁFICO»

¡Por fin llegamos al momento en el que podemos responder a la gran pregunta!: ¿cuántas palabras ha escrito bien el niño o la niña? La buena noticia es que esta parte no requiere normas complicadas ni un análisis detallado. Para saberlo, solo necesitas hacer una operación muy sencilla: **resta el número de palabras incorrectamente escritas del total de palabras.** Es decir:

Total de palabras – palabras escritas incorrectamente = palabras correctas

El resultado de esta resta es lo que llamamos el «termómetro ortográfico» o indicador ortográfico, una manera clara y rápida de ver cuánto domina ya la escritura. Cuanto más sube este termómetro, más avanza su aprendizaje y más confianza va ganando como escritor.

PONTE A PRUEBA

Ya sabes que, para aprender de verdad, no basta con la teoría: ¡hay que ponerla en práctica! Ahora que conoces un sistema sencillo para evaluar la ortografía, ¿qué te parece si lo aplicamos? A continuación, encontrarás cinco textos escritos por niños y niñas de 1.º de Educación Primaria. Usa las pautas que acabas de aprender y descubre qué temperatura marca el termómetro ortográfico en cada caso.

Texto 1

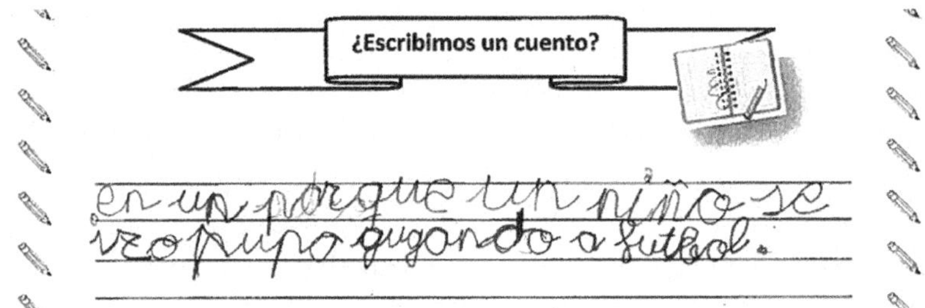

Puntuación

A) Total de palabras:
B) Palabras incorrectas:
C) Palabras correctas (A – B):

Texto 2

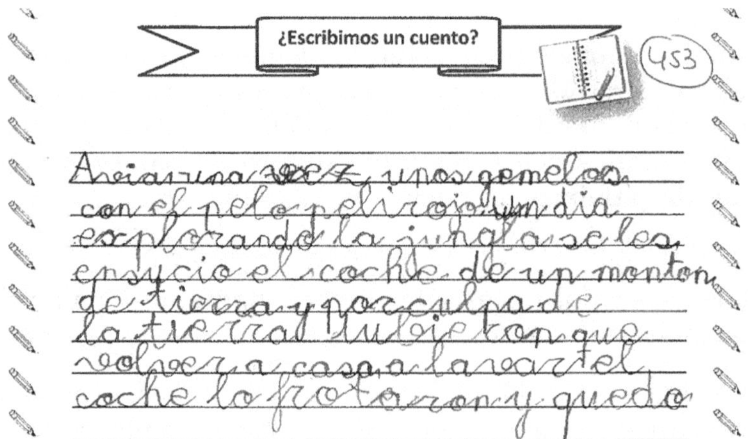

Puntuación

A) Total de palabras:
B) Palabras incorrectas:
C) Palabras correctas (A – B):

Texto 3

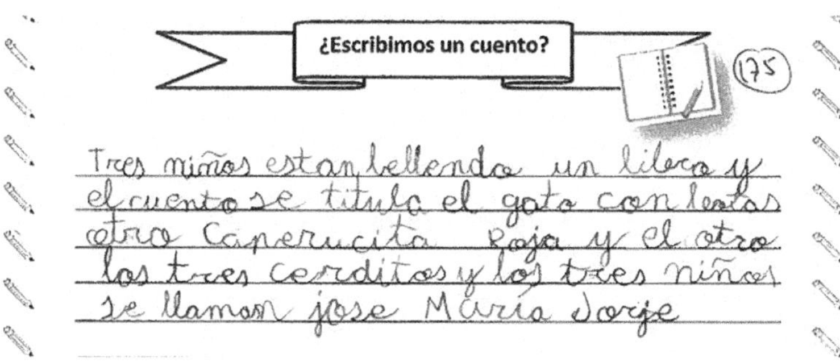

Puntuación

A) Total de palabras:
B) Palabras incorrectas:
C) Palabras correctas (A – B):

Texto 4

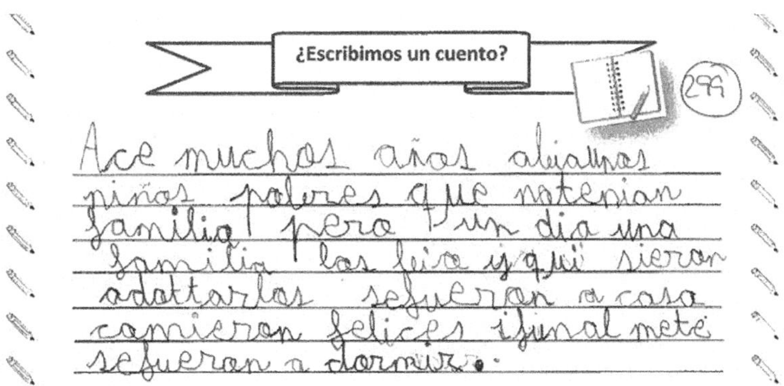

Puntuación

A) Total de palabras:
B) Palabras incorrectas:
C) Palabras correctas (A – B):

Texto 5

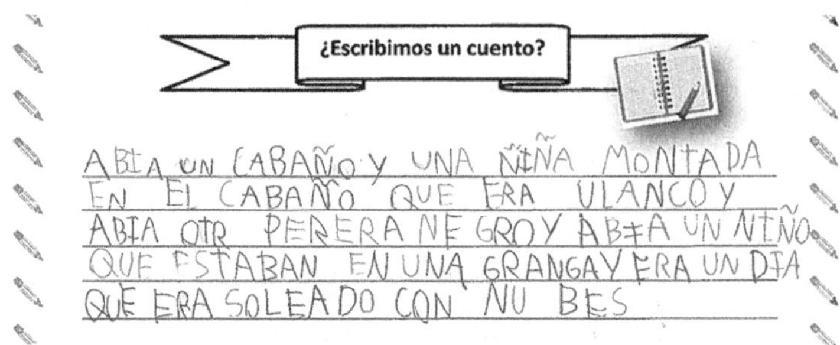

Puntuación

A) Total de palabras:
B) Palabras incorrectas:
C) Palabras correctas (A – B):

SOLUCIONES

Texto 1

A) Total de palabras: 11

En un parque un niño se hizo pupa jugando al futbol.

B) Palabras incorrectas: 3

Izo, jugando, a.

C) Palabras correctas (*A* – *B*): 11 – 3 = 8

Texto 2

A) Total de palabras: 37

Había una vez unos gemelos con el pelo pelirrojo. Un día explorando la jungla se les ensució el coche de un montón de tierra, tuvieron que volver a casa a lavar el coche lo frotaron y quedó.

B) Palabras incorrectas: 2

Avía, tubieron.

C) Palabras correctas (*A* – *B*): 37 – 2 = 35

Texto 3

A) Total de palabras: 33

Tres niños están leyendo un libro y el cuento se titula El gato con botas, otro Caperucita Roja y el otro Los tres cerditos y los tres niños se llaman José, María, Jorge

B) Palabras incorrectas: 2

Lellendo, Jorje.

C) Palabras correctas (*A* – *B*): 33 – 2 = 31

Texto 4

A) Total de palabras: 33

Hace muchos años había unos niños pobres que no tenían familia, pero un día una familia los vio y quisieron adoptarlos, se fueron a casa, comieron felices y finalmente se fueron a dormir.

B) Palabras incorrectas: 6

Ace, abia, bio, adottarlos, y, finalmete.

C) Palabras correctas (*A* – *B*): 33 – 6 = 27

Texto 5

A) Total de palabras: 37

Había un caballo y una niña montada en el caballo que era blanco y había otra, pero era negro y había un niño que estaban en una granja y era un día que era soleado con nubes.

B) Palabras incorrectas: 9

Abía, cabaño, cabaño, ulanco, abía, otr, per, abia, granga.

C) Palabras correctas (*A* – *B*): 37 – 9 = 28

¡Enhorabuena!

Si has conseguido puntuar correctamente estos cinco ejemplos de textos, ya estás preparado para poder evaluar los progresos de tu niño o niña en este viaje a través del aprendizaje de la escritura. Cada pequeño paso es una etapa conseguida en un largo viaje que le llevará a conseguir la meta final. Por ello, ¡no te olvides de ir reforzando cada pequeño progreso en esta aventura escritora!

23. ASÍ EVALUAMOS LA CALIDAD TEXTUAL

Paula López, María Arrimada y Sara Real Castelao

Si alguna vez has observado de cerca cómo escribe un niño o una niña al comenzar la etapa de Educación Primaria, sabrás que lo que ocurre en ese momento es toda una hazaña. Durante la escritura, los más pequeños no solo tienen que pensar en todo lo que tiene que ver con la caligrafía y ortografía, lo que en estas edades es ya todo un reto, sino que, además, deben pensar qué quieren decir y cómo ordenarlo de acuerdo con el tipo de texto que estén escribiendo. Y, por si esto no fuera suficiente, ¡deben hacerlo todo al mismo tiempo! En este contexto, lo más habitual es que, en los primeros cursos, nos encontremos textos con frases que empiezan, pero no terminan, con palabras inventadas, con ideas mezcladas, repeticiones, saltos en el desarrollo de las historias, etc. Es por ello por lo que, tradicionalmente, se ha enfatizado la evaluación de aspectos relacionados con la caligrafía y la ortografía en estas primeras etapas de aprendizaje de la escritura, dejando la calidad textual en un segundo plano. ¿Cómo vamos a fijarnos en si el contenido está bien estructurado o es coherente?

Sin embargo, aunque los textos de los más pequeños suelen contener muchos errores, en todos ellos, sin excepción, hay algo que merece ser leído y, por supuesto, valorado. Y aquí somos nosotros, los adultos, los que debemos ayudar a los niños o las niñas. Nuestros pequeños escritores necesitan que alguien mire sus textos con otros ojos y vean más allá de las palabras, ayudándoles a descubrir sus grandes logros y también aquello que pueden mejorar. Es cierto que valorar la calidad en estas condiciones no es tarea sencilla, pero sin duda será de gran valor para su aprendizaje.

Así, en este capítulo te proponemos una herramienta útil y sencilla para poder evaluar la calidad de los textos de los más jóvenes, e intrépidos, escritores. Recuerda que no se trata de poner nota, sino de valorar sus textos detectando avances y dificultades, acompañándolos así en el apasionante viaje que los llevará a convertirse en grandes escritores.

¿CÓMO EVALUAR LA CALIDAD TEXTUAL EN LOS PRIMEROS CURSOS DE EDUCACIÓN PRIMARIA?

Ha llegado el momento de comenzar a evaluar, pero ¿por dónde empezamos? Acabas de leer el texto y no te queda claro si es un cuento o una descripción. Bien, pues este será el primer paso. Tener claro qué tipo de texto hemos pedido al niño o la niña, ya que la estructura dependerá de ello. En general, en estas edades los niños o las niñas escriben textos narrativos, descriptivos o incluso listas e instrucciones sencillas que reflejan sus primeros intentos de escribir con una intención comunicativa. Entre estas tipologías textuales predomina especialmente la narración. Por esta razón, centraremos este apartado en la evaluación de la calidad de este género, si bien la escala propuesta podría adaptarse a otras tipologías de forma sencilla, simplemente a través de la consideración de los elementos principales del género textual que queramos evaluar.

Considerando esto, es importante que tengas en cuenta que, para valorar la calidad de los textos narrativos de los niños o las niñas, se va a utiliza una escala global en la que podrás valorar cada texto con una puntuación que va del 0 hasta el 5, siendo el 0 la menor puntuación y el 5 la máxima. De forma específica, en la escala, para asignar una u otra puntuación, se consideran aspectos como: la *organización de las ideas,* si *incluyen detalles* que ayudan a entender mejor lo que cuentan, y *si el vocabulario que utilizan es preciso y variado.* También se tendrá en cuenta *cómo enlazan las ideas* (el uso de conectores como además, más tarde, al principio...), *si usan frases sencillas o más elaboradas,* y si su texto *tiene una estructura clara,* con introducción, desarrollo y conclusión. Por último, se valorará si la *información que incluyen es adecuada* o si, por el contrario, hay repeticiones, detalles que no vienen a cuento o partes que se desvían del tema y restan calidad al texto.

Llegados a este punto, ya casi estás preparado o preparada para valorar la calidad de los textos de los más pequeños. Pero ¡cuidado! Antes de empezar, hay algo fundamental que debes tener en cuenta. Esta valoración se centra únicamente en la calidad del texto. Es decir, no vamos a fijarnos ni en los errores ortográficos ni en la presentación (como la caligrafía). Lo que realmente importa es cómo han expresado sus ideas, si el contenido es claro, coherente y tiene riqueza. En otras palabras, vamos a valorar qué han querido contar y cómo lo han hecho en lo referido al contenido, no tanto si han escrito con letras bonitas o sin faltas de ortografía.

¿Listo o lista para ponerte en el papel de evaluador? Aquí tienes la escala con la que podrás hacerlo de forma fácil y sencilla. Para cada puntuación de la escala, se han definido una serie de indicadores que describen las características de los textos que representarían esa puntuación en calidad textual. Es importante considerar que se trata de una escala global, lo que significa que se valora el texto en su conjunto, teniendo en cuenta todos los criterios establecidos.

Así, para valorar la calidad de los textos de tu pequeño escritor o escritora deberías leer con detalle el texto, prestando atención al contenido, no a la forma de este, e identificar qué características definitorias de la calidad están presentes en el mismo. Esto te permitirá determinar cuál es la puntuación de calidad que mejor se ajusta al texto que acabas de leer. Ahora bien, esto no es tan fácil como pudiera parecer. Debes tener en cuenta que puede ser que el texto no cumpla exactamente todos los criterios de una puntuación concreta, y esté entre dos puntuaciones (por ejemplo, cumple tres criterios de la puntuación 3 y tres criterios de la puntuación 4). ¿Qué hacemos cuando esto sucede? ¿Cuál es su puntuación global de calidad? Si esto ocurre, el criterio clave que te ayudará a tomar una decisión es el criterio 1 ligado a la estructura textual, este es prioritario a la hora de asignar la puntuación, ya que marca el nivel general de desarrollo textual alcanzado. Aclarado esto, aquí tienes la escala con los criterios para cada puntuación.

PUNTUACIÓN	INDICADORES
0	C1. No se ajusta a la tipología de texto narrativo. C2. Presenta una escritura ilegible o sin sentido, pero con trazos que efectivamente correspondan a letras (por ejemplo, haggy nufat...). C3. No existen ideas, solo enumeración de palabras. No existen oraciones.
1	C1. No es posible detectar la estructura narrativa de: introducción, desarrollo y conclusión, bien por la brevedad del texto (dos o tres líneas) o bien por su incoherencia. C2. El texto refleja cierta progresión y unidad temática de las ideas, reflejada en: enumeran una o dos acciones sin detalles clarificadores ni descriptivos. C3. Existen digresiones muy frecuentes, es decir, desvíos de la temática del texto (por ejemplo, la princesa estaba en su castillo. Entonces yo me levanté por la mañana y me fui al cole). Si el texto es muy breve, pueden no estar presentes estas digresiones. C4. Las ideas presentan una estructura gramatical muy simple, sobre todo oraciones simples. C5. No existen conectores o son muy repetitivos: fundamentalmente uso de «y». C6. Vocabulario básico, sencillo.
2	C1. Pueden existir indicios de recrear la estructura narrativa (introducción, desarrollo y conclusión) aunque son confusos y no se aprecian claramente. Estos indicios se ven reflejados en la presencia de uno de los tres elementos de la introducción (dónde, quién y/o cuándo). C2. El texto refleja cierta progresión y unidad temática de las ideas, reflejada en uno de los siguientes: • Existen una o dos ideas enriquecidas con detalles descriptivos o clarificadores. • Incluyen más de dos ideas, aunque con pocos o ningún detalle descriptivo ni clarificador. C3. Pueden aparecer detalles irrelevantes o repetitivos. C4. Presencia mayoritaria de oraciones simples. La complejidad gramatical solo está presente a través de oraciones yuxtapuestas (sin nexo, unidas por comas) o coordinadas con el nexo «y». C5. Conectores básicos y repetitivos. C6. Vocabulario adecuado a la edad del alumno.
3	C1. Se aprecia una cierta estructura propia de los textos narrativos, con al menos dos de los tres elementos propios de esta (introducción, desarrollo y conclusión). C2. El texto refleja una progresión/secuencia lógica de ideas, agrupadas en torno a una unidad temática clara, enriquecidas con detalles descriptivos o clarificadores. C3. Pueden aparecer detalles irrelevantes o repetitivos.

PUNTUACIÓN	INDICADORES
3	C4. Combinación de oraciones simples y compuestas (yuxtaposición y subordinación). Oraciones compuestas que suelen formarse con nexos «y» y «que». C5. Conectores repetitivos, aunque puede aparecer algún conector más complejo (después, luego). C6. Vocabulario adecuado a la edad del alumno.
4	C1. Se aprecia la estructura propia de los textos narrativos con los tres grandes elementos propios de esta (introducción, desarrollo y conclusión), aunque no se incluyen o se incluyen pocos elementos más detallados dentro de cada parte (dónde, quién y cuándo en la introducción, qué ocurre y cómo se sienten los personajes para el desarrollo y cómo acaba para la conclusión). C2. El texto presenta una progresión/secuencia lógica de ideas, agrupadas en torno a una unidad temática clara, enriquecidas con frecuentes detalles descriptivos o clarificadores. C3. Ausencia de detalles irrelevantes, aunque pueden aparecer algunas repeticiones. C4. Predominio de oraciones compuestas tanto por yuxtaposición como por coordinación y subordinación (por ejemplo, nexos «y, porque, que, cuando, como»). C5. Conectores repetitivos, aunque puede aparecer algún conector más complejo. C6. Vocabulario adecuado a su edad, con alguna expresión inusual.
5	C1. Se aprecia con claridad la estructura propia de las narraciones, con sus tres elementos (introducción, desarrollo y conclusión). Además, dentro de cada parte de la narración se incluyen todos/la mayoría de los elementos más detallados (dónde, quién y cuándo en la introducción, qué ocurre y cómo se sienten los personajes para el desarrollo y cómo acaba para la conclusión). C2. El texto refleja una clara progresión/secuencia lógica de ideas, agrupadas en torno a una unidad temática definida, enriquecidas con frecuentes detalles descriptivos o clarificadores. C3. Abundancia de detalles relevantes y no repetitivos. C4. Predominio de oraciones compuestas tanto por yuxtaposición como por coordinación y subordinación. C5. Uso de conectores variados. C6. Vocabulario avanzado para su edad (aparecen tres o más expresiones inusuales, avanzadas).

PONTE A PRUEBA

Ahora que tenemos clara la teoría, debemos ponerla en práctica. ¿Te animas? A continuación, te mostramos seis textos escritos por niños o niñas de primer curso de Educación Primaria. Usa la escala que hemos presentado previamente para asignar a cada uno de ellos una puntuación entre 0 y 5 puntos. Revisa los criterios tantas veces como sea necesario; como todo, ¡requiere entrenamiento!

Texto 1

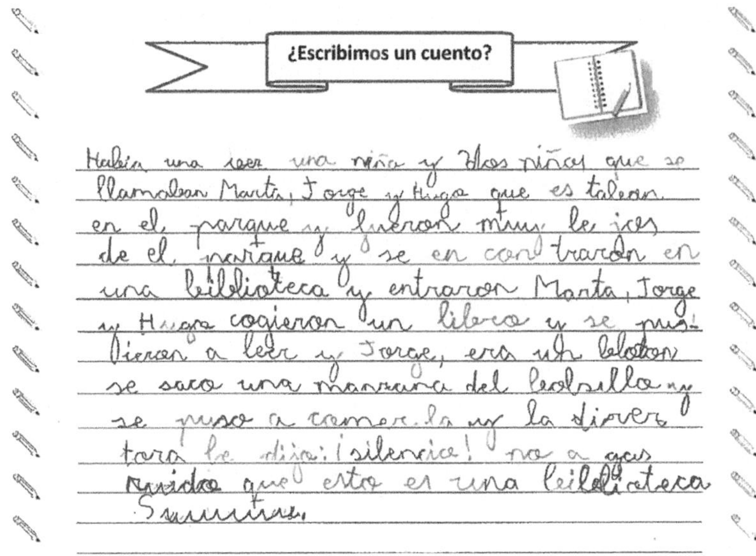

Puntuación (de 0 a 5):

Texto 2

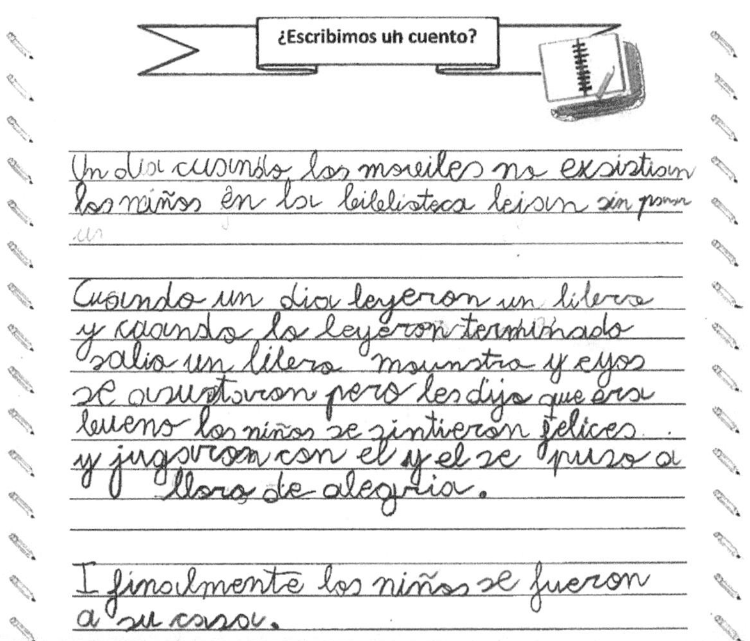

Puntuación (de 0 a 5):

Texto 3

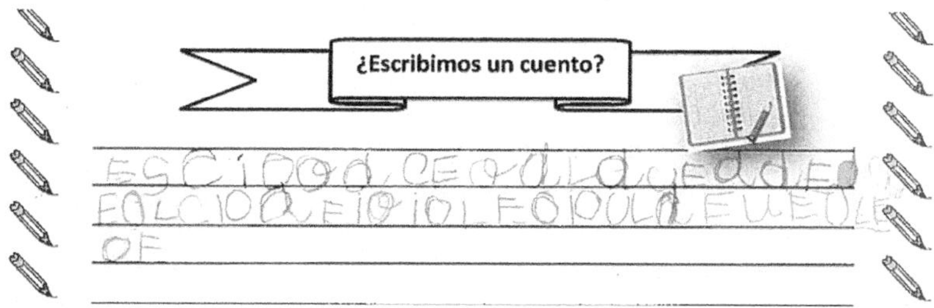

Puntuación (de 0 a 5):

Texto 4

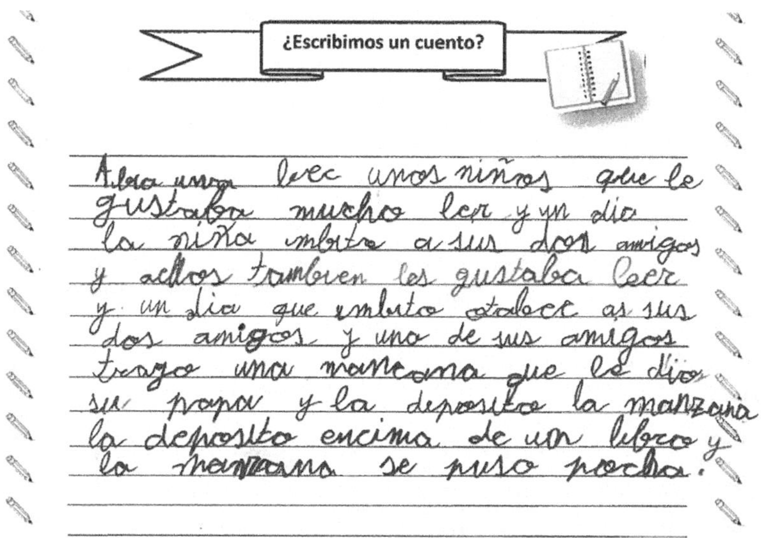

Puntuación (de 0 a 5):

Texto 5

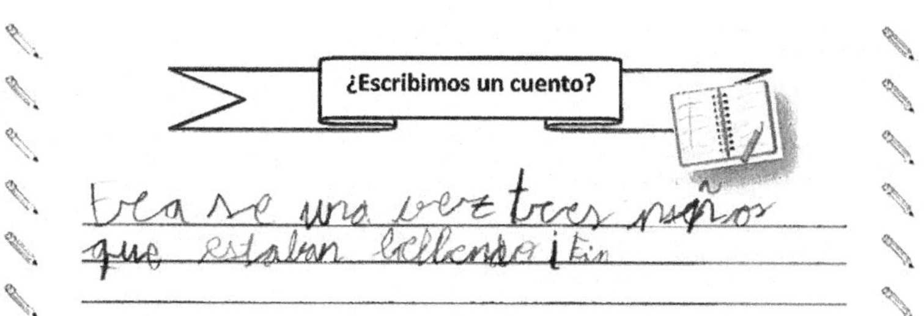

Puntuación (de 0 a 5):

Texto 6

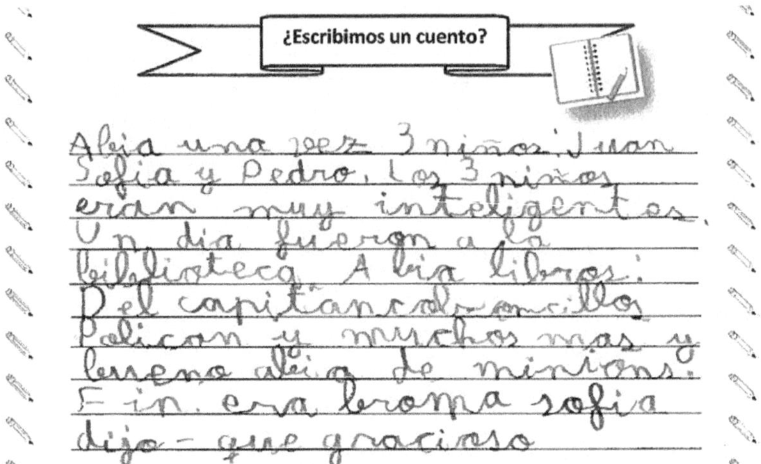

Puntuación (de 0 a 5):

SOLUCIONES

Texto 1

Puntuación (de 0 a 5): 4

Justificación

➪ C1. Se aprecia la estructura propia de los textos narrativos con los dos de los tres grandes elementos propios de esta (introducción, desarrollo, aunque sin conclusión). En los elementos presentes no se incluyen o se incluyen pocos elementos más detallados dentro de cada parte (dónde, quién y cuándo en la introducción, qué ocurre y cómo se sienten los personajes para el desarrollo y cómo acaba para la conclusión).

- Introducción: dónde: en el parque/quién: los niños que se llamaban Marta, Jorge y Hugo/cuándo: no está presente.
- Desarrollo: qué ocurre: se fueron lejos del parque-se encontraron una biblioteca-cogieron un libro.../cómo se sienten los personajes: no está presente.
- Conclusión: no está presente.

➪ C2 y C3. El texto presenta una progresión/secuencia lógica de ideas, agrupadas en torno a una unidad temática clara, enriquecidas con algunos detalles descriptivos o clarificadores que no se repiten (se fueron lejos, Jorge era un glotón, sacó una manzana del bolsillo...).

➪ C4. Predominio de oraciones compuestas tanto por yuxtaposición como por coordinación y subordinación (por ejemplo, nexos «y, porque, que, cuando, como»).
➪ C5. Conectores repetitivos (principalmente «y»).
➪ C6. Vocabulario adecuado a su edad, con alguna expresión inusual (Jorge era un glotón).

Texto 2

Puntuación (de 0 a 5): 5

Justificación

➪ C1. Se aprecia con claridad la estructura propia de las narraciones, con sus tres elementos (introducción, desarrollo y conclusión). Además, dentro de cada parte de la narración se incluyen todos los elementos más detallados:

- Introducción: dónde: en la biblioteca/quién: los niños/cuándo: un día cuando los móviles no existían.
- Desarrollo: qué ocurre: estaban leyendo un libro monstruo o les dijo que era bueno/cómo se sienten los personajes: ellos se asustaron o se puso a llorar de alegría.
- Conclusión: cómo acaba el cuento: y finalmente los niños se fueron a su casa.

➪ C2 y C3. El texto refleja una clara progresión/secuencia lógica de ideas (los niños estaban en la biblioteca, estaban leyendo un libro monstruo, se asustaron, el libro les dijo que era bueno...) enriquecidas con frecuentes detalles descriptivos o clarificadores que no se repiten (un día cuando no existían los móviles, un libro monstruo, se asustaron, se sintieron felices, lloraron de alegría...).
➪ C4. Predominio de oraciones principalmente simples.
➪ C5. Uso de conectores variados y algunos muy poco frecuentes (un día, y, finalmente).
➪ C6. Vocabulario avanzado para su edad (cuando no existían los móviles, biblioteca, llorar de alegría).

Texto 3

Puntuación (de 0 a 5): 0

Justificación

➪ C2. Presenta una escritura ilegible o sin sentido, pero con trazos que efectivamente correspondan a letras (por ejemplo, haggy nufat...).

Texto 4

Puntuación (de 0 a 5): 3

Justificación

- ➪ C1. Se aprecia una cierta estructura propia de los textos narrativos, con al menos dos de los tres elementos propios de esta (introducción, desarrollo y conclusión).

  - Introducción: dónde: no está presente/quién: unos niños cuándo: no está presente.
  - Desarrollo: qué ocurre: invitó a leer a sus dos amigos, uno de sus amigos se trajo una manzana/cómo se sienten los personajes: no está presente.
  - Conclusión: no está presente.

- ➪ C2 y C3. El texto refleja una progresión/secuencia lógica de ideas, agrupadas en torno a una unidad temática clara, enriquecidas con detalles descriptivos o clarificadores (la manzana que le dio su papá) aunque aparecen detalles irrelevantes o repetitivos (unos niños que les gustaba mucho leer, a sus dos amigos también les gustaba leer).
- ➪ C4. Oraciones principalmente simples.
- ➪ C5. Conectores repetitivos (principalmente «y»).
- ➪ C6. Vocabulario adecuado a la edad del alumno o la alumna aunque con presencia de alguna palabra poco adecuada (pocha) o poco frecuente (depositó).

Texto 5

Puntuación (de 0 a 5): 1

Justificación

- ➪ C1. No es posible detectar la estructura narrativa de: introducción, desarrollo y conclusión por la brevedad del texto.
- ➪ C2. No hay progresión de ideas, solo se incluye una idea sin detalle.
- ➪ C3. No existen digresiones por ser el texto muy breve.
- ➪ C4. Las ideas presentan una estructura gramatical muy simple, con una sola oración.
- ➪ C5. No existen conectores.
- ➪ C6. Vocabulario básico, sencillo.

Texto 6

Puntuación (de 0 a 5): 2

Justificación

- C1. Existen ciertos indicios de recrear la estructura narrativa (introducción y desarrollo), ya que presenta los personajes del cuento en la introducción (tres niños que eran muy inteligentes). Sin embargo, las diferentes partes son confusas y no se aprecian claramente.
- C2 y C3. El texto refleja cierta progresión y unidad temática de las ideas, evidenciada en la presencia de una idea enriquecida con detalles descriptivos o clarificadores (eran muy inteligentes/había libros del Capitán Calzoncillos, Polican...) que no se repiten.
- C4. Presencia mayoritaria de oraciones simples.
- C5. Conectores básicos y repetitivos (principalmente «y»).
- C6. Vocabulario adecuado a la edad del alumno.

EN CONCLUSIÓN...

Como hemos tratado de enfatizar en el presente capítulo, detrás de cada texto escrito por un pequeño escritor o una pequeña escritora hay mucho más de lo que parece: ideas que empiezan a tomar forma, intentos de organizar el mundo, emociones que se traducen en palabras... y todo ello merece ser considerado y reforzado. Después de este entrenamiento, ya estás listo para poder valorar la calidad de los textos de tu pequeño escritor o pequeña escritora, podrás detectar sus pequeños avances y mejoras en este increíble viaje hacia la escritura experta.